幼儿动作发展
与教育指导策略研究

唐金勇 ◎著

中国书籍出版社
China Book Press

图书在版编目 (CIP) 数据

幼儿动作发展与教育指导策略研究 / 唐金勇著 .
北京 : 中国书籍出版社 , 2024. 8. -- ISBN 978-7-5068-9958-1

Ⅰ .G61

中国国家版本馆 CIP 数据核字第 2024PE1052 号

幼儿动作发展与教育指导策略研究

唐金勇　著

丛书策划	谭　鹏　武　斌
责任编辑	李　新
责任印制	孙马飞　马　芝
封面设计	博健文化
出版发行	中国书籍出版社
地　　址	北京市丰台区三路居路 97 号 (邮编：100073)
电　　话	（010）52257143（总编室）　　（010）52257140（发行部）
电子邮箱	eo@chinabp.com.cn
经　　销	全国新华书店
印　　厂	三河市德贤弘印务有限公司
开　　本	710 毫米 ×1000 毫米　1/16
字　　数	261 千字
印　　张	16.5
版　　次	2025 年 1 月第 1 版
印　　次	2025 年 1 月第 1 次印刷
书　　号	ISBN 978-7-5068-9958-1
定　　价	98.00 元

版权所有　翻印必究

目 录

第一章 幼儿动作发展的特征、规律与影响因素 ·················· 1
  第一节 幼儿身体发展特征·················· 2
  第二节 幼儿动作发展的特点·················· 21
  第三节 幼儿动作发展的阶段与规律·················· 36
  第四节 幼儿动作发展的影响因素·················· 43

第二章 幼儿动作发展的相关关系·················· 46
  第一节 幼儿动作发展与身体姿态的关系·················· 47
  第二节 幼儿动作发展与身体素质的关系·················· 53
  第三节 幼儿动作发展与运动技能的关系·················· 57
  第四节 幼儿动作发展与智力的关系·················· 58
  第五节 幼儿动作发展与感觉统合系统的关系·················· 63

第三章 幼儿动作发展的科学干预·················· 66
  第一节 幼儿动作发展存在的问题·················· 67
  第二节 幼儿动作发展干预的必要性分析·················· 68
  第三节 幼儿动作发展干预的多元理论基础·················· 70
  第四节 幼儿动作发展科学干预方案·················· 77

第四章 基于动作发展的幼儿体育教育策略·················· 94
  第一节 幼儿动作发展对开发幼儿体育课程的启示·················· 95
  第二节 基于动作发展的幼儿体育教学设计·················· 97
  第三节 动作发展视角下幼儿功能性动作练习方法·················· 101
  第四节 基于动作发展的幼儿体育教育注意事项·················· 130

第五章　幼儿动作发展的游戏活动指导……………………138

　　第一节　幼儿大肌肉动作的要领与锻炼价值……………139
　　第二节　走、跑、跳、投类游戏活动 ……………………167
　　第三节　攀、钻、爬、翻滚类游戏活动 …………………188
　　第四节　悬垂与支撑类游戏活动 …………………………208
　　第五节　推、拉、提、抬类游戏活动 ……………………222
　　第六节　幼儿精细动作类游戏活动 ………………………229

第六章　幼儿动作障碍与矫正训练………………………………237

　　第一节　认识幼儿动作障碍 ………………………………238
　　第二节　幼儿动作障碍的诊断 ……………………………244
　　第三节　幼儿动作障碍矫正训练方法 ……………………247

参考文献……………………………………………………………251

第一章 幼儿动作发展的特征、规律与影响因素

  儿童的动作发展是其成长和进步的基石,对未来的体育能力、感知理解、认知发展、神经系统成熟及社交能力都有着深远的影响。这一发展进程遵循着特定的规律,即从最基本、简单的动作开始,逐步过渡到更复杂、高级的动作;活动范围从广泛逐渐聚焦到精细;难度逐渐增加;速度也随之提升。此发展路径展现了从初步探索到精通掌握的自然进程。幼儿动作的发展是多种因素共同作用的动态过程,这些因素涵盖了生物学、教育学、心理学、环境等。鉴于此,对幼儿动作发展的促进需要采取综合性的策略。无论是家庭、教育机构还是社会,都应当关注并积极参与到促进幼儿动作发展的实践中,促进幼儿健康成长,为未来发展打下坚实的基础。本章主要对幼儿动作发展的特征、规律与影响因素展开分析与研究,内容主要包括幼儿身体发展特征,幼儿动作发展的特点、阶段、规律以及影响因素。

第一节 幼儿身体发展特征

幼儿的生长发育是一个复杂而精密的过程,它在神经系统精密的调控下展开,并紧密互动于外部环境的各种因素之中。在这个过程中,不同的身体系统与器官不仅在结构上相互依存,功能上也彼此影响、相互制约,形成一个和谐而全面的发展态势。简而言之,这是一个多方面协作、动态平衡的生长机制,确保了幼儿能够适应环境,逐步成长为功能健全的个体。幼儿身体各系统、器官的发展有自身的独特性,在了解这些特征的基础上要进行恰当的卫生保健,以促进幼儿健康成长。下面具体分析幼儿身体各系统与器官的生长发育特点和相应的卫生保健建议。

一、神经系统

(一)发展特点

1. 脑发育迅速

幼儿阶段,大脑的成长尤为迅猛,自出生至 7 岁间,其重量会惊人地增长约 4 倍,且大约至 7 岁时,大脑的重量已非常接近成人的水平(表 1-1)。这一期间,大脑的功能亦在不断深化、成熟与完善,为各类条件反射的建立铺设了坚实的生理基础,从而支持幼儿日益复杂的认知与行为发展。

表 1-1 新生儿到成人脑量变化[1]

年龄	大脑重量(克)
新生儿	390

---

[1] 赵焕彬,周喆啸.幼儿功能性动作教学理论与实践[M].北京:人民体育出版社,2018:6.

第一章　幼儿动作发展的特征、规律与影响因素

续表

年龄	大脑重量（克）
9 个月	600
2 岁	1011
3 岁	1080
4～6 岁	1305
6～16 岁	1353
成人	1400

2. 中枢神经系统发育不均衡

脊髓与脑干部位在婴儿出生时已基本发育完备，相比之下，小脑的成熟过程稍显滞后，大约从 1 岁左右开始进入快速的发育阶段，并在 3～6 岁逐步趋向成熟。因此，约在 1 岁时，幼儿初学走路步伐摇晃不稳，而到了 3 岁，虽能稳定行走和奔跑，但手臂摆动与步伐之间的协调性仍有待提高。随着年龄增长，至 5～6 岁时，他们能够精准协调地完成行走、奔跑、跳跃、上下楼梯等多种动作，并能有效维持身体平衡。大约到 8 岁左右，幼儿大脑皮层发展已大体接近成年人的状态，这是幼儿神经系统的又一重要成长里程碑。

3. 大脑皮层的兴奋与抑制过程发展不平衡

幼儿时期的大脑皮层正处于发育阶段，尚未完全成熟，这一时期的特点是兴奋性活动占据主导地位，而抑制性过程的建立和发展则较为缓慢。由于兴奋状态持续时间短暂且易于扩散，幼儿往往表现出注意力集中时间较短，容易被新奇事物吸引而快速转移注意力的现象。此外，他们的行为动作也常常不够精确。

4. 植物性神经发育不完善

在幼儿阶段，交感神经系统的活跃度相对较高，而副交感神经的抑制作用则相对较弱。这一不平衡状态体现在幼儿的心跳速率和呼吸频率上，两者都较快但不够规律稳定。同时，幼儿的胃肠消化功能也显得格外敏感，容易受到情绪波动的显著影响。

（二）卫生保健

从幼儿神经系统的特点来看，这方面的卫生保健主要应做到营养均衡、空气新鲜、睡眠充足、生活制度合理、生活环境良好、情绪愉悦、适当锻炼等几个方面。

二、运动系统

（一）发展特点

1. 骨骼

（1）相较于成人，幼儿骨头中的有机物质含量更高，赋予了骨骼更大的弹性和可塑性。此外，幼儿骨骼中含有较多软骨，这使得它们在不良姿势等因素影响下更容易发生形态变化。幼儿期的骨骼还未彻底固化，软骨成分占比较大，且生长迅速。骨膜内部的成骨细胞持续增加，促进了骨骼的增粗。

（2）幼儿的骨膜较为厚实，血液供应充足，展现出较强的骨再生和吸收能力。骨内部的成骨细胞负责骨骼的构建，对于幼儿期间的骨骼成长及损伤后的恢复具有核心作用。在幼儿早期，骨髓全部为红色，具有极高的造血功能。

（3）幼儿的颅骨尚未完全固化，某些骨头间的连接依靠结缔组织膜完成，这些部位被称为"囟门"。位于头顶中央的前囟门，通常在出生后12～18个月内闭合，其闭合时间能反映婴儿颅骨硬化的进度。

（4）婴儿出生时，腕骨皆为软骨构成，随后逐步形成骨化中心，直至大约10岁时，8块腕骨的骨化中心才全部出现，并在13～16岁完成全部骨化过程。

（5）随着运动能力的提升，幼儿的脊柱逐渐发展出自然生理弯曲。

（6）在幼儿阶段，髋骨由髂骨、坐骨和耻骨通过软骨相接，这一连接通常在18～25岁完全固化，形成一块完整的骨骼。

第一章 幼儿动作发展的特征、规律与影响因素

2. 肌肉

（1）在幼儿期，肌肉组织富含水分，相比而言，蛋白质和储备糖原的含量较低，导致肌肉质地柔软，收缩效能不佳，力气较小，容易感到疲倦。不过，得益于幼儿旺盛的新陈代谢能力，他们即便在疲劳之后也能较快地恢复体力。

（2）幼儿的大脑中控制大肌肉群运动的神经中枢发展较早，这使得他们的躯干及四肢大动作技能较为发达。相反，负责精细动作的小肌肉群活动所必需的神经中枢成熟较迟，因此，幼儿在手部和腕部的小肌肉控制上不够灵巧，难以完成精细或复杂的手指操作任务。

3. 关节

幼儿的关节窝构造较为浅平，且包围关节的韧带较为松弛，这样的结构赋予了关节极大的活动范围和伸展能力。然而，这也意味着关节的稳定性相对较弱，遇到较强的外力作用时，幼儿的关节更容易发生脱位的情况。

4. 足弓

幼儿时期，足弓周围的韧带较为松弛，加之肌肉力量尚弱，若持续承受站立或行走带来的压力，足底负担过重，容易引发足弓下陷的问题，特别是对于超重的幼儿，他们发生扁平足的概率更高。与成人的脚相比，幼儿的脚的显著不同在于足骨尚未完全骨化，足弓结构不够稳固，呈现出较高的可塑性。这一逐步发育和完善的过程始于胚胎阶段，延续至出生后，并一直持续到成年期。

0～1岁，尽管婴儿的脚外形看似已经发育成型，但实际上，大多数骨骼仍是由柔软且极具可塑性的软骨组成，而非坚硬的骨质，因此这一阶段的脚部极为脆弱，无法承受任何形式的力量压迫。

1～2岁，从成长发育的角度看，刚学会走路的婴儿，其脚骨大多仍未完成钙化过程，依然保持着软骨状态，这意味着即使穿着不合脚的鞋子，他们可能也不会表现出明显的不适。因此，选择鞋子时应当注重软硬度适宜，既能辅助提升学步时身体的平衡稳定性，又能确保鞋子与脚部贴合如同一体。当前有一个简单的判断标准，即鞋底应能轻松对折。

2～4岁，幼儿的足部正处在短骨骨化的重要阶段，适量的负重对骨骼正常发育至关重要。在一定限度内，骨骼的生长速度实际上受到施加在其

上的负荷大小的显著影响——负荷适当,骨骼发育便加快;反之,如果负荷不足,则发育速度减缓。在2～4岁这个年龄段,幼儿中生理性扁平足颇为常见。扁平足以先天性和生理性两种形式存在。先天性扁平足涉及骨骼结构本身的问题,常伴随内翻足现象,导致小腿与脚部生物力学特性的改变,进而影响步态,严重时需手术介入。另一方面,生理性扁平足,又名假性扁平足,是幼儿成长发育旅程中自然经历的一个阶段,源于其足部肌肉、肌腱及韧带等结构在承受站立、行走、奔跑等动作时力量不足,暂时性地导致足弓形态变化。这是不少幼儿发育中不可避免的过渡期。影响足弓形成的因素不仅限于足部肌肉、肌腱的发展状况,下肢骨骼的形态同样起到关键作用。

4～6岁,幼儿脚部的脂肪层会慢慢变薄,此时正在形成的足弓开始变得更为明显。然而,由于足部肌肉的力量仍然较为薄弱,他们在行走时腿部摆动产生的推进力有限,加之踝关节柔韧且稳定性不足,幼儿的步伐因此显得不够强劲和自如,这种情况下很容易发生未被立即察觉的伤害。因此,对幼儿的脚部给予特别的保护显得尤为重要。

综上分析,针对2～6岁幼儿的鞋子,鞋底设计可以略硬,这样做的目的有二:一是有助于培养幼儿正确的走路姿势,二是能够利用地面的反作用力,使行走更为轻松,同时确保脚部承受适中的压力,这对促进骨骼健康成长大有裨益。特别需要注意的是,在这个成长阶段,童鞋内部不应添加足弓垫或类似的支撑物,以免干扰足部自然发育过程中的步态形成和足弓塑造。

5. 动作

3～4岁期间,幼儿大脑的结构与功能持续发展,伴随着大肌肉群的快速增长,身体组织结构和器官功能得到进一步强化。骨骼变得更加坚硬,但骨化过程尚未完全结束,因此仍具有一定的可塑性和变形风险。此阶段,幼儿的神经系统较为敏感,容易产生疲劳。尽管如此,他们的身体动作相比之前更为灵活协调,开始展现出自然、有韵律的步态。这一时期,幼儿热衷于跑跳、玩儿球、骑小车、投掷沙包等活动,同时也渐渐掌握了双脚交替上下楼梯的技巧。手部小肌肉群有了显著的发展,动作精细度不断提升,体现在搭建积木、串珠子、折纸、玩儿泥巴和使用剪刀等方面。生活自理能力也有了进步,能够独立用餐具进食,学习自己穿脱衣物、系纽扣。

4～5岁的幼儿体格渐趋健壮,体力明显增强,足以胜任一段距离的步

第一章 幼儿动作发展的特征、规律与影响因素

行。基础动作愈发敏捷,跑步、跳跃、攀爬不仅得心应手,还能单脚站立,进行抛接球游戏。手指灵活性显著提升,能自主完成穿衣、解扣、拉拉链、绑鞋带等日常动作,同时擅长折纸、串珠、搭建积木等精细动作。动作的精准度与耐力均有显著增长,幼儿不仅能做出灵活多样的动作,还能保持较长时间的活动状态,显示出体能与协调性的全面发展。

5～6岁幼儿的肢体动作更为灵活协调,自我控制能力显著提升。5岁左右的幼儿行走速度已接近成人,平衡感大幅提升,能尝试进行一些技巧性较高的活动,如骑自行车、滑板车和旱冰等。他们对竞赛类游戏充满热情,家长和教师可借此安排一些带有竞技元素的活动,以培养幼儿的团队精神和进取心。这个年龄段的幼儿对周围世界充满好奇,展现出强烈的求知欲,对于有一定深度的问题表现出浓厚的兴趣,不再单纯依赖成人的解答,而是倾向于自己探索答案,对百科全书类书籍尤其偏爱。他们乐于拆解玩具,这并非破坏行为,而是内心深处探索欲的体现,渴望了解玩具内部的工作原理。同时,他们开始对自然界现象和机械运动背后的原理产生好奇,成人可以提供废旧物品供他们安全地拆卸研究,以满足他们探索未知的欲望。

(二)卫生保健

1. 保持正确姿势

为了确保幼儿骨骼健康发育,应注意以下几点:避免让婴儿过早尝试坐立或站立,同时避免形成在软床上睡觉及长时间坐在沙发上的习惯。负重方面,不应超过幼儿自重的1/8,并且要严禁长时间单侧承载重物。幼儿园应提供符合幼儿体型的桌椅,以保证舒适度。父母和教育工作者需密切留意并及时纠正幼儿坐立行走时的不当姿势,同时,通过自身正确的姿态示范,给予幼儿正面影响。

正确坐姿是头略向前,身体坐直、背靠椅背;大腿和臀部大部分落座在座位上;小腿与大腿呈直角,两手自然放在腿上;脚自然放在地上,有桌子时,身体与桌子距离适当;两臂能自然放在桌子上,不耸肩或塌肩,坐时两肩一样高。

2.组织体育锻炼和户外活动

体育锻炼和户外活动对幼儿尤为重要,它们能够增强肌肉力量,激发骨骼生长,从而助力身高增长,并且加速骨质中无机盐的积累,使骨骼更为强健。此外,适度的户外日照不仅能让幼儿享受大自然,还能促进体内维生素 D 的自然生成,有效防御佝偻病的发生。在运动过程中,加速的血液循环如同一条高效的输送带,为幼儿的骨骼和肌肉输送更多必需的营养物质,全方位促进其健康成长。

3.衣服宽松适度

为幼儿选择合适的衣物和鞋子是非常重要的。穿着过紧的衣服可能会限制他们的血液循环,影响身体的正常供血和成长。而鞋子过小则会挤压幼儿的脚部,不仅会引起不适,还可能妨碍足部的正常发育,影响足弓的形成,长期下来可能导致足部问题。相反,如果衣物和鞋子过于宽松,虽然提供了足够的活动空间,但也可能在运动中成为累赘,增加绊倒或被物件绊住的风险,从而引发意外伤害。

4.营养供给充足

骨骼的健康生长离不开充足的营养支持,特别是高质量的蛋白质、钙、磷等矿物质,这些是构建坚固骨骼的基础材料。维生素 D 的作用也不容忽视,它作为钙和磷吸收的促进剂,对维持骨骼强度和结构至关重要。另外,肌肉的发展以及能量储备过程,同样高度依赖于丰富的蛋白质和葡萄糖。由此可见,均衡且富含关键营养素的饮食,对于确保幼儿时期骨骼和肌肉的正常发育是必不可少的条件。

三、循环系统

(一)发展特点

1.血液

幼儿的血液总量占比相对于成年人较高,占其体重的 8%～10%。然

第一章 幼儿动作发展的特征、规律与影响因素

而,他们的造血系统较为脆弱,容易受到损伤,特别是某些药物和放射性污染物,对这个系统可能造成极大的威胁。幼儿的血液中水分含量较多,而凝血因子和免疫球蛋白的水平较低,这导致他们出血后凝固速度较慢,并且一旦发生感染,更容易蔓延。由于幼儿正处于快速的生长发育阶段,因此其体内血液循环的需求量迅速增长。如果喂养不恰当或是幼儿有严重的挑食偏食习惯,就很容易引发贫血问题。

2. 心脏

幼儿的心脏每分钟泵血量相对较少,但他们的新陈代谢活动却非常活跃。为了满足身体的新陈代谢需求,幼儿会通过增加心率来进行补偿。通常,幼儿的年龄越小,其自然心率就越快。幼儿的脉搏跳动很容易受到内外环境多种因素的干扰,显得不够稳定,如情绪激动、哭泣、进食、体温升高或进行体育活动等情况都可能影响脉搏的规律性。鉴于此,测量幼儿脉搏时,最好选择在其完全放松和安静的状态下进行,以确保结果的准确性。

3. 淋巴器官

在幼儿时期,淋巴系统的成长尤为迅速,其中淋巴结的保护和防御功能尤为突出。尤其值得指出的是,扁桃体的发育在 4～10 岁间达到顶峰,这一阶段的幼儿因扁桃体处于高度活跃状态,患扁桃体炎的概率较高。

(二)卫生保健

(1)当幼儿出现发烧症状时,应当保证充足的卧床休息,这样做有助于减轻心脏的工作负担,让身体能够集中能量用于对抗疾病。

(2)培养幼儿良好的饮食习惯至关重要,应纠正他们挑食和偏食的行为,通过多样化的饮食确保摄入足够的铁元素,从而有效预防缺铁性贫血的发生。

(3)合理规划并开展体育活动对增强幼儿的体质大有益处,这不仅能提升他们的身体协调性和运动能力,还能增强免疫力。

(4)预防动脉硬化的措施应当从小做起,幼儿时期的饮食应该注重限制胆固醇和饱和脂肪酸的摄入,同时倡导低盐饮食。

四、呼吸系统

（一）发展特点

1. 呼吸器官的特点

幼儿的鼻腔结构较为狭窄，鼻内黏膜十分娇嫩，因此较成年人更易受到感染。一旦感染发生，会导致鼻黏膜充血肿胀，分泌物增多，进而造成鼻塞现象。尤其是鼻中隔前下方，因其血管密集，故在干燥或受到轻微外伤时，更容易发生鼻出血。

幼儿的鼻泪管相对较短，这使得鼻腔的感染有时会波及泪囊区域，引发泪囊炎或结膜炎等问题。

此外，幼儿的喉腔不仅狭窄，其内部黏膜也十分柔嫩。感染时，黏膜的充血肿胀会使原本就狭小的喉腔空间进一步减小，可能导致呼吸受阻。由于喉部保护性反射机制尚未完全成熟，幼儿在进食时若同时说话或嬉笑，容易误吸未充分咀嚼的食物进入呼吸道。

幼儿的声带较为脆弱，容易因使用过度而疲劳，一旦发生肿胀或充血，就会出现声音嘶哑的情况。

在气管和支气管方面，幼儿的管腔不仅窄小，管壁也更为柔软。这样的生理特点使得他们在遭遇呼吸道感染时，更容易发生呼吸困难。加之幼儿肺部的肺泡数量和容积相对较小，一旦被黏液阻塞，也会增加呼吸不畅的风险。

2. 呼吸运动的特点

幼儿时期，新陈代谢活动异常活跃，身体对氧气的需求量相比成年人更大。为了满足这种高氧需求，幼儿会通过增加呼吸的频率来实现，这意味着他们的呼吸速度会比成人更快。一般而言，幼儿的年龄越小，他们的呼吸频率就越高（表1-2）。

第一章　幼儿动作发展的特征、规律与影响因素

表 1-2　婴幼儿呼吸频率

年龄	呼吸频率(次/分)
新生儿	约 40～44
1 岁以内	约 30 次
1～3 岁	约 24 次
3～6 岁	约 22 次

（二）卫生保健

1. 保持室内空气新鲜

室内要经常开窗通风，新鲜空气中含有充足的氧气，能够使幼儿身体发育对氧的需求量得到满足。

2. 培养良好卫生习惯

（1）引导幼儿形成用鼻子呼吸的好习惯，充分利用鼻腔的天然防护功能。

（2）教导幼儿避免挖鼻孔，以减少鼻腔感染和鼻出血的风险。

（3）教会幼儿在咳嗽或打喷嚏时转头避开他人，使用纸巾或手帕遮挡口鼻，并正确示范擤鼻涕的方法。

（4）避免让幼儿蒙头睡觉，确保他们能呼吸到流通的新鲜空气，保证睡眠质量与呼吸健康。

3. 科学组织体育锻炼

参与户外活动与体育锻炼，对幼儿而言，不仅能强化其呼吸肌肉，还能有效促进胸廓和肺部的健康发展，提升肺活量。这样的活动让幼儿在呼吸大量新鲜空气的同时，也锻炼了呼吸系统，增强了其抵抗呼吸道疾病的能力，从而达到预防感冒、咳嗽等呼吸系统感染的目的。

4. 保护幼儿声带

为幼儿挑选歌曲或朗读材料时，应当注意符合他们的音域特点，选取句子简短的内容，这样更容易被幼儿接受和模仿。在进行歌唱或朗读练习

时,每次持续的时间不宜过长,以保护幼儿的声带。鼓励幼儿用轻松自然、悦耳的声音来唱歌和交流,同时要积极引导他们避免大声喊叫,否则会对喉咙造成伤害。

5. 严防呼吸道异物

培养幼儿专心用餐的良好习惯至关重要,鼓励他们在进餐时保持安静,避免边吃边谈笑,因为这不仅可能引起呛噎,还会影响消化吸收。同时,应教导幼儿不可在玩耍时随意吃零食,或是做出将食物抛起再接住食用等危险行为,这类举动可能引起窒息风险,严重威胁幼儿生命安全。

五、消化系统

(一)发展特点

1. 口腔

(1)牙齿

牙齿的发育早在胚胎期的第六周便已启动,待婴儿出生时,虽然口腔内看不见牙齿,但实际上已经有 20 个乳牙的牙胚蓄势待发。随着成长,大约在婴儿出生后 6～8 个月期间,下颌的中央门牙(下中切牙)会首先破龈而出,标志着乳牙萌发的开始。直到 2～2.5 岁时,完整的 20 颗乳牙会全部长齐。与此同时,恒牙的发育其实已经在悄然进行,大约到了 6 岁左右,幼儿会迎来第一批恒牙,即第一恒磨牙,也就是民间常说的"六龄齿"。

(2)唾液腺

新生儿和婴儿因唾液腺未完全发育,唾液分泌量有限,导致口腔较为干燥。但大约出生后 3～4 个月,随着唾液腺的逐渐成熟,唾液分泌开始增加,常会不由自主地溢出口腔,这一现象被称为"生理性流涎",随婴幼儿成长将自然消退。

2. 胃

幼儿的胃壁肌肉较为薄弱,弹性不足,胃的容积较小,且消化功能相对不强。因此,在为幼儿安排饮食时,需精心选择易于消化的食物,并合理规

第一章 幼儿动作发展的特征、规律与影响因素

划每餐的时间间隔。

3. 肠

幼儿的肠管长度相对于其身体比例较长,小肠黏膜富含密集的毛细血管和淋巴管,这使得他们对营养的吸收效率较高。然而,由于幼儿的自主神经系统调节功能尚不成熟,他们的肠道容易出现功能失调,进而导致腹泻或便秘的情况发生。

4. 肝脏

幼儿的肝脏相对于其体型较大,有时候在肋骨边缘下方可以触摸到肝脏的下缘,这往往是正常的生理现象。幼儿肝脏产生的胆汁较少,对脂肪的消化功能相对较弱。此外,他们肝脏中储存的糖原也不如成人充足,因此幼儿更容易因饥饿而出现低血糖状况。同时,幼儿的肝脏解毒能力也还在发展阶段,相对较弱。

5. 胰腺

在幼儿时期,胰腺分解淀粉质和脂肪类食物的能力还不够强,此时小肠液扮演了更重要的消化角色。随着幼儿的成长,胰腺的功能会不断优化和发展。

(二)卫生保健

1. 保护牙齿

(1)幼儿定期检查牙齿。
(2)幼儿早晚刷牙、饭后漱口。
(3)引导幼儿避免咀嚼硬物,以防牙齿受损。
(4)确保幼儿饮食中含有足量的钙质,以促进骨骼和牙齿的健康成长。
(5)及时纠正幼儿诸如托腮、咬舌头、咬嘴唇、啃指甲和吮吸手指等不良行为。这些习惯可能导致牙齿排列不齐,影响口腔健康发展。

2. 培养良好的进餐习惯

（1）定时定量饮食、不挑食。
（2）教育幼儿吃饭时细嚼慢咽。
（3）饭后漱口。

3. 定时排便，预防便秘

（1）教导幼儿不要忍便，以免形成习惯性便秘，影响肠道健康。
（2）鼓励幼儿进行适量运动，并保持充足水分摄入，如多饮白开水。
（3）增加膳食中富含纤维食物的比例，如蔬菜、水果及全谷物，以刺激肠道蠕动，有效预防便秘的发生。

六、泌尿系统

（一）发展特点

幼儿的膀胱存储尿液功能相对较弱，因此排尿较为频繁。同时，由于他们的尿道较短，细菌更容易上行至泌尿系统，增加了泌尿道感染的风险。

（二）卫生保健

1. 及时排尿

应注意培养幼儿及时排尿的习惯，不要让幼儿长时间憋尿。6个月左右的婴儿可在成人帮助下训练坐盆，1岁时即可主动坐盆排尿。不要让幼儿长时间坐便盆，以免影响正常的排尿反射。

2. 保持会阴部卫生，预防泌尿道感染

（1）家长应在每晚睡前为幼儿做外阴清洁，使用专门的毛巾和盆，并确保毛巾定期消毒。
（2）厕所和便盆需每日进行消毒处理，以保证卫生。
（3）确保幼儿每日饮水充足，以支持身体新陈代谢的正常运行。

（4）鼓励幼儿及时排尿，有助于保持尿道干净，减少感染。

（5）当幼儿能自由活动时，可适时给他们换穿封裆裤，培养良好的个人卫生习惯。

七、感官系统

（一）视觉器官——眼睛

1. 发展特征

（1）在幼儿阶段，眼球的前后径较短，这是一种正常的生理现象，表现为轻度远视，大多数幼儿会在大约5～6岁的时候逐渐转变为正视。

（2）幼儿的眼球拥有极佳的晶状体弹性，调节焦距的能力很强，这让它们能够轻易聚焦于近距离的物体上。然而，如果幼儿养成了不良的用眼习惯，如长时间近距离注视物品，可能会导致睫状肌长期紧张并疲劳，进而引发近视问题。

2. 卫生保健

（1）养成良好的用眼习惯，定期测查视力。鼓励幼儿保持正确的阅读姿势，限制看电子屏幕的时间。同时，每年至少进行一次视力检查，以便早期发现并干预视力问题。

（2）创设良好的采光条件，确保学习和活动区域光线充足但不刺眼，避免直射阳光和过强的人造光源造成眩光，使用遮光帘或调整灯光角度以达到柔和均匀的照明效果。

（3）照顾视力差的幼儿，减轻他们的用眼负担。

（4）培养幼儿个人卫生习惯，教育他们不要用手直接接触眼睛，减少眼部感染的风险。

（5）选择适合幼儿年龄的阅读材料，大号字体和高对比度的配色有助于减少视觉疲劳。

（6）预防眼外伤，家中和幼儿园应消除尖锐边角和突出物，确保游戏区域安全无隐患。

（二）听觉器官——耳

1. 发展特点

幼儿的外耳道不仅较为狭窄,而且外耳道壁的骨骼还未完全硬化,因而易受外部因素的影响。此外,幼儿的咽鼓管比成人短且较为平直,管腔相对较宽。这样一来,当幼儿遇到鼻腔或喉咙部位的感染时,细菌或病毒能够较为轻易地通过咽鼓管进入耳部,从而容易引发中耳炎。

2. 卫生保健

（1）为幼儿清理耳朵时,避免使用尖锐物品,如棉签或针状物,以免伤害耳道或鼓膜,最好由专业医护人员操作。

（2）创造一个较为宁静的生活环境,避免长时间暴露在高分贝的噪音中,以保护幼儿敏感的听觉系统。

（3）积极预防中耳炎,注意耳部卫生,避免感冒,不共用个人卫生用品,如毛巾等,减少病菌传播机会,同时保持室内空气清新,避免烟草烟雾等刺激物,有助于降低中耳炎的发生率。

八、感觉统合

（一）发展层次

感觉统合强调幼儿在成长过程中,其大脑高效地整合来自不同感官通道(包括视觉、听觉、触觉、动觉、嗅觉等)的信息,以完成复杂的日常任务。这一过程不是只有简单的信息接收,而是涉及信息的接收、分析、整合以及基于此做出反应的一系列复杂步骤。在这一过程中,大脑如同一个指挥中心,接收外界刺激,通过神经系统对这些信号进行处理,最终指导身体做出适当的动作反应。幼儿的感觉统合能力受到多种因素的共同作用和影响,包括先天因素、脑机能系统、物理与社会环境、感知觉发展驱动机制、统计学习机制等。其中外界环境因素扮演着极其关键的角色,它为幼儿提供了必要的感官刺激和互动机会,促进了感觉系统的成熟和感觉统合能力的发展。

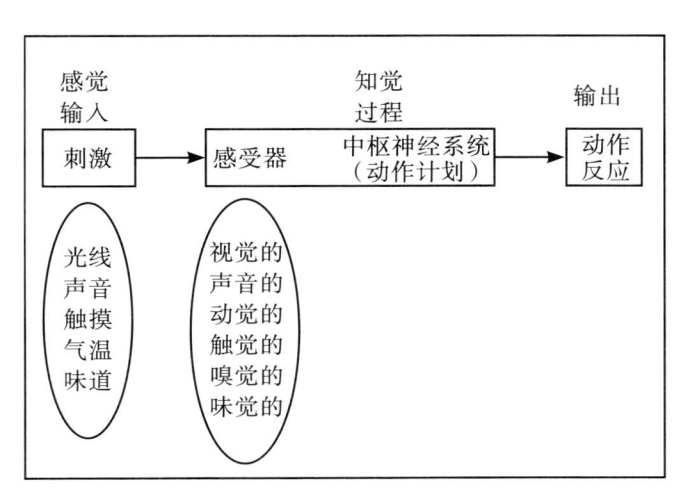

第一章 幼儿动作发展的特征、规律与影响因素

图 1-1 感觉信息加工过程[①]

感觉统合能力的发展在不同年龄段有不同层次的表现,具体可分为以下四个阶段:

1. 初级感觉统合发展阶段

初级感觉统合发展在婴儿成长早期至关重要,此时婴儿的大脑重量大约为 1000 克左右,正处于迅速发育阶段。在这个阶段,脑细胞不仅数量增加,还会形成复杂的网络结构,通过长出突触和分支,建立特定的感觉传导路径。这些路径的建立使得婴儿开始整合来自不同感官的信息,将原始的感觉输入转化为有意义的知觉经验。

通过日常生活中的各种身体活动和有针对性的动作练习,如爬行、翻身、抓握玩具等,婴儿的本体感觉(来自肌肉和关节,关于身体位置和运动的感觉)、前庭位置感觉(头部移动和重力变化引起的平衡感)、触觉(皮肤对压力和触摸的感知)以及视听觉等,得到有效的整合和协调。这一整合过程对促进婴儿的身体协调性、手眼协调能力以及整体平衡感的发展至关重要。

---

① 赵焕彬,周喆啸.幼儿功能性动作教学理论与实践[M].北京:人民体育出版社,2018:16.

2. 中级感觉统合发展阶段

这一阶段发生在幼儿期,此时幼儿大脑重量为 1000～1200 克。脑细胞分支繁茂,形成更专业的神经通路,紧密联系五大语言区域,加速感觉整合。幼儿的感知系统外围(感受器)趋于成熟,中枢神经持续发展,奠定感知觉进步的生理基石。幼儿期多种感觉信息汇聚于大脑,经整合促进注意力与记忆力的萌芽,幼儿开始形成对事物的认知、记忆与学习体验。情绪管理能力超越前期,体现在意志力强、记忆好、动作协调、手眼配合默契及情绪平稳,能自主控制行为,展现出一定的语言沟通能力。幼儿期为语言、智力及个性发展的关键窗口,这些成长得益于感觉统合训练。感知觉在人出生前即启动,至幼儿期达巅峰。与语言和大脑高级功能相比,感知觉先发展且其发展通道可能在幼儿中期趋于稳定,而语言及高级认知虽发展到顶点后稍缓,但通道永续开放。这强调了幼儿期作为感知觉最优化发展期的重要性。

3. 高级感觉统合发展阶段

这一阶段发生在 6～10 岁,此时大脑重量为 1160～1280 克,左右大脑半球的功能出现单侧化。例如,右脑具有情绪控制、空间定向、韵律绘画等形象思维优势,而左脑有写、说、读、听的语言能力以及算术等逻辑思维优势。在经过上面两个阶段感觉统合发展后,幼儿已有较为复杂的行为反应和认知能力,可以自主安排计划并实施,可以长时间集中注意力,意志力增强,可对自身情绪进行良好的控制等。

4. 大脑成熟阶段

这一阶段发生在 15 岁左右,此时大脑的重量接近成人。在正常发展情况下,感觉统合功能基本成熟,适应外界环境已经完全没有问题了。

(二)感觉统合失调

幼儿感觉统合失调是幼儿阶段经常出现的问题,该问题对幼儿生活、学习有一定的不良影响,一些幼儿因为感觉统合失调导致运动障碍。

1. 表现

幼儿感觉统合失调的具体表现见表 1-3。

第一章 幼儿动作发展的特征、规律与影响因素

表 1-3 幼儿感觉统合失调的具体表现

幼儿感觉统合失调的类型	具体表现
前庭平衡功能失常	·好动不安、走路易跌倒 ·注意力不集中、上课不专心、爱做小动作 ·容易与人起冲突、调皮任性、爱挑剔、很难与别人分享玩具和食物、无法顾及他人的需要 ·语言发展迟缓、语言表达困难等
视觉感不良	·无法流利阅读,常有跳读或漏读、多字少字现象 ·写字偏旁部首颠倒、不识字、学了就忘 ·不会做计算、常抄错题或抄漏题等
听觉感不良	·对别人的话听而不闻 ·丢三落四、经常忘记教师说的话和布置的作业等
触觉过分敏感	·紧张、孤僻、不合群 ·害怕陌生环境、爱哭 ·容易产生分离焦虑或过分紧张 ·偏食或暴饮暴食 ·脾气暴躁等
本体感失调	·缺乏自信、消极退缩、挫折感较多 ·手脚笨拙、语言表现能力极差 ·站无站相、坐无坐相 ·脾气暴躁 ·粗心大意等
动作不协调	·平衡能力差、走路容易摔倒 ·手工能力差 ·不能像其他幼儿翻滚、骑车、跳绳、拍球等 ·精细动作控制能力较差等

2. 原因

幼儿感觉统合能力的失调与多种因素相关,这些因素共同作用影响了幼儿在成长过程中对环境的感知和反应能力的正常发展,影响因素如下:

(1)缺乏爬行经验

婴儿跳过爬行阶段直接学步,可能导致前庭系统(负责平衡与空间感知)的发育受到影响,从而影响身体协调和平衡感。

(2)亲子互动不足

父母因忙碌而缺少与幼儿的互动,减少了幼儿右脑(负责情感、直觉与创造性思维)所需的感官刺激,影响其情感发展和创造力。

（3）过度保护限制探索

成人过度保护限制了幼儿的活动范围，减少了他们接触自然和社会环境的机会，这不仅减少了触觉等感官的自然刺激，还限制了幼儿对世界的认知和适应。

（4）触觉刺激缺乏

缺少接触自然界物质如泥土、沙子等的机会，限制了幼儿通过触觉探索世界的途径，影响触觉系统的正常发育，可能引起对某些质感的过度敏感或排斥。

（5）依赖学步车

过度依赖学步车可能妨碍幼儿自身平衡感和行走能力的自然发展，影响头部支撑力量的建立，进而影响前庭系统的正常发育。

针对上述原因，家长和教育者应当重视幼儿感觉统合能力的发展关键期，多措并举促进感觉统合能力的发展，如提供丰富多样的环境刺激、增加亲子互动和引导、适度放手、鼓励自主探索、鼓励自然体验、避免过度依赖辅助工具等。

九、皮肤

（一）发展特点

幼儿的皮肤保护机制尚未完全成熟，相较于成人，他们的皮肤更薄嫩，皮脂分泌较少，天然屏障功能较弱，因此更容易受到细菌、病毒等外界有害物质的侵袭，导致感染或者因摩擦、划伤等造成皮肤损伤。同时，幼儿的皮肤在调节体温方面的能力也相对较差。

（二）卫生保健

1. 培养良好的卫生习惯

给幼儿洗头时要细心，确保肥皂水不会溅入他们的眼睛，造成刺激。建议幼儿保持短发造型，既清爽又易于打理。修剪指甲时，手指甲应修成平滑的圆弧形，避免尖锐边缘刮伤自己或他人；脚指甲则要平剪，边缘略作修整，避免太深入导致受伤。

2. 适当户外活动

定期安排幼儿参与户外活动，不仅能享受自然，还能通过冷水洗脸等方法锻炼皮肤对温度变化的适应能力，增强幼儿对外界环境的抵抗力。

3. 合理着装

随着季节和天气的变化，家长应及时指导幼儿增减衣物，避免着装过多导致体温调节能力下降。日常穿着应以舒适、安全为主，便于幼儿活动，衣物设计简约，方便穿脱。

4. 讲究卫生

幼儿洗浴要选择温和无刺激的洗浴用品，避免含有强烈化学成分的产品伤害幼儿细腻的皮肤。沐浴后，应用专为幼儿设计的护肤品进行保湿，避免使用成人化妆品或护肤品。此外，幼儿不宜烫发或佩戴首饰，以减少对皮肤的潜在刺激和伤害。

第二节 幼儿动作发展的特点

本节重点分析3～6岁幼儿粗大动作的发展特点。

一、走的动作发展特点

步行作为人类最基本的自然运动方式和生活中不可或缺的技能之一，属于有氧运动范畴。对于幼儿而言，频繁行走不仅能帮助他们学会正确的步伐姿势，促进身体健康发展，塑造良好的体态，还对增强下肢肌肉力量与心肺功能大有裨益。

3～6岁幼儿随着年龄的增长，行走能力经历了从最初的笨拙、不自主、缺乏节奏感以及面对障碍时调整步态的困难，渐渐地趋向于成熟和自如，这标志着他们在动作发展上的一大进步。

各年龄段幼儿自然行走中动作表现的特点如下：

（一）水平一（3～4岁）

（1）在3～4岁阶段，幼儿开始尝试控制行走方向，尽管如此，他们的上下肢协作仍显生疏，常表现出左右脚步力量不均衡，导致身体摇晃，同时伴随着大幅度的手臂摆动。

（2）此年龄段的幼儿蹬腿力量薄弱且不均匀，脚步落地显得沉重，步子偏小且不一致，步速较快但稳定性欠佳，整体行走中缺少流畅的节奏感。

（3）随着下肢如膝、踝关节活动范围的扩大，他们在遇到障碍物时，尚不能灵活调整步伐以保持平衡，容易出现身体失衡的情况。

（二）水平二（4～5岁）

（1）进入4～5岁，幼儿在行走时上下肢的协调性有了显著提升，迈步时同一侧的手臂能自然地向后摆动，与腿部动作形成反向协调，摆臂幅度相比之前减小，这表明他们对身体稳定的控制能力有了明显增强。

（2）这一时期，幼儿的步幅逐渐加大，膝关节和踝关节变得更加灵活，运动幅度增加，使得步速得以提升。他们的上半身会略向前倾，这种姿态有助于保持行进中的身体平衡，使整个行走过程更为平顺。

（3）在节奏感方面，该阶段的幼儿开始能够按照一定的节拍行走，尽管他们的节奏感还不是很强，调整自身步伐以匹配外界节奏的能力还在发展中。

（4）面对障碍物时，这些幼儿已经能够做出初步的身体调整反应，他们会适当调整自己的站位与障碍物之间的距离，并尝试通过调整步伐来安全地跨过障碍。

（三）水平三（5～6岁）

（1）5～6岁的幼儿在行走时展现出更加成熟的上下肢协调性，动作显得自然而放松，步伐变得既快速又稳健。在常态行走时，他们的步速加快，步幅增大，而步频则相对减缓。

（2）这一阶段的幼儿在行走中能够体现出明显的节奏感，他们能够根

第一章　幼儿动作发展的特征、规律与影响因素

据外界的信号、音乐节奏或是预设的间距来自觉调节步幅和步频,而且开始具备控制自己行走速度的初步能力。

(3)面对障碍时,这些幼儿能够主动并有效地调整身体姿态,身体轻微前倾以保持平衡,上肢的摆动幅度减小,领先脚靠近障碍物,随后的那只脚则以较小的幅度抬起完成跨越动作。

二、跑的动作发展特点

跑步是一种速度较快的人体移动方式,特点是单脚支撑与腾空状态的交替进行,结合了腿部的强劲蹬地与摆动动作。它是日常生活技能中最为基础且常见的一项活动。在正确的跑步姿态中,上半身保持自然放松,双臂略微弯曲,以有力而有节奏的前后摆动辅助推进;腿部动作则强调前摆幅度大、后蹬强劲,这样的动作模式有助于提高前进效率。跑步时,身体重心较高,触地时力求轻盈,脚尖指向行进方向,确保每一步都既有力又稳定,同时建立起一个既合理又持续的节奏感。呼吸方面,跑步者通常用鼻吸或鼻吸口呼的方式以保证足够的氧气供应。跑步几乎调动了全身的肌肉群参与,是一项综合性极强的全身性运动。

幼儿参与跑步活动,对其身体发育有着多方面的积极影响。它不仅能够强化下肢的肌肉、骨骼系统、关节的稳定性和韧带的弹性,提升腿部肌肉的力量,还能显著增强身体的平衡感和协调性。此外,跑步有助于加快幼儿速度能力、灵敏反应能力、肌肉耐力及心肺功能的提升,同时,在认知层面,促进了时间感知能力与空间理解能力的发展。

在幼儿期,跑步技能的发展较为迅速。初学跑步的幼儿往往表现得较为紧张,步子迈得小而快,频率不均匀,全身动作不够协调,且在控制跑步方向上显得较为吃力。然而,随着年龄的增长,幼儿的跑步技巧会发生显著变化:他们开始能在跑步时拥有更长的腾空时间,步幅加大,四肢动作愈发协调一致。这一时期的幼儿,在跑步过程中甚至能够灵活地完成转身、急停和躲避障碍等复杂动作。

(一)水平一(3~4岁)

3~4岁幼儿在跑步时,已经开始出现短暂的腾空阶段,跑步形态主要表现为连续的小步伐,即所谓的小碎步跑。他们的步子短小且不规律,动

作之间缺乏流畅的节奏感。这个年龄段的幼儿对于跑步方向的掌控能力尚不成熟,直线奔跑时容易偏离路线。在落地时,他们倾向于使用全脚掌着地,身体保持较为直立的姿态,而手臂的动作则未能有效配合腿部,要么是僵硬地直摆,要么紧贴身体两侧不动,未能发挥出摆臂对跑步的辅助作用。启动和停止对这个年龄段的幼儿来说发展较为缓慢,且由于平衡控制能力有限,遇到轻微的碰撞或是路面不平坦的情况,他们很容易失去平衡而摔倒。

(二)水平二(4～5岁)

4～5岁的幼儿在跑步时,手臂摆动的模式开始变得更加成熟,他们能够在肩关节下方自如地摆动双臂,肘部近乎完全伸直,而且摆动方向与同侧腿部动作呈反向,尽管有时摆动范围会稍微超过身体中线。在这一过程中,肘部展现出了更精细的控制,即前摆时略微弯曲、后摆时则伸展开来,这样的动作有助于提升跑步的效率和节奏感。此阶段的幼儿,上下肢的协调性有了显著提升,腿部的蹬地动作更为明确和有力,腾空时间延长,整个跑步动作显得更加自然流畅,身体状态也更为放松,但他们的步幅仍然相对较小。

(三)水平三(5～6岁)

5～6岁的幼儿跑步技能已趋于成熟,他们大体上掌握了正确的跑步姿势。此时,幼儿跑步时手臂能更有力地摆动,摆动方向恰当地与同侧腿部动作相反,展现出良好的对侧协调性,且手臂在前后摆动时肘关节适度弯曲,这样的动作有助于提升跑步的效率和速度感。

在下肢动作上,蹬地动作更为强劲有力,跑步中开始显现出稳定的节奏感,步幅相比之前有所增加,整体动作的协调性和流畅度都有了显著提升。这一年龄段的幼儿对跑步方向的控制能力大大提高,他们能在跑动中灵活地完成转身、紧急停止及躲避障碍等动作。

三、跳跃的动作发展特点

跳跃作为一项关键的身体运动技能,是从单脚或双脚发力起跳,使身

第一章 幼儿动作发展的特征、规律与影响因素

体达到一定高度与远度的空中状态,随后再通过单脚或双脚着地并有效缓冲的完整过程,是日常生活中不可或缺的基本动作。幼儿期被视为跳跃技能发展的黄金时段,积极参与跳跃活动,对幼儿腿部肌肉力量的增强、弹跳性和下肢爆发力的提升、全身协调性与灵敏反应的发展,乃至视觉与运动协调能力的培养都极为有益。

幼儿跳跃技能的发展遵循一定的规律:起初是从简单的高处往下跳开始,逐步过渡到向上跳跃、向前跳跃,最终跳跃过障碍物。在3~6岁这一成长阶段,幼儿跳跃技能的变化尤为明显,从最初的动作较为生硬、肌肉紧张、摆臂与蹬地动作不协调、蹬地力度不足导致跳跃高度受限、落地时缺乏缓冲、身体平衡感不佳,渐渐转变为动作更加协调流畅、蹬地更为有力、身体舒展、落地轻盈且平稳。随着时间的推移,他们跳跃所能达到的高度逐渐增加,腾空时间与跳跃距离亦随之扩展,助跑速度也随之加快,反映了跳跃技能的进步与身体控制能力的提升。

(一)水平一(3~4岁)

(1)在跳跃准备阶段,幼儿可能尚未掌握自然的屈膝动作,或是屈膝动作显得僵硬、不连贯,身体姿势较为直立,缺乏有效的预备姿势以蓄积能量。

(2)不论是单脚还是双脚起跳,起始的蹬地力量往往不足,这导致双脚离地的高度十分有限,仅仅能轻微离地,难以实现有效的空中腾跃。

(3)摆臂动作与腿部蹬地的动作未能有效同步,两者之间缺乏必要的协同性,影响了跳跃时身体的展开与动力的顺畅传递,降低了跳跃的效率与美感。

(4)落地时,幼儿往往直接以较重的方式触地,未能利用膝盖弯曲来吸收冲击力,这不仅影响了身体的稳定性,也增加了受伤的风险。

(二)水平二(4~5岁)

(1)随着技能的进步,幼儿开始形成屈膝预备的意识,在起跳时能够采取双脚蹬地的方式,且蹬地动作相比之前更加有力,显示出腿部力量的增强和对起跳技巧的初步掌握。

(2)尽管腿部蹬地与手臂摆动的配合度有所提升,但仍显得不够流畅

自然,身体在腾空瞬间的展开也不够充分,说明身体各部分间的协调性与动作的连贯性仍有待提高。

(3)在落地技术上,幼儿开始尝试运用屈膝来缓冲,这是一个很大的进步,但实际操作中落地动作仍显得较重。

(4)这一阶段的幼儿已经能够完成单脚跳和双脚跳,以及跳过障碍物等多样化的跳跃动作。

(三)水平三(5～6岁)

(1)在跳跃准备阶段,幼儿能够熟练地屈膝蹲伏,身体适度前倾,为起跳蓄力,同时手臂自如地进行前后摆动,为起跳提供额外的动力准备。

(2)起跳瞬间,双脚能够迅速而有力地蹬地,伴随着双臂强有力的挥动,或自后向前,或自下而上,腿部与手臂动作的协同达到了更高的默契度,提升了跳跃的效能。

(3)在腾空过程中,幼儿的手臂摆动显得更加自然流畅,仿佛带动着身体一起进入一个平衡而舒展的状态。

(4)落地技术上,幼儿已经掌握了轻盈落地的技巧,懂得运用屈膝来缓冲落地的冲击力,有时还会顺势向前迈出一步或几步,以保持身体的稳定,减少着地时的震动。

(5)技能的多样化成为这一阶段的亮点,幼儿不仅能够熟练执行多种跳跃动作,而且能够有意识地调控自己的身体方向,无论是向前、向后,还是横向跳跃,都能做到目标明确,控制自如。

四、投掷的动作发展特点

投掷是体育基础技能,涉及复杂的大肌肉群协作,如腰、腹、背、腿和手的配合及视觉空间判断。幼儿参与投掷游戏,不仅能提升大、小肌肉群的力量与灵活性,提升身体的协调性和平衡感,还能锻炼目测能力与对物体的精准控制力,促进认知、理解力与空间感知的发展,投掷游戏是一种全面提升儿童身心素质的重要活动。

幼儿初期投掷技能欠佳,体现为投掷无力、身体协调性差、挥臂技巧不足及投掷方向不准。但通过参与挥臂、甩腕、抛接球及肩上投掷等活动,其投掷技能显著提升,学会运用挥臂、甩腕、迈步、转身等连贯动作,逐步掌握

第一章　幼儿动作发展的特征、规律与影响因素

投掷方向、角度和距离,实现全身协调用力。男童投掷能力通常优于女童,且随着年龄增长,这一差异愈加显著。

肩上投掷是常见的投掷技能,可作为分析幼儿投掷技能发展特点的范例。3~6岁期间,幼儿肩上投掷技能从初时的简单无协调、缺乏脚部配合、手臂不后拉、无转身动作、仅仅依赖手部投掷等状态逐步进化。随着成长,他们学会异侧脚上步、手臂后下拉、身体分段转动、有效挥臂与甩腕,直至能全身协调发力完成投掷,展示出从单一依赖到全身运动技能的显著发展。

(一)水平一(3~4岁)

这一阶段幼儿的投掷动作比较简单,主要依赖下肢保持静态平衡,面向目标,身体不扭动,直接从握持投掷物的位置向前投出,没有明显的后拉手臂动作。手臂挥动时,髋部会稍微向前弯曲帮助发力,整个投掷动作主要依赖手臂的直接推出,类似于一个简单的砍击动作。

(二)水平二(4~5岁)

这一阶段幼儿投掷技能开始进阶,他们会尝试同侧脚上步,即迈出的脚与投掷手位于同一边。这时,幼儿会更有意识地将手臂上举准备投掷,随后手臂划过身体完成投掷动作。上半身开始学会作为一个整体进行转体,如右手投掷时,先是躯干和髋部一同向右侧转动,随后快速转向左侧释放力量,有时髋部转向目标时会保持固定,显得僵硬。

(三)水平三(5~6岁)

这一阶段幼儿的投掷技能更加成熟,他们开始采用异侧脚上步,即迈出的脚与投掷手不在同一侧,且步伐变短。手臂动作增加了向后上方的引动,从头部后方开始发力投掷,这一改变显著增加了投掷距离。上体的转体动作也更加流畅和有效,手臂投掷时能更好地跨过身体中心线,整个投掷过程展现出较好的身体协调性。

（四）水平四（6岁以后）

这一阶段，幼儿的投掷技巧更加精进。他们能够自然地做出异侧脚上步，即非投掷手一侧的脚向前迈步，以达到投掷的动态平衡。躯干的运用更加灵活，能进行适度的扭转，以协调全身力量，提高投掷效率。手臂的动作更为复杂和有力，不仅能够向后高举做充分的后引动作积聚能量，还能在上臂挥向前并达到水平位置时，恰到好处地释放投掷物，达到更远的投掷距离。整个投掷过程中，手臂的后续动作顺畅地跨越身体，展现了高度的肢体协调性和对投掷动作的精准控制。

五、攀登的动作发展特点

攀登作为一种结合上肢与下肢协调合作的运动项目，要求参与者在特定的攀登设备上进行垂直或水平方向的移动，这些设备包括但不限于攀爬网、梯子、攀爬杆及攀爬绳索等。对于幼儿而言，参与攀登活动不仅能够显著增强他们的四肢肌肉力量，提升手部的抓握力度，而且还能极大地促进身体协调性、平衡感以及敏捷性的全面发展。此外，攀登活动对于提升前庭系统的感知能力、建立空间方位感以及培养幼儿的良好个性品质等具有不可忽视的积极作用。

幼儿攀登，会经历从并手并脚移位到手脚交替移位，从不协调移位到灵敏地上下移位和左右移位的过程，这是一个不断进步与发展的过程。

（一）水平一（3～4岁）

3～4岁的幼儿在攀爬活动中通常并拢双脚上下楼梯，或是尝试交替脚上楼梯，但下楼梯时偏好并脚。在攀登器械上，他们更多是并手并脚直线攀爬，向下攀爬时脚步定位不够准确，动作协调性和灵活性欠佳。手握横杠的方式往往不标准，未能有效利用大拇指与其他四指分开抓握来增加稳定性。

第一章 幼儿动作发展的特征、规律与影响因素

（二）水平二（4～5岁）

4～5岁的幼儿在攀登技能上有了明显进步，能够协调地交替脚上下楼梯。在攀登器械上，手脚动作更加协调，通常采用手脚交替的方式向上攀爬，并手并脚向下，且在向下时能更准确地踩中横杠，还开始尝试左右移动位置。

（三）水平三（5～6岁）

5～6岁幼儿的攀登技巧更加成熟。他们能够双手分别抓住不同格的横杠，双脚也交替踏在不同位置，以此灵活地向上或向下攀爬。这一阶段的幼儿在攀登器械上能够自由上下、左右移动，还能完成跨越、钻过障碍等复杂动作。部分幼儿甚至挑战爬杆、爬绳、攀岩等更高难度的攀登活动。

六、钻的动作发展特点

钻行，作为一项模拟日常生活中穿越狭窄空间的技能，对于幼儿的身体发展具有重要意义。通过频繁参与钻行活动，幼儿不仅能够强化下肢与腰背部的肌肉力量，还能有效促进身体柔韧性、灵敏度及协调性的提升，为全面的身体素质发展奠定基础。

从婴幼儿时期起，幼儿便显露出对探索狭小空间的兴趣，乐于进行钻行的游戏。大约在3岁时，幼儿在钻行时往往还不能完美地协调低头、弯腰、屈膝和身体紧缩等动作，这反映了他们空间感知能力的初步探索阶段和动作技能的不成熟。随着年龄增长，伴随着平衡感、协调性、灵活性等身体能力的不断增强，幼儿开始学会有意识地调整身体姿势，以更加平衡和精准的方式通过各式各样的障碍物。

（一）水平一（3～4岁）

在3～4岁这一阶段，幼儿在钻行时，往往未能自发地结合低头、弯腰、屈膝和紧缩身体等必要动作，对周围空间的判断能力较弱。由于平衡感、协调性和灵敏性尚未充分发展，他们在钻行过程中容易碰到障碍物。

（二）水平二（4～5岁）

到4～5岁,幼儿在正面钻行的动作上表现得比侧面钻行更为熟练,但双腿在屈曲与伸展之间的转换还不够流畅灵活,对空间大小的判断虽有所进步,但仍存在不够精准的情况。

（三）水平三（5～6岁）

5～6岁的幼儿已经能够熟练掌握钻行的基本动作要领,包括低头、弯腰、屈膝和身体紧缩等,身体变得更加灵活协调。他们基本上能够准确无误地穿越各种类型的障碍物,展现了在钻行技能上的显著进步。

七、爬的动作发展特点

爬行,作为一种融合了上下肢及躯干协同运作的移动方式,对于幼儿而言,不仅是探索世界的第一步,也是促进其身体全面发展的重要运动。通过频繁的爬行活动,幼儿能够显著增强平衡感,同时锻炼四肢、背部及腹部肌肉力量,进而提升动作的灵活性与协调性。

婴儿自7～8个月起,开始尝试以前臂支撑身体进行初步的爬行尝试,约至8个半月时,逐渐过渡到手膝并用,标志着手臂与腿部协调动作的初步形成。到了3岁,幼儿已能熟练地进行手膝爬行,并对不同的爬行方式进行积极探索,尽管这一阶段他们的体能尚处于发展阶段,但手膝爬行仍是主要形式。随着年龄增长和体能的增强,幼儿的肌肉力量、协调性和灵敏度不断提升,至6岁时,他们已能掌握更为多样的爬行技巧,包括匍匐爬、仰卧爬以及需要团队协作的多人协同爬行等。

（一）水平一（3～4岁）

在3～4岁这一水平阶段,幼儿已经能够相当熟练地进行手膝爬行和手与膝盖并用的爬行,还能在爬行过程中变换方向,探索不同的路径。他们开始尝试躺着爬行,但还不太协调。

第一章　幼儿动作发展的特征、规律与影响因素

（二）水平二（4～5岁）

到了4～5岁，幼儿的爬行技能进一步发展，能够用手脚同时支撑地面进行爬行，也就是手脚爬行，但受到肌肉耐力限制，这种匍匐爬行持续的时间不会很长，速度也相对较慢。

（三）水平三（5～6岁）

在5～6岁这一阶段，幼儿的爬行技能变得更加多样化和复杂，他们能够完成仰身爬行、爬越障碍等较具挑战性的动作，这要求更强的身体协调性和力量控制。此外，他们还能参与多人协同爬行，展现了幼儿在体能、协调性、灵活性方面的发展。

八、翻滚的动作发展特点

翻滚作为一种基本的身体运动技能，涉及以身体某一部位为中心点进行周身的滚动，常见的类型包括侧滚、前滚翻和后滚翻等。这类活动对于幼儿的身体发展尤为重要，因为它不仅能够增强平衡感和身体控制力，即平衡性技能，还有助于促进负责维持平衡与空间感的前庭系统的发育，提升前庭觉的敏感度。同时，翻滚动作对加强腰部和腹部肌肉力量，以及上下肢的协调配合也大有裨益。

在婴儿期，翻滚行为的出现标志着婴儿运动能力的重要进步。大约在出生后2～3个月，婴儿开始尝试从侧卧翻身至仰卧。4个月左右，他们学会了从仰卧翻至侧卧。接着，约5个半月时，婴儿无需躯干旋转，能够直接从仰卧翻至俯卧。到了7个月，婴儿的翻滚动作更加成熟，能够伴随躯干的旋转，顺利完成仰卧至俯卧的翻滚动作。进入幼儿期，幼儿在先前基础上继续发展，逐渐掌握了更为复杂的翻滚技巧，如仰卧时抱住双腿进行团身，以及连贯地进行前后翻滚。

（一）水平一（3～4岁）

在3～4岁这一阶段，幼儿在进行翻滚时主要依靠腰部和腿部的力量

来驱动身体完成侧向翻滚动作,但当身体尝试保持挺直状态进行翻滚时,会显得较为吃力。

(二)水平二(4～5岁)

进入4～5岁,幼儿在翻滚技能上有了进一步提升,他们开始在翻滚过程中尝试将两臂交叉放在胸前,或置于身体两侧,甚至是伸展过头顶,这样的姿势变化有助于全身的伸展。尽管如此,他们在翻滚中身体能够保持挺直的时间仍然较短,说明了运用腰部及腿部力量进行翻滚时协调性尚处在发展阶段。

(三)水平三(5～6岁)

到了5～6岁,幼儿在翻滚技能上实现了更大的飞跃,他们能够更加自如地控制两臂的放置位置,无论是在胸前交叉,还是伸展在体侧或头顶,都能在身体保持挺直状态下,运用腰部和腿部的力量实现较快速度的直体滚动。这一阶段的幼儿还能灵活地进行连续的双侧来回翻滚。

九、悬垂的动作发展特点

悬垂作为一项重要的人体技能,指的是人体肩部低于所握持点并施加拉力的状态,广泛应用于日常生活与体育活动中。随着年龄增长和运动经验的积累,个体对悬垂技能的掌握会逐渐加深。对于幼儿而言,参与悬垂活动是锻炼身体多个方面能力的有效途径,尤其是上肢、肩背肌肉和韧带的强化,以及手部抓握力的提升。它不仅增强了上肢关节的稳固性和全身力量(包括上下肢、腰腹部及背部肌肉),还促进了空间知觉、本体感觉的发展,提高了身体的灵敏度、协调性和平衡能力,有助于促进身体两侧肌肉与大脑两个半球的均衡发展。此外,悬垂活动还能培养幼儿的勇气和坚韧不拔的精神品质。

幼儿的抓握能力随年龄的增长、实践经验的增多及上肢力量的提升而逐步增强。他们最初表现出来的悬垂动作往往是复合性的,如在攀登架上时,幼儿可能会采取双手握杠、双脚蹬杠的蹲姿悬垂,或是双手握杠、双腿穿杠的仰卧式悬垂。由于这个阶段的幼儿在空间感知、判断力和身体协调

第一章 幼儿动作发展的特征、规律与影响因素

性方面尚不成熟,加之肌肉力量较弱,他们维持悬垂状态的时间较短,易感疲劳。随着年龄的增加和动作技能的成熟,幼儿开始在单杠或攀登架上仅凭双手握杠,身体完全悬空于器械之下,完成纯粹的悬垂动作,这标志着他们悬垂技能的显著进步。

(一)水平一(3~4岁)

(1)能够握住单杠或吊环等悬垂器材,进行直体悬垂或弯曲腿的悬垂,大约能坚持1秒钟。

(2)在成人协助下,能进行4~5米的悬垂滑行,但落地时需要成人帮助稳定。

(二)水平二(4~5岁)

(1)抓握单杠或吊环等悬垂器材的能力增强,能够持续悬垂约5秒钟。

(2)在悬垂时,能做出轻微的前后摆动(即悬垂摆动),并能抬起双脚踢到固定的物体后再双脚轻轻落地,尽管落地时还未能自然地屈膝缓冲。

(3)开始在悬垂过程中尝试移动身体位置,展示出空间移动的能力。

(三)水平三(5~6岁)

(1)抓握单杠或吊环等悬垂器材的能力进一步加强,能持续悬垂约20秒。

(2)悬垂时具有两手交替向前或向其他方向移动的能力,在跳下时能自然地屈膝缓冲,减少了落地时的冲击。

(3)悬垂技能更为多样,还能在悬垂的同时移动。

十、支撑的动作发展特点

支撑技能锻炼中,幼儿双手稳固撑地或支架,间距略宽于肩,臂伸直,双腿合并脚支撑,胸挺腹收,全身紧绷维持平衡。此技能涵盖上肢锻炼、器械操作、跳跃及侧翻等,对幼儿腰腹肌群力量、平衡感、柔韧性和协调性的发展至关重要,同时也要预防关节脱臼,促进健康发育。

幼儿在成长过程中，随着身体运动机能的逐渐成熟，自然而然地掌握了多种支撑动作，这一过程是其身体发展和运动能力进步的直接反映。起初，出生第一个月的婴儿在俯卧状态下尚无法自主抬头，但到了第 3 个月，随着颈部和上肢肌肉力量的初步发展，他们不仅能抬起头，还能用双臂支撑起头部和胸部，这标志着支撑动作的最初形成，也是婴儿对外界探索的初始尝试。

随着年龄的增长，幼儿在支撑动作上的发展经历了显著的演变，如从静态支撑到动态支撑、从平面支撑到器械支撑、从单部位支撑到多部位支撑、从依赖单一的手臂或腿支撑到使用身体多个部位协同支撑。这一系列转变，不仅增强了幼儿上肢和核心肌群的力量，还促进了平衡感、灵活性的提升和身体各部位间的协调，为更复杂的运动技能打下基础。同时，也有助于骨骼和关节的发育，预防运动损伤。

（一）水平一（3～4 岁）

3～4 岁的幼儿在支撑能力上表现为力量较弱，他们的手部支撑点通常位于脚部支撑点之上，能进行短暂的静态维持或简单动态支撑活动。这个阶段，他们可以通过手臂和膝盖的协同来移动身体，或是用手臂支撑俯卧姿态，但维持时间不长。完成支撑动作后，幼儿往往站立不稳。

（二）水平二（4～5 岁）

4～5 岁的幼儿在支撑能力上有显著提升，能有力地使用双手和双脚共同支撑并移动短距离，实现双脚脚掌着地的稳定支撑。完成支撑动作后，他们能站稳，显示出平衡感的进步。

（三）水平三（5～6 岁）

5～6 岁的幼儿进步到能把手部支撑点与脚的支撑点调整至同一平面，且能维持该姿势较长时间或进行一定距离的移动。他们能尝试单脚掌支撑，但持续时间较短。

第一章 幼儿动作发展的特征、规律与影响因素

（四）水平四（6岁以后）

6岁以后的幼儿支撑技能更加成熟，能进行手部支撑点低于脚支撑点的静态和动态活动，展示出更强的上肢力量和身体控制能力。他们能在单杠和双杠上进行静态支撑与移动，甚至能完成需要爆发力的动作，如支撑跳跃和单手支撑的侧翻滚。

十一、推、拉、提、抬的动作发展特点

推、拉、提、抬作为上肢活动的基本方式，构成了日常生活和运动技能的重要部分。其中，"推"指的是在物体后方施加力促使其向前移动，如推门、推车。"拉"则是向自己方向牵引物体的动作，如拉抽屉、拉窗帘，推与拉在很多情况下相互配合使用，体现动作的互补性。"提"特指通过手握环、柄或绳索将物品提起，而"抬"则需要两人或两人以上合作，共同将重物举起。

儿童在很早的发育阶段就开始展现出推、拉、提、抬的本能动作倾向。大约3～4岁的幼儿，他们主要利用上肢的自然力量去尝试完成这些动作，比如推玩具车、拉抽屉、提小桶或与父母一同抬轻物。而到了5～6岁，随着身体协调性与力量的增强，幼儿开始学会上下肢更有效地协同工作，使得推、拉、提、抬动作更为流畅与有力。

（一）水平一（3～4岁）

3～4岁幼儿的运动技能正处于初期发展阶段，主要依赖上肢的力量来完成推、拉、提和抬的动作，但这些动作之间缺乏协调性，显得较为生硬和独立。

（二）水平二（4～5岁）

4～5岁的幼儿能够利用上肢和下肢共同参与推、拉、提和抬的动作，虽然此时上下肢的协同还处于基础阶段，但相比之前已经有了一定的进步。

（三）水平三（5～6岁）

到了5～6岁，幼儿的运动协调性有了显著提升，他们能够更流畅地运用上肢协调一致的力量去完成推、拉、提和抬的动作。

第三节　幼儿动作发展的阶段与规律

动作发展有着内在规律，它按照一定的顺序、原则发展，是一个复杂多变而又有规律可循的动态发展系统。

一、幼儿动作发展的阶段

人类动作的发展按照生理年龄可划分为以下4个时期，10个阶段，如图1-2所示。

（1）反射动作期：信息编码阶段（受孕后～4个月）、信息解码阶段（受孕后4个月～出生）。

（2）预先适应期：反射抑制阶段（出生～1岁）、预先控制阶段（1～2岁）。

（3）基本动作模式期：动作启蒙阶段（2～3岁）、动作初级阶段（4～5岁）、动作成熟阶段（6～7岁）。

（4）竞技技能期：普遍过渡阶段（7～10岁）、具体专一化阶段（11～13岁）、专业竞技阶段（14岁及以上）。

第一章　幼儿动作发展的特征、规律与影响因素

发展时期的年龄	动作发展时期	动作发展阶段
14 岁及以上	竞技技能期	专业竞技阶段
11～13 岁		具体专一化阶段
7～10 岁		普遍过渡阶段
6～7 岁	基本动作模式期	动作成熟阶段
4～5 岁		动作初级阶段
2～3 岁		动作启蒙阶段
1～2 岁	预先适应期	预先控制阶段
出生～1 岁		反射抑制阶段
受孕后 4 个月～出生	反射动作时期	信息解码阶段
受孕后～4 个月		信息编码阶段

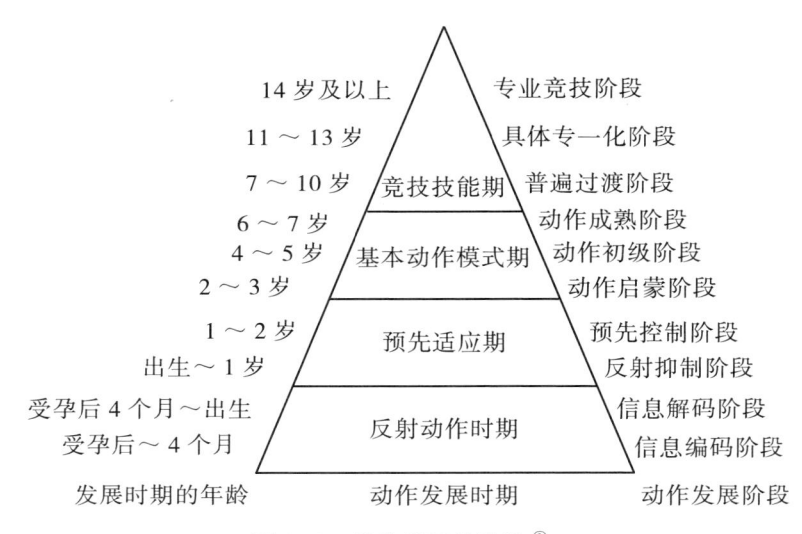

图 1-2　动作发展的阶段[①]

（一）反射动作期

反射是人体对特定外界刺激自动、无意识的回应机制，对婴儿来说，它扮演着至关重要的生存和自我保护角色。例如，当婴儿平躺时，迷走神经反射会促使婴儿伸展颈部，避免呼吸道被阻塞，保障呼吸畅通，这是生物体内的天然防御机制在起作用。足月出生的新生儿携带着一套反射机制，这些反射如觅食反射和吮吸反射，是确保他们能够获取营养的关键，也是与世界初次互动的桥梁。在活动能力有限的初期，这些反射是婴儿表达需求和沟通的主要途径，对父母和护理者而言，理解这些反射信号是至关重要的。众多的姿势反射与未来动作发展紧密关联，它们是儿童后期姿势控制和移动能力发展的基础。比如，踏步态反射（踏步反射）在婴儿期出现，虽然初期是无意识的行为，但预示着行走能力的潜在发展。婴儿的行动发展经历一个从反射性动作（如踏步反射）到不稳定的、看似混乱的尝试性动作（学步阶段），最终迈向独立行走的成熟过程。

反射活动的形成始于孕期的第 3 个月，在胎儿发育过程中开始显现，这些原始的反射是生命初期生存与自我保护的本能。出生后，随着婴儿逐

[①] 贾静怡，陈玉娟，李立，王彩连. 幼儿园体育活动设计与实践：基于幼儿动作发展规律[M]. 青岛：中国海洋大学出版社，2023：68.

渐掌握自主控制身体的技能,大约在两年的时间里,许多早期的反射会减弱并逐步消失,被更复杂的自主控制取代。但是,一些基本的保护性反射如眨眼反射、咳嗽反射等,会伴随人的一生,持续扮演着守护身体安全的角色。

反射是运动技能发展的基石,常被儿科医生用来评估婴儿神经系统是否正常发育。自发的反射动作,尽管与后来的自主性动作在控制程度上有所区别,却是动作发展连续性的一部分。换句话说,早期的反射为后续的自主控制动作奠定了基础,两者之间存在着递进化的联系,共同推动了儿童运动能力的逐步成熟。

(二)预先适应期

预先适应期动作的发展,实际上指的是婴儿从被动的反射性动作向主动控制转化的过程,大约在出生后第2周至第3个月开始,持续至婴儿能够自主行走和独立进食,大约在1岁半左右。这一阶段的焦点在于婴儿如何逐步实现动作的独立性,通过一系列预先适应性动作的掌握,为更复杂的活动奠定基础,但这并不意味着动作的发展是绝对固定不变的,环境因素对此有重大影响,适宜的环境刺激可以促进动作技能按预期的、普遍顺序出现。这一顺序性的动作发展,被视作婴儿成长的"里程碑",每一个动作的掌握都是婴儿发展中的一个重要节点,标志着其生理、神经和认知能力的进步。

表1-4 预先适应时期的姿势和动作里程碑

平均年龄	动作里程碑
2个星期	俯卧位时将头转向侧方
2.5个月	俯卧位时能将头和前胸抬离支撑面
4个月	从仰卧位翻滚为侧卧位
4.5个月	手臂支撑着俯卧
4.5个月	双臂支撑在支撑面上坐立
5个月	弓着背躯干前倾地独立坐着
5.5个月	从仰卧位翻滚为俯卧位(不伴随躯干的旋转)
6个月	背部挺直独立坐着

第一章 幼儿动作发展的特征、规律与影响因素

续表

平均年龄	动作里程碑
7个月	从仰卧位翻滚为俯卧位(伴随躯干的旋转)
7.5个月	腹部与支撑面保持接触的爬行
8个月	拉站(自己坐位拉到站立位)
8.5个月	腹部脱离支撑面,依靠手和膝部的爬行
9个月	扶物行走
10.5个月	独自站立
11个月	连续地独立行走三步

下面从姿势控制和移动发展两方面来分析预先适应期动作的发展特点。

1. 姿势控制

姿势控制是幼儿在保持身体平衡并在不同环境中维持特定体位姿势的能力,其发展通常从头部的控制开始,逐步向下延伸至脚部。这一过程涉及颈部控制的初步建立,随后是躯干的稳定,最终达成手臂和腿部的自主运用,从而使幼儿能依次掌握抬头、翻身、独坐立和站立的能力。

坐立作为幼儿能够完成的第一个直立体姿势,标志着他们已具备了头部和躯干部位的控制能力,并能利用手臂支撑来辅助保持稳定坐下。站立则是婴儿期的一个关键里程碑,它不仅代表了个体成长的一大步进阶,也是完成日后跑步、跳跃等更复杂动作的基础。

姿势控制的本质是神经系统与感觉系统的动态互动,这一过程为诸多运动技能的根基。在向新姿势发展阶段过渡时,感觉与运动的协调需重新调整,这一调整可能会暂时影响之前已建立好的姿势或动作模式。

2. 移动发展

爬行作为幼儿成长过程中的一个重要里程碑,不仅是他们探索周围环境的方式之一,也是迈向独立行走的关键步骤。在大多数情况下,幼儿在开始直立行走之前会经历爬行阶段,这一过程标志着他们身体控制能力的显著提升。爬行不仅与幼儿的动作发展紧密相连,还与他们的情绪、认知发展息息相关。值得注意的是,尽管爬行是幼儿发展中一个普遍的现象,但并非所有幼儿都会经历这一阶段。有的幼儿可能会直接从坐、站过渡到

扶走,跳过爬行阶段。

直立行走是人类进化历程中的一个关键特征,它不仅是我们与其他动物的重大区别,也深刻影响了我们的生理结构、认知和社会发展。直立行走不仅仅是简单地维持直立姿势,它涉及一系列复杂的生理机制和系统间的精密协作,如动态平衡、下肢力量与稳定性、神经肌肉协调、认知与感觉统合发展、骨骼与关节适应等。总之,直立行走是人类生理、神经、骨骼、肌肉、认知系统等多方面高度整合的成果,不仅体现了人类进化的独特性,也是个体成长发展中的一座重要里程碑。

在预先适应阶段,动作控制技能的发展并非遵循统一时间原则,而是受到多种因素的共同影响。新动作的掌握是幼儿与环境互动的产物,体现了身心成长的动态适应。尽管动作发展里程碑的顺序相对固定,但因个体差异和所处环境不同,不同幼儿的技能发展时间会有早晚。一旦幼儿能够独立行走和自我进食,即标志着预先适应期的结束,接下来步入基础动作技能的掌握阶段。

(三)基本动作模式期

随着幼儿开始行走,他们完成了预先适应期的大肌肉群动作发展,标志着进入了一个新阶段——基本动作模式期,出现在2~7岁。在此期间,幼儿需巩固并拓展他们在第一年内学到的基本动作技能,这些技能是后续复杂动作发展的基石。基本动作技能被细分为三大类:位移技能(如跑、跳、爬)、非位移技能(如保持平衡、扭转)和操作技能(如抓、扔、画)。这一时期,幼儿通过不断实践与探索,逐步完善身体的协调与控制能力,形成稳定且有效率的动作模式,为参与体育竞技、舞蹈、游戏及各类体育比赛等复杂活动奠定必要的动作基础。

(四)竞技技能期

竞技技能期是动作发展的重要阶段,此时个体已经在特定运动领域展现了一定的能力,但仍处于技能精进的过程中,目标是达到更高的技能水平。此阶段的一个显著特征是可能出现生物代偿现象,这是由于随着年龄增长、运动伤害累积以及生理机能的自然变化,身体可能会采取补偿策略来应对某些方面的不足。

第一章　幼儿动作发展的特征、规律与影响因素

例如，如果某组肌肉因为训练不足或受伤变得较弱，身体可能会调动其他肌肉群来辅助完成原本需要那组肌肉完成的任务，这种机制虽然短期内能帮助完成动作，但长期来看可能导致动作效率降低、姿势异常，甚至增加受伤风险。因此，为了避免这种代偿性问题，在竞技技能期应该广泛参与多种体育活动，这有助于促进全身肌肉均衡发展，提升整体体能素质，同时也有利于发现和培养潜在的运动特长。

二、幼儿动作发展的规律

（一）"从上到下"规律

"从上到下"主要指人类生长和动作发展的进程是从上到下的。例如，在胎儿和婴儿期，头部的发育明显比身体其他部位大。而在幼儿阶段，幼儿学习步行时，其脚部以较宽基底支撑，脚掌外张，下肢运动初显生硬。行走时，髋关节成下肢摆动轴心，膝盖近乎伸直，脚落触地未见显著弯折。随着步行技能日益纯熟，幼儿腿部屈伸自如转换，脚背触地瞬弯，重心由足跟流畅移向趾端，步态愈发娴熟。

（二）"由近及远"规律

"由近及远"是幼儿成长与运动发展的一个重要规律，描述了身体运动控制和精细动作能力从身体中心区域向四肢末梢的逐渐扩散。这一过程始于胚胎发育，神经系统的形成以脊椎为中心向外扩展，带动四肢的逐步成型，体现了由身体中轴线向边缘发展的趋势。在幼儿早期的运动实践中，这一特点尤为明显。比如，当他们初次尝试挥打球时，动作往往是大范围的、基于肩部的，手臂整体摆动，类似于投掷动作，而手腕和手指的细微控制尚未被充分调动。这是因为幼儿在动作发展的初级阶段，首先掌握的是涉及大肌肉群的粗大动作，这些动作更靠近身体的中线和核心部位。随着年龄增长和不断练习，幼儿的运动技能逐渐精细化，开始能够涉及更远端的肢体部分，如手腕和手指。他们学会在挥动球棒时不仅依靠肩部的带动，还巧妙地加入手腕的旋转和手指的抓握调整，以更精确地控制球棒击球。

这一变化标志着运动控制能力从简单的大肌肉群运用,向包含手腕、手指等远端肢体精细动作的全面发展,体现了"由近及远"的动态变化。

(三)"从大到小"规律

"从大到小"这一发展规律,强调了在幼儿成长过程中,大肌肉群的力量和运动技能先于小肌肉群的精细动作得以发展。这意味着,在幼儿早期阶段,他们首先掌握的是涉及躯干、四肢等大肌肉群的较大幅度的基础运动,如跑、跳等,这些动作主要依赖于大肌肉群的协同工作。随着年龄增长,小肌肉群逐渐成熟,幼儿开始能够掌握更多精细动作,如细致的手指操作、脚步的灵活调整以及更为复杂的动作控制,如平缓加速和平稳减速。这一过程体现了幼儿动作发展从大范围的、粗放的动作逐渐过渡到细腻、精准的控制。

(四)"整合"规律

"整合"在幼儿身体发展中的意义在于身体各部位的协作与协调性逐渐增强。这不仅仅是肌肉力量的增长,更重要的是神经系统对肌肉控制的精细化以及各肌肉群间的协同工作能力的提升。以幼儿学习立定跳远为例,初期阶段,由于这种协调能力还在发展中,他们往往难以有效地同步运用上肢和下肢的力量。常见的情况是,幼儿主要依赖下肢的力量来跳跃,上半身的动作可能相对僵硬或者不参与发力过程,两条腿蹬地的力量也不均衡,导致跳跃距离受限,动作显得不够流畅和高效。随着年龄的增长,幼儿的神经肌肉系统不断发育,身体各部分的整合能力显著改善。他们开始学会在跳跃时自然地摆动双臂以增加动量,同时,双脚能够更加协调一致地发力,使得蹬地动作更加同步和有力。这种上下肢的协调配合,不仅增加了跳跃的距离,也提升了动作的整体效率。

(五)"分化"规律

"分化"在幼儿动作发展中,是指随着年龄增长和经验积累,身体各部位在执行特定动作时分工更加明确,各自承担起更加专门化的角色。在幼儿学习接球的初期,这一分化过程尤其明显。起初,幼儿在接球时可能无

第一章 幼儿动作发展的特征、规律与影响因素

法精细地区分胳膊和手的不同功能,他们倾向于用整个上肢作为一个整体来完成接球动作,大臂和小臂紧紧抱住球,这时手的动作几乎是胳膊动作的自然延伸,没有显现出独立的、专为接球设计的精细操作。这个阶段,手和胳膊的功能是混合的,没有清晰的界限。随着幼儿身体的进一步发育,他们开始体会到接球动作中各个身体部位的差异化作用。胳膊开始更多地承担起伸展和定位的角色,为手提供接球的空间和机会,而手则发展出抓握和控制的功能,精确地接住飞来的球。这一过程体现了动作技能从初始的混沌状态向更加专业化、高效化发展,手与胳膊之间的功能逐步分离,各自发挥最适配的作用,使得接球动作更加准确和稳定。

在幼儿动作发展的整个过程中,以上规律并不是孤立的,它们"相互作用",以一种循序渐进的方式共同产生影响,在机体发展成熟的过程中相互联系、相互影响。

第四节 幼儿动作发展的影响因素

幼儿基本动作的发展是一个全面过程,受到诸多方面的影响,幼儿动作发展的影响因素应该从多维视角出发进行全面审视。

一、生物学因素

影响幼儿动作发展的生理学因素可归纳为遗传和成长。

幼儿动作技能的发展,植根于遗传学基础,涵盖性别、年龄、神经系统、骨骼肌肉系统以及身体形态与机能状态。婴儿约1岁左右迈出了行走的第一步,2岁时奔跑,3岁则能跳跃。在精细动作层面,新生儿自带抓握反射,7～8月龄时学会腹部贴地爬行,9月龄迎来脚掌抓握反射,10～15月龄正是他们尝试站立与行走的探索期。这一系列变化,反映出幼儿动作发展循序渐进的自然轨迹。

成长在幼儿动作发展中的作用不容忽视,随着年龄增长,幼儿展现出身体能力的显著进步和成熟迹象。美国心理学家格赛尔的成熟势力学说

揭示了生理成熟在动作发展中的核心地位：在生理条件未成熟时强行训练，成效甚微；反之，当生理条件完备，训练则能事半功倍。该理论阐明了成熟机制对幼儿身心成长及自我调节的内在指导作用，强调了中枢神经系统成熟的决定性作用。这意味着，幼儿动作发展的任何训练需以一定的生理发育为基础，最佳时期位于2～7岁，此间有效学习能极大提升动作技能。

遗传与成长构成了幼儿动作发展的生物学基石，适时且基于成熟的训练是提升幼儿动作能力的关键。在动作发展高峰期进行针对性练习，将为幼儿奠定坚实的动作技能基础。

二、教育学因素

教育学因素在幼儿动作发展中扮演着关键角色，强调后天学习与练习对促进幼儿基本动作技能发展的重要性。早期经验为后续学习奠定基础，具备一定动作基础的幼儿能更有效地参与教育活动。因此，设计合理的练习内容与方法成为幼儿动作教育的核心，旨在根据儿童身心发展特性和规律，多样化地训练动作协调能力。

动作早教的影响十分显著，受训幼儿在多项精细动作任务上表现更优，如手眼协调、抓握及操控物体等，凸显了早期体育活动的必要性。无论家庭教育、学校教育还是社会教育，幼儿动作的充分发展都要依赖于良好的教育。有目的、系统的训练，不仅能够提升幼儿的动作能力，还为幼儿的综合发展奠定基础。

三、心理学因素

认知、感知觉、动机、记忆等心理学因素对幼儿动作发展具有显著影响。以认知这一因素为例，幼儿新的动作技能的获得除了依赖于中枢神经系统的发展、已有动作技能外，还需要认知因素的支持。认知水平高的幼儿可以利用已有的经验进行高效学习，从记忆存储系统中选择合适的技巧、提取相关信息来适应当前的情境。随着认知的逐步完善，幼儿可以选择适当的策略，寻找有效的动作模式，还能对自己的动作进行评估。

第一章 幼儿动作发展的特征、规律与影响因素

四、环境因素

幼儿阶段的生活环境对其动作发展起到了重要作用,不同环境因素在不同的成长阶段扮演着各异但互补的角色。

在幼儿早期,家庭是最直接的互动与学习场所,对幼儿基本动作的发展有至关重要的影响。家庭成员的示范作用、亲子互动和提供的物理空间(如安全的爬行和学步区域)均能显著影响幼儿动作技能的萌芽。

进入幼儿中期,学校环境成为动作发展的主要舞台。幼儿园和早教机构通过组织体育活动、游戏和体能课程,提供多样化的动作学习机会,促进幼儿大肌肉群动作技能和精细动作的发展。

随着幼儿年龄增长,社区、公园、体育俱乐部和文化活动等更广泛的社会环境对其动作发展的影响日益显著。这些环境提供了更广阔的活动空间,让幼儿有机会接触和学习更多的动作技能,社会环境的多样性还有助于培养幼儿对不同运动的兴趣,拓宽运动视野。

第二章 幼儿动作发展的相关关系

　　幼儿动作发展的过程是诸多因素共同影响的过程,也是幼儿动作与自身身心方面相互作用的过程。幼儿动作发展对自身的身体姿态、身体素质、运动技能、智力以及感觉统合系统的发展有着重要的影响。掌握幼儿动作发展的这些相关关系,有利于更好地从幼儿的身心特点出发对其进行动作教育,并通过动作的良好发展促进幼儿身体姿态的改善、身体素质的增强、运动技能的提升、智力的发展以及感觉统合系统功能的完善。本章就着重围绕幼儿动作发展的这些相关关系展开分析与研究。

第二章　幼儿动作发展的相关关系

第一节　幼儿动作发展与身体姿态的关系

身体姿态是个人在外在环境与内在遗传因素的共同作用下展现的一种相对固定的身体外形状态和特性。它对幼儿的生长发育和整体健康具有深远的影响。不良的身体姿态，如圆肩、驼背、脊柱侧弯、骨盆前倾或侧倾、O型腿以及扁平足等，不仅是幼儿健康成长的障碍，还会显著降低其动作技能的发展质量。反之，动作发展的进程也与身体姿态息息相关。实际上，婴儿出生时普遍存在O型腿、足弓平坦以及脊柱近乎直线的现象，而这些生理结构的正常化是随着幼儿动作能力的逐渐发展而实现的。

一、足弓形成与动作发展的关系

人类是拥有独特足弓结构的脊椎动物，这一结构对于我们的动作发展和身体机能至关重要。足弓的构造复杂，分为纵向的内侧纵弓和外侧纵弓以及横向的横弓，其中内侧纵弓以其较高的弹性和缓冲能力著称，能有效吸收行走、跑步或跳跃时地面的冲击力，保护身体免受过度震动，特别是对脊柱和大脑的保护作用显著。横弓则由楔骨、骰骨和跖骨后部构成，对维持站立时的稳定性及分散足底压力起着关键作用。

值得注意的是，足弓并非与生俱来，新生儿由于足部骨骼尚未完全钙化，肌肉力量弱，且足底脂肪层较厚，因此初生时足弓并不明显。足弓的形成是一个逐步发展的过程，依赖于适当的足底刺激与时间的积累。婴幼儿足弓发展的阶段如下：

（一）1～3岁

这一时期，随着婴儿开始尝试直立行走，他们的足部结构正处于初级发展阶段。此时，足部骨骼约70%仍由软骨构成，足底脂肪层相对较厚，这使得足底显得平展且富有弹性，呈现出一种生理性的扁平足状态，这是正常现象,家长无需过分担忧。

(二)3~6岁

这一年龄段是儿童足部成长及足弓结构形成的关键且宝贵的时期。随着年龄的增长,足底原有的脂肪垫开始慢慢减少,同时,足底表面的纹理变得更加丰富,标志着足部骨骼开始经历骨化过程,肌肉与韧带的力量和稳定性也在不断增强,这些变化共同促进了步行稳定性的提升。足弓在频繁的地面活动刺激下逐渐成形,尽管初期可能还不够完善。鉴于此,鼓励幼儿在这个阶段多进行赤足活动尤为重要,如在沙地上行走、奔跑和跳跃,这样的练习能够自然且有效地促进足底肌肉和韧带的发展,加速足弓的正常形成。

二、腿型与动作发展的关系

(一)0~1岁

新生儿时期,婴儿腿部呈现出明显的"O形"弯曲,这是非常普遍且自然的现象,称为"生理性O形腿"。这种腿型源于子宫内的生长环境,因长期处于蜷曲状态,导致出生后双腿自然弯曲。这是婴儿发育早期的一个特征,无需特别干预。

在婴儿出生后的第一年里,他们将经历一系列里程碑式的大动作发展时期,遵循"二月抬头、三月翻身、六月坐稳、七月打滚儿、八月爬行、十月站立尝试、周岁学步"的基本规律。婴儿成长初期,即出生后至3个月左右,婴儿大部分时间处于仰卧状态,通过踢腿、摆臂、抬头等活动自发锻炼肌肉力量。这一过程同时也悄然启动了腿型的自然调整机制。当婴儿8个月开始爬行时,腿部肌肉力量和骨骼得到进一步加强,有助于O形腿的自然矫正。然而,这一阶段的矫正效果尚不显著。关键的转变发生在婴儿约10个月时,他们开始尝试抓握物体站立。这一时期,随着体重负荷的转移和站立、行走练习,腿部承受的压力和运动方式发生了根本改变,促使O形腿进入自我矫正的最关键阶段。

第二章　幼儿动作发展的相关关系

(二)1～3岁

婴儿1岁时练习独立行走,这是一个重要的成长里程碑。行走不仅要求维持直立体态,还需在步态转换间巧妙地将身体重心从一边移到另一边,确保至少一脚触地,以保持稳定。这一看似简单的行动实则需要婴儿不断调整自身平衡,增强下肢力量,协调两腿的用力,以对抗地心引力的挑战。独立行走的成功实现,不仅是肌肉力量累积的结果,更是感觉统合、神经系统、肌肉骨骼系统以及认知功能等多个系统协同作用的综合体现。

在婴儿初次尝试行走时,其步伐摇晃不定,跌倒频发,是因其身体控制与平衡能力尚在初步建立阶段。部分家长出于保护考虑,倾向于使用学步车以避免幼儿摔跤。然而,这一做法可能无意中剥夺了幼儿发展腿部力量、完善感觉统合、提升平衡感以及自然矫正腿型的机会。长期依赖学步车可能导致幼儿在日后面临诸如O形腿、X形腿、平衡能力欠缺、注意力难以集中等一系列问题。

相比之下,让婴儿在自然环境中自由探索和学习行走,虽然过程中可能会发生多次跌倒,但正是这些经历促使他们逐步形成更强的身体控制能力,步态愈发稳健。随着不断的成长、发育,幼儿不仅能独立行走,还逐渐学会奔跑、跳跃等复杂动作,而在此过程中,他们的腿型也将得到自然且健康的矫正。

(三)3～6岁

幼儿腿型经历了从生理性O形腿到逐渐自我矫正的过程之后,大约3～6岁可能会观察到另一种常见的生理现象,即所谓的"过矫"现象。这指的是在O形腿得到自然改善后,腿部继续发展变化,有时会暂时性地呈现出轻微的X形腿外观。这一转变同样属于儿童生长发育的正常范畴,是身体为适应不断增长的生理需求和不断提升的活动能力而做出的调整。在这段时期,幼儿的活动范围扩大,参与更多跑、跳、攀爬等动态活动,这些运动不仅增强了下肢的肌肉力量,也有助于促进骨骼的健康发展。通过这些活动,幼儿的腿部肌肉、韧带以及骨骼结构继续成熟,腿型逐渐趋向于成人形态。虽然"X形腿"的出现让家长担忧,但实际上大多数情况下这种现象不需要特别的医疗介入,会随着幼儿的进一步成长而自然纠正。不过,家长仍需关注幼儿的行走习惯、活动能力以及任何表达出的不适感。若发现腿部形态异常明显，影响幼儿日常活动，或是伴随疼痛等其他症状，需咨询儿科专家或骨科医生，以排除其他潜在的健康问题，并获得专业的指导和建议。

三、骨盆位置与动作发展的关系

（一）0～1岁

婴儿出生后的前3个月，受限于身体机能的不成熟，大部分时间处于仰卧状态。此阶段，通过频繁的抬腿和蹬腿动作，婴儿主要强化了大腿前侧肌肉群的力量，如股直肌和髂腰肌，这导致前后肌群发展不均衡。大约3个月时，随着身体能力的增强，婴儿开始尝试翻身，这一行为在锻炼上半身力量的同时，也使腹直肌得到拉伸，增加了其柔韧性。到了6个月左右，婴儿能够独坐，长时间的坐姿进一步促进了大腿前侧肌肉的紧张和缩短，尤其是股直肌和髂腰肌，而臀大肌和腘绳肌等后侧肌肉则因相对较少使用而变得更加松弛。这一系列动作发展过程，逐渐加剧了骨盆前倾的趋势——前侧肌肉群（股直肌和髂腰肌）变得紧绷且强有力，而负责骨盆后倾的肌肉群（臀大肌、腘绳肌以及腹直肌）则趋向松弛。因此，当婴儿满1周岁左右开始尝试站立和行走时，常可见到明显的骨盆前倾现象，表现为腹部微微前突。尽管这可能影响体态美观，但从进化的角度来看，这样的体态有助于幼儿在摔倒时向前倒，减少后脑受伤的风险，是一种自然的自我保护机制。

（二）1～3岁

进入1～3岁这一阶段，幼儿的活动能力显著增强，开始掌握更多的移动技能，如独立行走、跑步乃至跳跃。这些动态活动不仅促进了整体身体协调性和平衡感的提升，也让身体的前后侧肌肉群得到了更全面的发展。然而，在这一过程中，由于先前发育模式的影响，前侧肌肉群（股直肌、髂腰肌等）相对于后侧肌肉群（臀大肌、腘绳肌等）仍保持着较为显著的优势。

到了3岁左右，尽管幼儿的运动能力有了质的飞跃，骨盆前倾的问题却

第二章 幼儿动作发展的相关关系

依旧存在。这主要是由于长期的活动习惯和前期肌力不平衡所导致。

(三) 3～6 岁

在这一关键的成长期,幼儿的基本动作技能得到进一步深化和精细化。理想情况下,如果幼儿能够充分参与各种活动,特别是那些能够促进全身肌肉均衡发展的动态运动,如奔跑、跳跃等,他们的骨盆前倾问题有望在 5～6 岁得到自然矫正。这些活动不仅有助于股直肌和髂腰肌的适度拉伸,还能有效增强臀大肌和腘绳肌的力量,从而逐渐平衡身体前后侧的肌力分布。

然而,现实情况往往是,许多幼儿的生活方式偏向于"静态活动多、运动量少",或者过早参与到某些特定的体育训练项目中,如跆拳道或舞蹈,这些都可能导致股直肌和髂腰肌过度紧张,而臀大肌和腘绳肌相对薄弱,进而加剧骨盆前倾的问题。当幼儿步入 6 岁后,如果骨盆前倾仍然明显,就需要采取针对性的措施进行矫正了。

矫正策略包括:拉伸放松——采用弓步压腿等动作,专门针对股直肌和髂腰肌进行拉伸,有助于缓解这些肌肉的紧张状态;力量增强——通过臀桥、俯卧屈膝抗阻练习等,专注于增强和紧实臀大肌和腘绳肌,以恢复前后肌群的平衡。通过综合训练,不仅可以有效矫正骨盆前倾,还有助于提高幼儿的整体运动能力,促进体态健康。

四、脊柱曲度与动作发展的关系

(一) 0～1 岁

尽管这短短一年时间在生命历程中仅占微小部分,但它却是脊柱发展至关重要的"黄金时期"。此阶段的脊柱发育状况对日后的脊柱健康有着深远的影响。人体脊柱具有四个生理弯曲——颈曲、胸曲、腰曲和骶曲,但在胎儿期,脊柱最初只呈现单一的向后凸出形态。脊柱的曲度分为两大类:原始曲度和次生曲度。原始曲度基于骨骼结构自然形成,活动范围较小;次生曲度则是在出生后,通过动作发展和肌筋膜系统的平衡逐渐形成,具有更高的灵活性。

婴儿出生时,脊柱仅展现出尾椎曲线这一原始曲度。在生命的前3个月,通过频繁的踢腿动作,婴儿不仅增强了腹部和腰部肌肉力量,还为内部器官提供了恰当的支持。约3个月大时,随着腰腹部肌肉力量的增强,婴儿开始尝试翻身并练习抬头,这一过程促进了颈部肌肉的强化和颈椎曲度的形成,3~6个月是颈椎生理曲度发育的关键期。随着抬头和背部肌肉锻炼的持续,婴儿在6个月左右能够坐起,坐姿使他们能进行脊柱扭转,这不仅有助于放松肌肉、促进血液循环,还进一步促进了胸曲和腰曲的成熟。8个月左右,婴儿开始爬行,这一行为对脊柱发展、身体协调以及大脑的左右半球平衡发展至关重要。爬行期间,抬头动作加深了颈曲的形成,四肢的协调运动和身体的左右转动则极大促进了胸曲和腰曲的完善。因此,通过这一系列从躺、抬头、翻身、坐起到爬行的动作发展,婴儿的脊柱在第一年内完成了从单一原始曲度向包含颈曲、胸曲、腰曲等在内的生理弯曲的初步转变。尽管这些生理弯曲已经形成,但它们的功能和稳定性仍需通过后续的活动继续优化。

(二)1~6岁

1~6岁这一阶段,是幼儿脊柱生理曲度从初步形成向功能强化和优化发展的关键时期。在此期间,幼儿通过多种多样的动作练习,如走路、跑步、跳跃、攀爬、滚动、钻洞、悬垂和平衡练习等,不仅极大地促进了脊柱周围肌肉力量的增强,还显著提升了脊柱的功能,颈椎和腰椎的稳定性得到进一步巩固,胸椎的灵活性也随之提升。这些练习不仅锻炼了肌肉,还促进了神经系统与肌肉骨骼系统的协调,帮助幼儿更好地控制身体,增强身体对重力的感知与适应能力,从而有效地将身体重量均匀分布至双脚,提高站立和移动时的稳定性。

此外,这一时期处于基本动作模式发展期,是幼儿动作发展的黄金时段。在此阶段,有意识地引导幼儿进行各类基本动作训练,如爬行、翻滚、走直线、单脚跳等,对其脊柱健康具有重要意义。

第二章　幼儿动作发展的相关关系

第二节　幼儿动作发展与身体素质的关系

幼儿动作发展对身体素质有很大的影响,本节重点分析幼儿粗大动作发展对身体素质的影响。

一、幼儿动作发展对上肢力量的影响

幼儿期,骨骼和肌肉系统正处在一个相对脆弱且未完全成熟的阶段,其骨骼硬度低、肌肉耐力不足,肌肉的收缩能力与柔韧性相对较弱,这使得幼儿容易感到疲劳和发生运动伤害。然而,幼儿也展现出了较强的恢复能力,意味着适量的体育活动对其成长利大于弊。因此,在幼儿体育教育中,重点不应放在高强度的力量训练上,通过科学规划、适度控制、合理运动负荷来进行力量性训练,既能有效促进幼儿力量素质的提升,又不会超出其身体承受范围。遵循幼儿生长发育规律,肌肉的发展首先集中在大肌群,如腿部和躯干肌肉,随后才是小肌群的细致发展。依据这一顺序,组织科学且具有针对性的体育活动,能够积极促进骨骼的健康生长,增强肌肉力量和耐力。

粗大动作练习对于幼儿上肢力量的发展具有重要价值,球类活动的这一价值更明显。球类运动,如足球、篮球、排球和乒乓球等,不仅要求幼儿运用上肢完成抛、接、投掷、拍打等动作,还涉及躯干的转动、四肢的协调以及核心肌群的稳定,这些综合性的动作模式对上肢力量素质的提升有着直接且积极的影响。

二、幼儿动作发展对下肢爆发力的影响

下肢爆发力对于幼儿的身体发展和运动能力的提升极为关键。在体育活动中,下肢爆发力的提升不仅关系到跑步速度的提高,还直接关联到跳跃能力的增强,如立定跳远、跳高、三级跳等项目,这些都是下肢爆发力的直接展现。立定跳远是一项经典的测试下肢爆发力的活动,它要求参与者在不助跑的情况下,仅凭一次蹬地动作尽可能远地跳出去。这个动作要求下肢肌肉,特别是大腿的股四头肌、腘绳肌以及小腿的腓肠肌和胫前肌群,能在极短时间内快速而有力地收缩,从而产生最大的力量输出,推动身体向前飞跃。定期测量立定跳远的成绩,可以直观地观察幼儿下肢爆发力的发展情况,粗大动作练习是促进幼儿运动能力提升的关键途径,对增强下肢爆发力尤为显著,直接关联到立定跳远成绩的提升。其中,脚踢固定球作为一项综合性练习,不仅能锻炼下肢力量和协调性,还考验幼儿的身体稳定性与平衡控制力,通过视觉与动作的精准配合,有效促进感知运动能力的发展。该练习鼓励幼儿在快速移动中调整步伐,准确踢中目标,此过程不仅增强了下肢肌肉力量,也提高了身体的动态平衡与控制力,为参与立定跳远等动作技能练习打下坚实基础。

三、幼儿动作发展对柔韧素质的影响

幼儿期是柔韧性发展的关键时期,这一阶段的柔韧性训练对于幼儿的运动能力发展具有重要影响。女孩儿通常比男孩儿拥有更好的柔韧性,且年龄较小的幼儿因肌肉和结缔组织的弹性较好,其柔韧性往往优于年龄较大的幼儿。良好的柔韧性对于增强力量和提高动作速度至关重要,因为它能够增加关节活动范围,使肌肉在更有效的位置产生力量,从而提高运动效率。

针对3～6岁幼儿的柔韧性训练,应该设计得既科学又系统,旨在通过温和且适宜的方法来促进其柔韧性发展。拉伸运动是提升柔韧性最常用也是最有效的方法之一,它可以帮助增加肌肉长度,改善关节灵活性,减少受伤风险,同时为幼儿参与各种体育活动打下良好基础。

需要注意的是,粗大动作练习尽管对提升力量、协调性和平衡力等运动能力有积极作用,却不是发展柔韧性的最佳选择。粗大动作往往强调力量和速度,如果缺乏恰当的热身和拉伸,可能会限制关节活动范围,反而对幼儿的柔韧性发展产生不利影响。因此,对于幼儿的柔韧性训练,应当侧重于柔和的拉伸练习,结合适当的轻度活动,确保动作在安全范围内进行,避免过度负荷。

第二章　幼儿动作发展的相关关系

四、幼儿动作发展对平衡能力的影响

　　幼儿的平衡能力是其整体运动发展中的一个核心组成部分,它不仅影响到日常活动的稳定性,也是学习更复杂运动技能的基石。平衡能力的培养是一个结合了遗传倾向与后天学习的过程,尤其在 3～6 岁这一关键年龄段,幼儿的神经系统和肌肉控制能力迅速发展,为平衡能力的提升提供了黄金窗口期。在这个阶段,有意识地促进幼儿平衡能力的发展尤为重要。平衡能力的提升不仅对于防止跌倒、保护幼儿免受伤害至关重要,也是提高运动技能、促进身体全面发展的重要基础。

　　平衡能力包括静态平衡与动态平衡两大方面,二者对幼儿的身体控制与运动发展至关重要。在粗大动作练习中,单脚跳和走平衡木是评估幼儿动态平衡能力的经典项目。单脚跳要求幼儿依靠单一支撑脚连续跳跃四次至新位置,此间双臂配合摆动以助动力,非支撑腿则需紧随其后,维持身体平衡。相较于双脚跳,单脚跳更考验幼儿的脚踝与脚掌力量,以及在动作中维持更高水平平衡的技巧,对身体协调性提出了更高要求。

　　从力学角度分析,平衡能力的维持与三个核心因素紧密相关。首先是支撑面积,即接触地面的面积,通常面积越大稳定性越强;其次是支撑面的平稳程度,表面越平滑、稳固,越容易维持平衡;最后是重心的高度,重心越低,物体越不易倾倒。幼儿在平衡木上的表现随着年龄增长而明显改善,这一过程生动体现了其平衡能力的发展。3 岁幼儿在平衡木上显得较为恐惧,行走时小心翼翼,速度缓慢,步幅小,身体左右摇晃。4 岁幼儿开始学会利用双臂半开以增加额外的平衡辅助,全身虽仍有晃动,但相比 3 岁已有进步,说明他们正在学习如何通过调整身体姿势来扩大支撑面积,增加稳定性。5 岁幼儿随着平衡能力的进一步提升,双臂张开更大胆,行走速度加快,尽管身体仍有一定的晃动,但整体平衡控制能力明显增强。6 岁幼儿在平衡木上可以做到双臂自然下垂,行走速度快且平稳,表明他们已能有效控制身体重心,无需过多依赖手臂保持平衡。粗大动作练习在此过程中扮演了关键角色,通过单脚跳、走平衡木、跳绳等,可以锻炼幼儿的肌肉力量、协调性、平衡感和本体感觉,使得他们能够更有效地控制身体。

五、幼儿动作发展对灵敏素质的影响

动作协调性和灵敏能力是运动能力的重要组成部分。在幼儿期，通过粗大动作练习，可以有效促进位移能力的发展，即幼儿从一地点快速、灵活地移动到另一地点的能力。其中，跑、前滑步和侧滑步这类动作特别有助于提升幼儿的位移素质，它们要求幼儿在移动中展现出良好的身体控制能力、平衡力和方向变换能力。幼儿的灵敏性训练不仅限于直线运动，更体现在折返跑、快速变向跑、过障碍等复杂运动模式中。这些活动要求幼儿能够迅速启动、灵活转弯、急停并有效躲避障碍，以此锻炼他们在高速移动中的反应速度、决策能力和身体控制力。

小班幼儿在转弯和避障时，常因大脑及身体控制能力的不成熟而易于摔倒或碰撞，对指令反应较慢，注意力易分散，任务理解和完成度较低。中班幼儿虽在同手同脚问题上有改善，理解力与执行力提高，但仍可能因速度控制不佳和灵敏性不足而摔倒和碰撞。相比之下，大班幼儿展现出较好的身体素质，能迅速完成起停和转弯动作，但灵敏性和耐力仍有待提升。针对这些特征，合理设计练习活动，逐步提升难度，可有效提升幼儿的灵敏素质。例如，小班可采用简单跟随游戏培养基础动作协调性；中班加入更多变化的路径跑动和反应训练；大班则可通过团队竞赛和复杂障碍挑战，进一步提升其敏捷度和耐力，全面促进幼儿运动能力的发展。

六、幼儿动作发展对协调性的影响

幼儿期的协调性关乎身体各器官、系统及心理机能间的和谐运作，是运动技能发展的基石。具备良好协调能力的幼儿能更迅速地学习新技能，提升动作技巧，提升参与体育活动的热情，对幼儿的身心健康产生全面的积极效应。

在幼儿动作发展的过程中，粗大动作练习至关重要，尤其是在促进幼儿协调性方面。位移能力的提升，特别是通过前滑步和侧滑步的练习，对幼儿的身体协调性发展尤为关键。这两种动作分别针对下肢在前后和左右方向的力量与控制能力，不仅增强了幼儿的平衡感，还通过蹬地、膝关节的缓冲与扭转动作，改善了力量的控制与应用，同时要求上肢和躯干协同工作以维持稳定的姿势，这对幼儿整体协调性的提升有着显著效果。

第二章 幼儿动作发展的相关关系

4～5岁是幼儿动作协调性发展的关键期,此阶段的幼儿在上下肢协调、姿势平衡、自主性动作以及操作性动作上展现出快速的进步。鉴于前滑步与侧滑步对幼儿协调性、平衡和力量的综合要求,它们特别适合用来促进这一年龄段幼儿运动能力的发展。通过这些练习,幼儿不仅能够增强下肢力量和灵活性,还能在动态中更好地控制身体,学习如何有效分配体重,以及在移动中维持稳定,这些都是协调性提升的具体体现。因此,针对5岁幼儿设计的前滑步与侧滑步练习,不仅贴合其发展阶段的需求,还能最大化地挖掘其协调性发展潜力,证明了粗大动作练习对幼儿协调性具有明确且积极的促进作用。

第三节 幼儿动作发展与运动技能的关系

幼儿运动技能的发展不仅关系到身体健康,还影响着其认知、情感和社会交往能力的发展。幼儿运动技能可以归纳为三个主要领域:操控技能领域、移动技能领域和稳定技能领域。操控技能领域涉及使用工具或物体完成的各种动作,比如击打、投掷、拍打等。这些动作不仅要求手指的精细动作协调,也需要良好的手眼协调能力,以及对力度和方向的控制。移动技能领域关注于身体在空间中的位移,包括跑、跳、爬、滑动等。这些动作对于增强下肢力量、心肺功能、协调性及平衡感至关重要。稳定技能领域涉及在动态或不稳定条件下保持身体平衡的能力,如翻转、扭摆、屈曲等。

幼儿动作发展与运动技能之间存在着密切且复杂的关系,两者相辅相成,主要关系如下:

首先,基本动作发展为运动技能的形成奠定基础。幼儿的基本动作发展,如抬头、翻身、坐、爬、站、走等,为后续更复杂的运动技能提供了必要的基础条件。随着这些基础动作的熟练掌握,幼儿开始探索更高级的运动技能,如跑、跳、扔、接、踢球等。

其次,在动作发展的过程中,幼儿的肌肉控制能力和协调性逐渐增强,这直接关系到运动技能的精准度和效率。良好的协调性使幼儿能更好地控制身体,完成更加精细和复杂的动作。

最后,动作发展能够促进幼儿感知运动能力的提升,即身体对空间、时间、速度和力量的感觉和控制。这种能力对学习和执行运动技能至关重要，如在接球时准确判断球的落点和速度。

幼儿运动技能的掌握反过来又能够进一步推动动作能力的发展，重视并科学促进幼儿的动作发展，对培养幼儿的运动能力、提高其运动技能水平具有重要意义。

第四节 幼儿动作发展与智力的关系

幼儿期的特性鲜明体现在他们无尽的活力、探索欲望和不断尝试中，动作成为他们探索自我与周遭世界的媒介。通过身体力行，幼儿运用感官去感知环境，学会适应，动作不仅是人最基本的能力体现，更是思维深化和实践创新的基石，是个体成长的原点。动作与智力之间存在着不可忽视的关联，研究证明，那些智力发展相对滞后的儿童，若能投身于眼手协调、平衡性等运动训练，不仅能强化感觉统合机制，还能切实提高认知水平。因此，针对智力提升的干预中，感觉统合训练担当了关键角色，本质上是动作训练，它推动了动作技能的精进，也为智力的提升奠定了基础。

一、幼儿动作发展能够促进智力发展

胎儿出生后，大脑的发育进入了一个高度可塑性阶段，这一时期大脑结构与功能的变化对于儿童的成长至关重要。神经元的生长速度和信息处理能力是衡量大脑发育状态的关键指标。儿童期，尤其是大约5岁左右，是神经元生长速度最快的时期，随后逐渐减缓。神经元的信息传递效率则受到髓鞘化的影响，髓鞘化如同电线的绝缘层，通过隔离神经纤维，加快电信号的传输速度，减少信号干扰，这在儿童和青少年时期持续进行，通过突触修剪和髓鞘化过程优化大脑网络。学习和练习对大脑发展具有塑造作用，强调了大脑功能的可塑性。具体而言，动作学习不仅能改变大脑的物理结构，如神经元和突触连接，还能调整大脑的激活模式，提升智力、感知能力和协调性。瑞士心理学家让·皮亚杰提出的"感知运动阶段"理论，强调了在儿童以身体动作和感知经验促进认知发展的初始阶段，手部的精细

第二章　幼儿动作发展的相关关系

动作对大脑皮层的刺激尤为关键,促进了大脑与手部动作的协同进化,提升了儿童的心智灵活性。此外,动作练习通过神经系统的调节,促进大脑与肌肉的互动,使大脑对身体的控制更为精确、协调。生理层面,动作练习通过增加血液循环和携氧量,为脑细胞提供更多营养和氧气,直接促进脑部发育,为幼儿的智力成长带来积极影响。

动作与大脑发展之间的相互作用贯穿人的一生,体现了生物体复杂而精妙的互动机制。小脑作为精细动作调控的中心,其发展进程较为缓慢,且持续至较晚。在生命的早期,尤其是出生前3个月至2岁,小脑经历快速增长的关键阶段,其后直至约9岁达到成熟高峰,这比大脑皮层的成熟(约6岁达到峰值)略晚。小脑在动作协调中扮演核心角色,特别是在多关节、快速且精确的动作中,它确保动作的流畅与高效。虽然小脑对动作调控至关重要,但动作行为的产生与调控是一个涉及大脑多个区域的复杂过程,包括大脑皮层和皮层下结构的广泛网络,它们共同协作促进动作技能的发展。值得注意的是,高水平的动作技能与较高的智力及决策能力紧密相关,且这种关联并不受年龄限制。这意味着,即使年龄较小的幼儿,只要动作技能发展得好,也能展现出与年长儿童相似的技巧和策略应用能力。因此,应当着重为幼儿提供多样化的动作技能训练机会,而不应过分拘泥于幼儿的年龄。对于注意力不集中的幼儿而言,提升感觉统合能力是解决这一问题的关键途径。感觉统合是指有效整合来自不同感官的信息(如视觉、听觉、触觉等),并与身体动作协调一致,以做出恰当反应的能力。精心设计的、包含多元化感觉输入的活动,如平衡训练、触觉刺激游戏、视觉追踪练习等,可以促进感觉与运动的有效结合,从而提升幼儿的注意力。

二、幼儿动作发展促进智力发展的机制分析

运动不仅是一种身体活动,它还是大脑精密计算和决策过程的外在表现,是智能的一个重要组成部分。尽管运动看似简单,但背后涉及的大脑活动极为复杂,它要求大脑实时计算速度、方向、力量等参数,以精确控制身体各部位的协调动作。运动智能的概念强调了运动能力与认知功能之间的密切联系,意味着运动不是肌肉的机械运动,而是大脑高级功能的体现。

人脑的复杂性和强大能力令人惊叹,其体积与身体比例之大在自然界中独树一帜。人脑中约含有的1000亿个神经元,通过错综复杂的连接网络,

构成了我们思想、记忆、感知和行为的基础。神经元之间的信息传递通过树突接收信号，轴突传递信号，以及突触间隙中的化学物质——神经递质来实现，这一过程虽然微观，却是构建人类所有思维活动的基石。

每个神经元的电脉冲虽然短暂，但通过神经网络的连接，能够形成复杂的信号传递模式，这正是大脑处理信息、学习新技能、形成记忆并作出决策的过程。运动技能的学习和熟练，实际上就是大脑中这些神经通路不断强化、优化的结果，表明了身体运动与认知能力之间的双向促进关系。因此，运动不仅锻炼身体，也在塑造和强化大脑，促进神经元之间的连接，提升认知能力，如注意力、决策速度和问题解决能力。这也解释了为什么体育活动被视为提高学习效率、促进整体发展的重要手段。

神经元的工作原理类似于电线，但其复杂度和效率远远超过了传统意义上的电路。髓鞘质作为神经元的"绝缘体"，由少突胶质细胞产生，对提高神经信号的传递速度和效率至关重要。这一过程称为髓鞘化，它相当于在神经元的轴突上铺设了一条高速通道，使得信息传递变得更快、更可靠，减少了信号在传递过程中的衰减，从而极大地增强了大脑处理信息的能力。

当神经元放电时，这一活动不仅加强了与其他神经元的连接，还会触发少突胶质细胞的响应，这些细胞随后会围绕着活跃的轴突形成髓鞘质层。这一过程虽然在大脑的时间尺度上显得缓慢，但在宏观世界里却是一个惊人的工程壮举，每一个少突胶质细胞需要精准地将髓鞘质包裹在神经纤维上多次，整个过程可能耗时数天甚至数周，这对于单个神经元来说已经是一项巨大工程，而考虑到大脑中有数以亿计的神经元和它们之间的连接，这样的变化规模是难以想象的宏大。髓鞘化不仅加快了信息传递速度，还通过减少信号冲突和提高处理效率，为学习和记忆的形成奠定了物质基础。这一过程的精细和复杂性揭示了大脑是通过物理结构的改变来支持认知功能的提升，就好比对整个通信网络进行了从拨号上网到光纤宽带的升级，大幅提升了信息交流的效率和质量。

调皮或活跃的幼儿在不断探索和尝试新事物的过程中，不仅能够促进新神经通路的建立，还能通过重复练习和挑战自我，加速髓鞘化的进程，从而优化大脑的信号传递效率。这种现象说明了环境刺激、身体活动与认知发展之间存在着直接的联系。动作技能的学习，特别是通过粗大动作和精细动作的练习，不仅促进了肌肉和运动协调性的成熟，同时也对大脑结构和功能产生了深远的影响。持续的、具有挑战性的训练能够激发神经可塑

第二章 幼儿动作发展的相关关系

性,促进大脑适应新技能的需求,这种适应性体现在髓鞘质的增厚、突触强度的增加以及新神经连接的形成上。

值得注意的是,教育和训练应当考虑个体的发展阶段和能力水平,适时调整难度和内容,避免陷入单调重复的"舒适区"。多样化和逐步升级的挑战能够更有效地激活大脑的可塑性机制,鼓励创新思维和问题解决能力的发展,而不是仅仅培养单一技能的机械熟练度。此外,神经递质平衡的调节是另一种影响大脑信息处理效率的重要途径。不同类型的神经递质,如多巴胺、血清素和去甲肾上腺素等,参与调控注意力、情绪、动机和记忆等多个方面。通过特定的活动和体验,可以调节这些化学物质的水平,进而影响学习能力和情绪状态,促进更广泛的认知发展。

幼儿尝试新动作时的摸索过程虽然充满挑战,却是大脑发育不可或缺的一部分。这种看似笨拙的学习方式实则是大脑神经网络构建和优化的关键环节,通过不断的尝试、失败和修正,幼儿逐渐掌握了复杂的身体协调和认知技能。运动能够显著促进脑源性神经营养因子(BDNF)的产生,这是一种对神经元生长和维护至关重要的蛋白质。BDNF 不仅促进了神经元的存活和分化,还增强了突触的可塑性,这是学习和记忆过程中的核心机制。因此,运动不仅直接改善了运动相关的脑区,还间接地提升了如海马体等区域的功能,这些区域对记忆的形成和维持至关重要。此外,运动带来的多巴胺释放进一步提升了大脑的可塑性和学习效率。多巴胺作为一种神经递质,与奖赏、动机和注意力调节紧密相关,它能够提升学习的积极性和效率,使得新信息的编码和存储更为高效。"临界期"或"敏感期"概念强调了早期经验对大脑结构和功能的持久影响。在这一时期,大脑具有极高的可塑性,能够快速适应环境刺激,包括语言学习、运动技能掌握等。基底核在此期间的高活跃性为幼儿提供了高效学习的能力,使得他们在无意识中就能吸收并整合大量信息,为日后的复杂认知奠定基础。

总之,幼儿期的运动不仅对身体发展至关重要,更是促进大脑健康和认知能力提升的关键因素。它通过增强神经可塑性、促进 BDNF 产生、提升多巴胺水平等多种机制,为大脑的快速发展提供动力,确保儿童能够在这一关键时期最大限度地发挥其学习潜力。

三、幼儿通过手眼配合动作、平衡动作训练提升智力

感觉是生物体通过特定的感受器接收外界或内部环境的刺激,并将这些刺激转化为生物电信号(神经冲动)的过程。这些信号随后被传递到大脑,经过复杂的处理和解读,形成了对世界的感知。以视觉为例,当光线进入眼睛,落在视网膜上时,那里的光感受细胞(视杆细胞和视锥细胞)会将光能转换成神经信号。这些信号通过视神经传递到大脑的视觉皮层,大脑会进一步处理这些信号,识别形状、颜色、深度、运动等信息,进而形成视觉图像。这一过程不仅是一个简单的物理反应,还包含了大脑根据以往的经验、记忆和当前情境对信息的解释。

视觉作为首要的信息接收渠道,承载着高达 80% 的体外感知输入,对理解环境、判断物体动态及指导动作起着决定性作用。在动作控制方面,视觉信息是行为策划与实施的核心依据,幼儿尤其依赖视觉来建立动作模式、监督活动进展,并借由视觉反馈实现即时调整,形成有效的动作学习机制。尽管其他感官信息亦有价值,视觉在动作决策中仍占据主导。多数人仅发挥了视觉潜力的 50%,意味着通过针对性训练,个体视觉能力可得到显著提升,有时还能带来生活质量的提升。其中,视动协调能力尤为重要,它涉及视觉与身体动作的同步,如手眼协调、眼脚协调,是复杂动作技能的关键。动态目标的追踪与拦截,即在物体移动时的视觉捕捉与应对,是视动协调的高阶展现,要求视觉系统高度灵敏与精确。因此,视动协调的发展不仅强化了视觉与肌肉运动的整合,还在多种活动,如运动、日常操作中体现出其必要性。通过训练提升这一能力,不仅促进动作技能的精进,还可能开启个体未充分利用的视觉潜能。另外,所有动作技能的成功执行都依赖个体获得和维持平衡的能力。平衡觉为个体提供身体重力相关的信息及头部位置的信息,人体的平衡能力主要依赖平衡觉的发展。平衡包括三种类型:姿势平衡、静态平衡、动态平衡。姿势平衡是指个体基于基本反射功能的相对下意识的平衡,包括使个体保持直立姿势、头部正直等。静态平衡是指个体处于相对静止,保持一个想要的姿态的能力,常用单脚站立或平衡板上保持平衡的方式来进行测试。动态平衡是指运动中维持和控制姿势的能力,在各种需要动作技能的活动中都会用到这种平衡,常常通过测试在不同宽度和高度的平衡木上行走的能力来加以评估。平衡觉功能障碍往往表现为完成平衡任务能力的下降。静态平衡不佳的幼儿的

第二章 幼儿动作发展的相关关系

专注力、注意力、记忆力也会不佳。因此,前庭觉不好的幼儿,其学习成绩不会好。所以,强化手眼配合动作、平衡动作训练,可以有效促进幼儿智力发展。

第五节 幼儿动作发展与感觉统合系统的关系

一、动作教育促进感觉统合系统的发展

婴幼儿感觉统合能力的发展是内外因素相互作用的结果,这两方面因素共同塑造了儿童早期的认知和动作技能。

首先,婴幼儿自身的生理机能发展是感觉统合能力的基础。随着大脑、神经系统、肌肉、感官的成熟,婴幼儿逐渐能够更有效地接收、处理并响应外界刺激。例如,新生儿主要通过反射动作探索世界,而随着大脑皮层的成熟,开始发展出更复杂的知觉和目的性动作。

其次,外界环境的刺激对婴幼儿感觉统合能力的促进作用不容忽视。丰富的环境刺激,如色彩、声音、触感各异的玩具、亲子互动,以及多样化的探索活动,可以刺激婴幼儿的感官发展,促进感觉统合。通过这些刺激,婴幼儿学会区分、分类和理解不同的信息,逐渐构建起对世界的认知框架。

动作在此过程中起到了桥梁的作用。婴幼儿通过动作与环境互动,如抓握、爬行、走路,这些动作不仅锻炼了身体机能,也促进了感官的使用和整合。早期,婴幼儿通过被动的感知觉体验来认知世界(如观察、触摸),随着动作能力的提升,他们开始主动探索,这种主动性增加了对环境认知理解的深度和广度。动作的熟练度提高后,婴幼儿能更准确地定位、操作物体,处理复杂任务,对感知觉信息的筛选、整合和记忆也更为高效。

研究发现,幼儿在动作完成过程中整合多种感觉信息非常重要,这一过程对于其空间认知、动作控制和适应性的发展至关重要。幼儿在探索和学习运动技能时,会综合运用视觉、触觉、平衡觉等多种感官信息,这些感觉通道共同作用,帮助他们理解周围环境,判断物体的位置、空间关系,以及自我在空间中的位置,从而能够灵活地调整动作路径和方向,准确地执行任务。这个过程不仅涉及感觉信息的整合,还有动作计划、执行和调整,是大脑和身体相互作用的复杂过程。

运动技能的培养实际上是一个促进感觉—运动系统的综合训练过程。它不仅是单纯地锻炼肌肉力量或运动能力，更是涉及感觉系统的协同工作，包括但不限于视觉、听觉、触觉等，这些感觉信息在大脑中的整合处理和利用，以及将这些信息转化为有效的运动反应。大脑的神经网络在这个过程中构建和发展，通过重复练习，加强了感觉和运动之间的联系，优化了中枢神经系统的处理机制。

运动技能包括认知技能、知觉技能、动作技能。认知技能与个体在运动决策过程中的思维和判断能力紧密相关，涉及快速评估情况、制定策略以及高效执行计划。在足球等集体运动中，认知技能体现在球员能否快速读懂比赛局势，判断何时传球、射门或突破。知觉技能侧重于信息的感知与整合，如何基于视觉、听觉等感官输入，快速做出运动反应。比如篮球场上的球员通过视觉扫描，迅速判断防守者位置、队友动向，决定最佳行动路径，这要求高度的注意力和过往运动经验积累。动作技能是运动技能的直接体现，涉及身体的实际操作能力，如肌肉控制、协调、力量、速度、灵活性等。动作技能的学习遵循从初学时的生疏到熟练，再到自动化的过程，背后是神经网络的逐步构建和完善，以及感觉统合系统的成熟。随着重复练习，动作从有意识控制逐渐转变为本能反应，这得益于大脑中与动作相关的神经通路的增强和优化。总的来说，运动技能的发展是一个涉及大脑、感官、肌肉和运动系统的综合过程，每一项技能都对运动表现至关重要，且相互间紧密关联。通过不断的练习和经验积累，个体不仅能在运动技巧上进步，其大脑功能、感知能力也会得到相应提升。

二、感觉统合教育促进动作的发展

动作控制是神经肌肉系统与感觉统合系统密切协作的结果，尤其在幼儿时期，这一过程对于运动技能的发展和认知能力的提升至关重要。幼儿在成长过程中，需要通过不断探索和练习来建立并完善这种复杂的交互机制，确保能够根据感知到的身体状态和外界环境信息做出恰当的动作反应。感觉统合系统是幼儿发展的重要基础，是正常大脑必须具备的功能，是人体对外界信息接收、处理、输出的过程。幼儿对感觉刺激的接收、调节、组合、运用的过程主要体现在动作能力、情绪调节和日常行为表现上。

幼儿期的动作技能发展，无论是粗大动作如跑跳，还是精细动作如用手指捏取小物件，都与感觉统合能力的提升密切相关。感觉统合是指大脑

第二章 幼儿动作发展的相关关系

有效地组织和解释来自身体各感官(如触觉、视觉、听觉、本体感觉等)的信息,从而做出恰当的反应。例如,深感觉(本体感觉)使幼儿能意识到身体各部分的位置、肌肉紧张程度及运动情况,这对于维持身体姿态、精确调节动作和保持平衡至关重要。拥有良好的深感觉,幼儿在参与体育活动时能更加自信和协调。另外,平衡觉不仅整合视觉、听觉等多种感官信息,还负责监控身体的平衡状态和空间定位,对防止跌倒、灵活调整动作方向等起到关键作用。提升感觉统合能力,意味着幼儿能更高效地应对外界刺激,做出适应性反应,从而在动作技能上有更高水平的表现。因此,幼儿的动作发展与感觉统合能力的发展之间具有密切而动态的交互作用,两者互相促进。

由上面理论可知,动作表现从根本上说是依赖对感觉信息接收和分析的能力。人类的感觉统合系统具有持续不断地接收来自外部世界和自身内部环境的感觉信息的能力,动作的功效必须依赖感觉统合系统、神经系统、骨骼肌肉系统的发展而提升。

第三章 幼儿动作发展的科学干预

　　当前,我国幼儿动作发展迟缓、身体活动水平不足、肥胖率偏高等问题已严重影响到幼儿身心健康发展。针对幼儿动作发展中存在的问题来科学有效地进行干预是刻不容缓的。本章在动作发展的视角下,结合幼儿身心发展的特点及其动作发展存在的主要问题有针对性地设计干预方案,旨在为幼儿动作发展的科学干预提供有效指导,同时也为学前体育教育提供参考。本章内容主要包括幼儿动作发展存在的问题、幼儿动作发展干预的必要性分析、幼儿动作发展干预的多元理论基础以及幼儿动作发展科学干预方案。

第三章 幼儿动作发展的科学干预

第一节 幼儿动作发展存在的问题

一、粗大动作发展的问题

幼儿粗大动作技能的发展是一个随年龄增长逐渐递进的过程,每个年龄段的幼儿在动作完成度上展现出不同的优势和挑战。3～4岁的幼儿擅长钻爬和简单的球类动作(如滚皮球、抛球),但对单脚跳和平衡的掌握较弱。4～5岁的幼儿在钻、走、跑方面表现出色,但抛接球和单脚跳仍然是难点。5～6岁的幼儿在攀爬、走、跑、平衡木上表现突出,说明他们的空间感知和平衡能力有所增强,但仍面临单脚跳、投掷和拍球等动作的挑战。

总体上,从幼儿动作发展的趋势中可以看出,钻爬、走、跑这类动作因其较为基础且对力量和协调性的要求相对较低,成为各年龄段幼儿普遍能够较好掌握的动作。而单脚跳、抛接球、拍球等动作则对幼儿提出了更高的要求,特别是在平衡能力、精细动作控制、手眼协调以及下肢力量方面。这些动作的掌握难度相对较大,因此在幼儿体育活动设计中要有针对性地加强对这些能力的培养。

二、精细动作发展的问题

幼儿期是精细动作技能快速发展的重要阶段。精细动作主要是指手部和手指的小肌肉群进行的精确、有控制的运动,如抓握、捏取、书写和绘画等。随着年龄的增长,幼儿逐渐掌握更多精细动作,这不仅反映了神经系统的成熟,也是环境刺激和实践练习共同作用的结果。

在3～4岁这个阶段,幼儿开始表现出较好地使用勺子吃饭的能力,这说明他们手眼协调和基本的手部控制能力已经形成。进入4～5岁,幼儿在解决空间关系问题上有所进步,表现为能够较好地完成4～5块拼图游戏。这一能力对发展大脑的空间认知、逻辑思维以及耐力都极为重要。到了5～6岁及以上,随着手部力量和协调性的进一步提升,幼儿能够熟练使用筷子。熟练使用筷子不仅要求手指间的协调配合,还需要手腕的稳定支撑,这种能力的获得是综合训练的结果。

但是从不能掌握的动作来看,使用剪刀剪纸作为一项复杂的精细动作技能,在幼儿中普遍掌握得较差,3～4岁不易精准地沿着粗线剪纸,4～5岁同样不具备良好的使用剪刀剪纸的能力,5～6岁不易画出至少有6个身体部分的人物形象。总体上,幼儿使用餐具的动作能力发展较好,而使用剪刀剪纸这一复杂精细动作的能力发展较慢。

第二节 幼儿动作发展干预的必要性分析

一、国家重视与期盼幼儿健康

随着健康中国战略的深入实施,国家层面对于幼儿健康促进的重视达到了前所未有的高度。在幼儿阶段,健康的体魄和积极的心理状态不仅是个人成长的基础,更是国家长远发展的人才基石。《"健康中国2030"规划纲要》和《国家中长期教育改革和发展规划纲要》中关于体育与健康的论述,强调了体育教育在儿童成长中的重要地位,不仅要求增强幼儿的体质,还注重培养其心理素质、团队合作能力及坚韧不拔的意志品质。体育不仅仅是身体锻炼方式,更是一种全面育人的方式,旨在通过体育活动让幼儿体验乐趣、增强体质、塑造性格,并在身体活动中锤炼意志,为培养德智体美劳全面发展的社会主义建设者和接班人奠定坚实基础。

国家体育总局提出的幼儿体育工程,更是直接聚焦于儿童早期的体育教育与活动,倡导从幼儿时期就开始培养运动习惯,遵循儿童身心发展规律,科学合理地安排体育活动,为幼儿的终身健康打下良好基础。这不仅是对国际上早有共识的"早期体育教育重要性"的响应,也是基于我国国情和儿童发展现状做出的战略部署。总之,幼儿健康成长是国家整体健康水平提升的关键一环,也是体育强国建设的起点。

学前教育阶段是幼儿身心健康发展的关键时期,国家对此高度重视,发布一系列政策文件以指导和规范幼儿教育,确保幼儿能够得到全面发展。《幼儿园教育指导纲要》《3—6岁儿童学习与发展指南》以及《幼儿园工作规程》等文件的出台,共同构成了学前教育的政策框架,为幼儿园教育实践提供了理论指导和操作标准。

第三章　幼儿动作发展的科学干预

《幼儿园教育指导纲要》(以下简称《纲要》)将教育内容划分为健康、语言、社会、科学、艺术五大领域,其中健康领域位于首位,体现了对幼儿身体健康与心理健康的重视。在健康领域内,幼儿体育是核心组成部分,强调通过吸引幼儿兴趣的方式,促进其基本动作技能的提升,增强动作的协调性和灵活性,从而为幼儿身体素质的发展打下坚实的基础。

2012年版的《3—6岁儿童学习与发展指南》在《纲要》的基础上,进一步细化了各领域的学习与发展指标,特别是在健康领域内新增了"动作发展"作为单独的子领域。这一举措凸显了动作技能在幼儿全面发展中的重要性。

2016年版《幼儿园工作规程》总则第五条要求"促进幼儿身体正常发育和机能的协调发展,增强体质,促进心理健康,培养良好的生活习惯、卫生习惯和参加体育活动的兴趣";第二十五条指出"以游戏为基本活动,寓教育于各项活动之中"。[①]

虽然以上文件为学前教育提供了宏观的指导框架和目标,但如何将这些目标转化为具体的、可操作的教育教学实践,还需教育工作者、园所管理者以及家长共同努力。

二、幼儿动作发展干预具有重要价值

幼儿动作发展干预不仅是儿童健康成长的基石,也是国家教育体系和公共健康政策的重要组成部分,其价值体现在以下三个方面:

首先,从宏观视角出发,对幼儿基本动作发展的科学干预能够为国家教育和体育部门提供宝贵的理论依据和实践案例,有助于他们制定更为精准、科学的幼儿体育教育政策与法规。这些政策法规能够引导并规范全国的幼儿体育活动,促进幼儿体育事业的健康发展。

其次,在学前教育课程改革层面,动作发展干预的研究成果为幼儿园课程设计提供了实证基础。它能指导幼儿园在健康教育领域设定更具体、可操作的发展目标,创新动作技能游戏和体育活动,使得教学内容更贴近幼儿身心发展需求。同时,这些研究成果为教师提供了科学的教学方法和评价标准,帮助他们更有效地指导幼儿动作技能的习得,提升教学质量。

最后,从幼儿个体发展的微观角度看,实施动作发展干预方案,通过活

---

① 李阳.幼儿基本动作的发展干预研究[M].重庆:重庆大学出版社,2021:84.

动设计和科学训练,能够显著提升幼儿的基本动作技能,如平衡、协调、力量和灵活性等。这些能力的增强不仅为幼儿参与更复杂的体育活动和日常游戏打下坚实基础,还对提高幼儿身体活动水平、增强体质、预防肥胖、促进心理健康等方面具有重要作用。

第三节 幼儿动作发展干预的多元理论基础

一、生态系统理论

美国心理学家布朗芬·布伦纳(Bronfen brenner)在其开创性的生态系统理论中,深刻洞察了个体成长与发展过程中环境的多维度影响。该理论不仅突破性地主张在真实世界的生态环境中探讨个体行为与成长的动态过程,还特别强调了生物学因素在个体发展中的互动角色,由此构建了一个综合性的"生物生态模型"。此模型精妙地划分了四层环境系统,由微观至宏观依次为:微系统、中系统、外系统和宏系统。其中,微系统构成了儿童生活的核心圈层,包括家庭、学校、邻里、玩伴、医疗保健场所及娱乐设施等,构成了直接影响儿童的环境系统。这些环境中的互动是相互作用的,成人与儿童之间的行为影响是双向的,儿童的成长同样反作用于周围成年人的行为模式。中系统揭示了微系统间的连接与相互作用,如家庭与学校之间的沟通和合作。外系统涵盖了那些虽不直接接触儿童,却间接影响其微系统环境的因素,如父母的工作状况或社区政策。宏系统最为广泛,包含了所有上述系统,体现了文化、社会结构、经济条件等宏观背景对个体的深远影响。

总之,生态系统理论呈现了一个动态的、相互作用的视角,儿童与环境共同构成一个错综复杂的生态系统,强调了发展是一个个体与环境之间持续互动、相互依赖的过程。

第三章 幼儿动作发展的科学干预

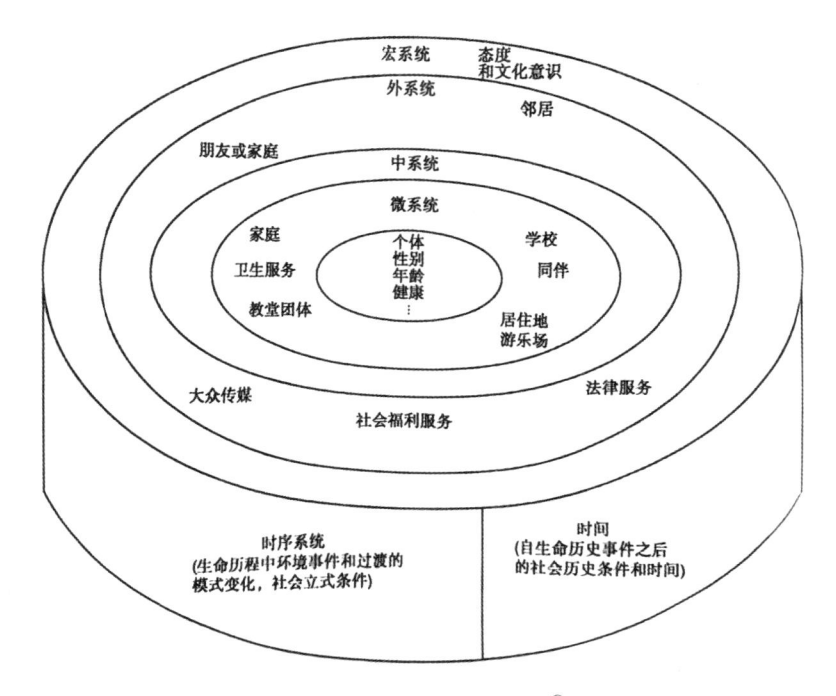

图3-1 生物生态模型[1]

幼儿的发展是其内在潜能与外部环境相互作用的结果，而幼儿园作为幼儿早期社会化和身体发展的关键环境，对幼儿动作技能的培养具有举足轻重的影响。在这一环境中，精心设计的体育活动，不仅可以促进幼儿身体的健康成长，还能激发他们的兴趣，培养团队协作精神和社会交往能力。

幼儿园体育活动的干预策略应综合考虑教学内容的多样化、教学方法的创新、环境的优化、氛围的营造、家园合作等几个方面。通过这些策略的综合应用，幼儿园体育活动不仅能够有效提升幼儿的基本动作能力，还能促进其身心的全面健康发展，为幼儿的终身体育锻炼习惯打下坚实的基础。这种以环境和内容为干预变量的研究方法，为幼儿体育教育的实践提供了科学依据和具体指导，有助于教师更精准地评估干预效果，优化教育效果。

---

[1] 贾富池，陈玉娟，李立，等.动作发展视域下幼儿体育教学改革与发展[M]. 天津：天津科学技术出版社，2023：132.

二、动态系统理论

动态系统理论,作为系统科学的基石,专注于解析复杂系统随时间推移的演变规律,深刻体现了系统科学动态性的核心原则。这一理论根植于经典力学,并与自组织理论紧密相连,描绘了一种遵循特定规则随时间发展的系统图像。动态系统理论的四大核心要素包括:初始条件、吸引子、动力学变化过程和非线性特征,其显著特点是系统内变量之间的相互依存性,即系统内每一个变动均会波及其他变量,触发连锁反应,如蝴蝶效应和迭代效应,展现出变量间微妙却深远的相互作用与系统行为的不可预测性。

运用动态系统理论解释儿童发展时,视儿童为一个动态、自组织的系统,该系统持续与外界环境进行能量与信息的交换。这种视角强调了发展的非线性和整体性,与传统的线性、阶段论模型形成鲜明对比。在这样的理论框架下,儿童的动作发展被视为一个高度复杂的适应过程,其中个体(包括其生理结构和能力)、执行的任务以及所处的环境三者之间的动态相互作用是关键。约束理论模型在此框架中尤为重要,它揭示了儿童动作发展背后的多元决定因素。这些约束条件不仅限于个体内部的生物属性,如遗传特质、年龄相关的生理变化、性别差异、身体结构等,也涵盖了外部任务要求,如游戏规则、使用的工具或玩具,以及更广泛的社会文化与物理环境因素,如家庭习俗、学校教育、社区设施乃至社会对某些动作技能的期待。

动作的发展被理解为一个自我组织的过程,在这个过程中,儿童通过与环境的互动,不断调整其动作模式以达到更高的效能或适应性。这种自我组织不是随机的,而是受到多维度约束的引导,这些约束既限制了可能的动作模式,也为创新和发展提供了框架。正是在这些约束条件下,通过非线性交互作用,新动作的涌现成为可能,体现了系统从一种稳定状态过渡到另一种更高级或更复杂状态的能力。动态系统理论为理解儿童发展提供了一个深刻的视角,强调了发展过程中个体、任务与环境之间复杂的相互作用,以及这些交互如何驱动着自组织系统向更高级、更复杂的功能状态演化。

第三章　幼儿动作发展的科学干预

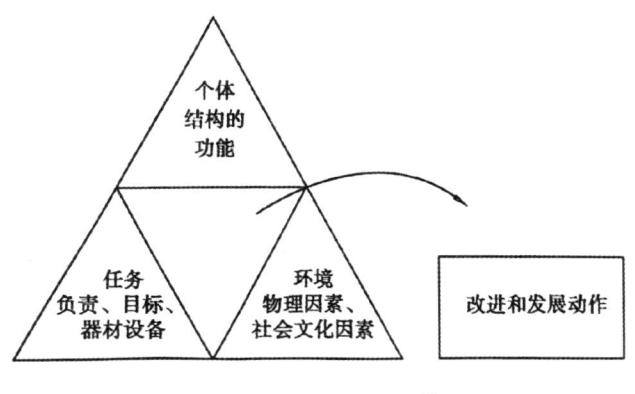

图 3-2　约束理论模型[①]

三、动作发展理论模型

（一）动作发展金字塔模型

动作发展金字塔模型也被称为"动作熟练度发展序列模型"。该模型按照年龄阶段将动作发展过程分为了三个时期，分别是婴儿期、儿童早期、儿童中期到成年期，呈金字塔状，如图 3-3 所示。婴儿期处于金字塔最底部，对应的动作发展阶段是反射—反应阶段，这一阶段的动作发展是为后面几个阶段奠定基础的。图中还显示，熟练障碍介于基本动作发展与过渡性动作技能之间，只有先发展基本动作，才能逐渐提高动作发展水平，达到金字塔顶尖水平。

有学者在上述模型的基础上强调，儿童早期建立的基本运动技能模型能够为之后完成更多的动作技能甚至形成专项运动技能奠定基础。从这一角度来看，可以将动作发展划分为反射时期、预先适应期、基本动作技能时期、专项动作技能时期、技能熟练期以及代偿时期，共六个阶段。

[①] 庄弼，周毅，杨宁. 幼儿体育活动"三维动作"内容体系[M]. 广州：广东教育出版社，2022：84.

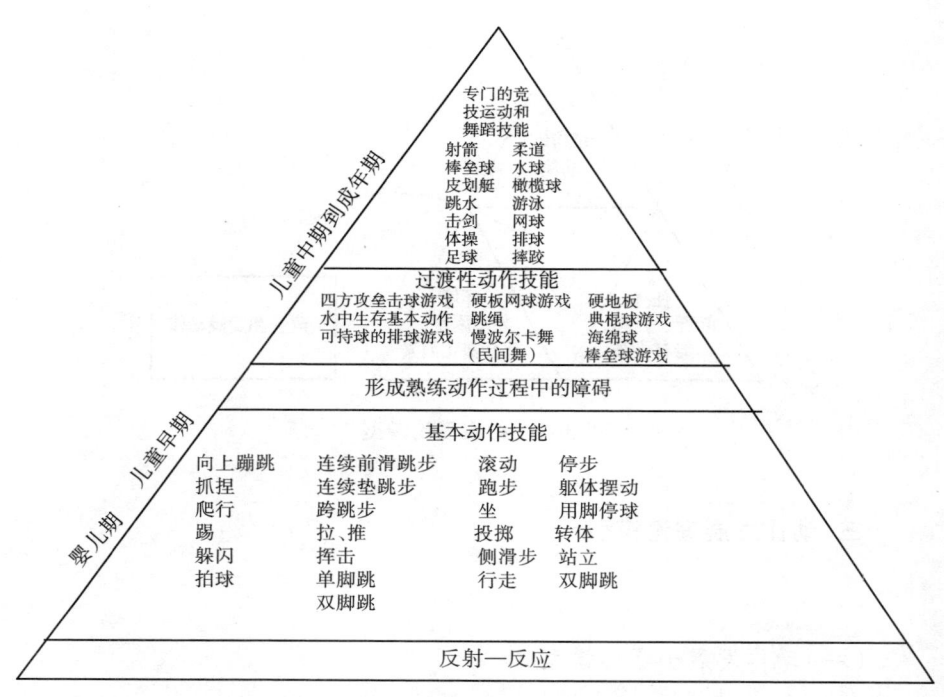

```
                            专门的竞
                            技运动和
                           舞蹈技能
                      射箭       柔道
                     棒垒球      水球
         儿              皮划艇     橄榄球
         童              跳水      游泳
         中              击剑      网球
         期              体操      排球
         到              足球      摔跤
         成          过渡性动作技能
         年       四方攻垒击球游戏   硬板网球游戏   硬地板
         期       水中生存基本动作   跳绳         典棍球游戏
                可持球的排球游戏   慢波尔卡舞     海绵球
                             （民间舞）     棒垒球游戏
                      形成熟练动作过程中的障碍
                           基本动作技能
    儿     向上蹦跳    连续前滑跳步   滚动      停步
    童     抓捏      连续垫跳步    跑步      躯体摆动
    早     爬行      跨跳步       坐        用脚停球
    期     踢       拉、推       投掷      转体
  婴     躲闪      挥击        侧滑步    站立
  儿     拍球      单脚跳       行走      双脚跳
  期             双脚跳
                           反射—反应
```

图 3-3 动作发展金字塔模型[①]

（二）动作发展连续体模型

图 3-4 所示的动作发展连续体模型将人体动作发展分为七个阶段，不同时期分别对应相应的年龄阶段。由图可知，3～6 岁的幼儿动作发展处于第二个阶段，也就是基本动作技能发展时期，一般将发展基本动作技能（抓握、爬行、走、跑、跳、投等）作为这一时期动作干预的主要任务。而幼儿在第一阶段的初步动作发展时期积累的初步动作经验为基本动作发展时期学习基本动作技能奠定了基础。

---

① 代娅丽，胡红梅．婴幼儿动作发展与训练[M]．重庆：西南师范大学出版社，2021：47．

第三章　幼儿动作发展的科学干预

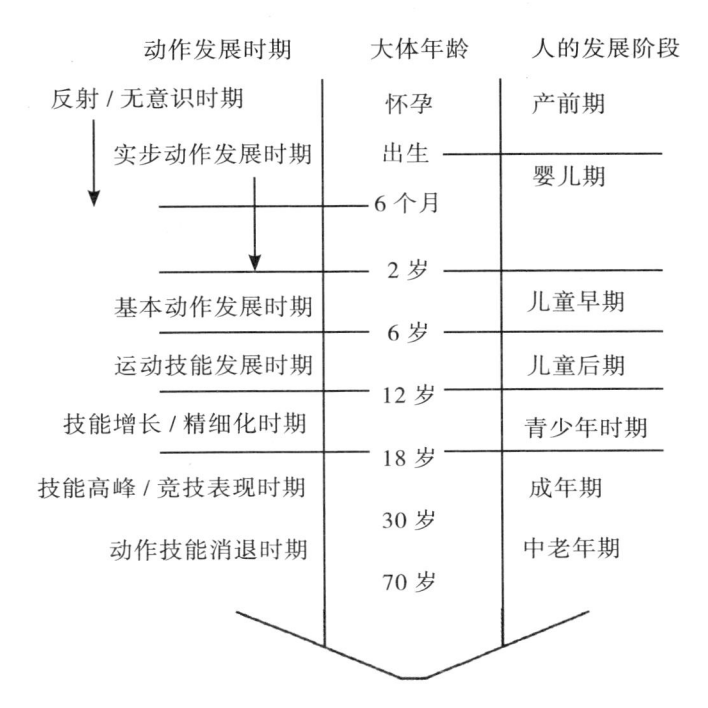

动作发展时期	大体年龄	人的发展阶段
反射/无意识时期	怀孕	产前期
实步动作发展时期	出生	婴儿期
	6个月	
	2岁	
基本动作发展时期		儿童早期
	6岁	
运动技能发展时期		儿童后期
	12岁	
技能增长/精细化时期		青少年时期
	18岁	
技能高峰/竞技表现时期		成年期
	30岁	
动作技能消退时期		中老年期
	70岁	

图3-4　动作发展连续体模型[①]

儿童早期的动作发展是一个逐步累积、层层递进的过程，无论是通过动作发展金字塔模型，还是动作发展连续体模型来理解，都强调了儿童在成长初期掌握基础动作技能的重要性。这些模型都揭示了从最基础的反射动作到复杂动作技能形成的连续发展路径，强调了动作学习和掌握的顺序性和阶段性。如果在儿童早期或幼儿阶段，缺乏足够的练习、不当的环境刺激或生理、心理因素，未能有效掌握基础动作技能，可能会对其后续的运动能力发展造成限制。例如，缺乏足够的平衡感和协调性训练，可能会影响日后参与球类运动、舞蹈等动作序列复杂的运动项目。因此，确保在儿童早期提供丰富多样的动作学习机会，鼓励探索和体验，对于奠定坚实的动作技能基础至关重要。

四、认知发展游戏理论

瑞士心理学家皮亚杰的认知发展理论，尤其是他对游戏的见解，为我

---
① 李阳.幼儿基本动作的发展干预研究[M].重庆：重庆大学出版社，2021：97.

们理解幼儿认知发展提供了一个独特的视角。他将游戏视为儿童认知发展中一个重要的、具有适应性和创造性的活动，游戏不仅仅是儿童自发的、愉快的消遣方式，更是他们理解世界、构建认知结构的重要途径。

在皮亚杰看来，游戏过程中的"同化"行为，即儿童将新经验融入已有认知结构中，是儿童试图用他们熟悉的方式来解释和处理新信息。例如，当幼儿第一次见到手机时，可能会尝试用它来敲击或扔掷，就像对待其他玩具一样，这是因为他们在尝试将新事物纳入已有的玩具操作经验中。而"顺应"则是指儿童调整自己的认知结构以适应新经验，这通常发生在儿童遇到现有认知模式无法完全解释新情况时。当幼儿发现小物体不能用粗略的抓握动作抓住时，就必须调整抓握方式，这时顺应便发生了。当同化活动占主导时，儿童会按照自己的内心世界去解释和操作外部环境，这正是游戏的特征所在。儿童在游戏中，会赋予日常物品以新的意义，如将板凳想象成马，这种"假装"游戏（象征性游戏）不仅是一种娱乐，更是儿童认知能力发展的重要标志。它显示了儿童开始理解符号代表能力的萌芽，即知道一个事物可以代表另一个事物，这是抽象思维的初步展现。

儿童的认知水平能够从其参与游戏的表现中体现出来。从认知发展角度出发，皮亚杰将儿童游戏发展分为感觉运动阶段、前运算阶段和具体运算阶段（表3-1）。幼儿正处于前运算阶段，他们的认知能力表现为符号思维的兴起，能够通过象征和想象来理解世界。这一阶段的游戏活动，尤其是象征性游戏和结构性游戏，成为儿童认知发展的镜像和催化剂。象征性游戏是幼儿期的典型游戏活动，幼儿用玩具或其他物品代表现实中的事物或人物，进行角色扮演、虚构情节等。这种游戏方式不仅发展了幼儿的想象力和创造力，还有助于他们的语言表达、社会理解和情感发展。在幼儿园的小班里，教师会设计诸如"商店购物""医生病人"等模仿性游戏，这些活动旨在培养幼儿的象征思维和社交互动能力。结构游戏则要求儿童运用空间认知和逻辑推理，通过积木、拼图或沙箱等材料进行建造或构造。这类游戏不仅锻炼了儿童的手眼协调能力和精细动作技能，还提升了他们的规划能力、问题解决能力和空间想象力。随着幼儿年龄的增长，中班和大班的幼儿会参与更多复杂度更高的建构游戏和规则性游戏，如搭建复杂的建筑模型或参与有一定规则的体育活动，这些游戏进一步推动了他们逻辑思维的发展。在设计和实施这些游戏活动时，教师需细致考量各年龄段幼儿的身心发展特点，确保游戏的目标、内容、环境和评价机制与之匹配。

第三章　幼儿动作发展的科学干预

表 3-1　皮亚杰认知发展游戏理论的三个阶段[①]

阶段	年龄阶段	认知发展阶段	游戏类型	游戏解释	举例
阶段一	0～2岁	感觉运动阶段	练习性游戏	主要靠动作和感觉来认识客观事物,游戏的动力在于感觉器官和运动器官获得快感	抓握拨浪鼓,不断把玩具扔在地上
阶段二	2～7岁	前运算阶段	象征性游戏	通过表象进行思维,把一个客观现实的环境转换为一个象征符号	扮演角色
			结构性游戏	通过操作各种材料,进行物体构造的活动	搭积木
阶段三	7～12岁	具体运算阶段	规则游戏	在遵守相互约定的规则下进行的游戏,经常涉及竞争	下棋、跳房子、贴标签

第四节　幼儿动作发展科学干预方案

一、幼儿动作发展干预方案的制订原则

幼儿动作发展干预方案的制订,需要综合考虑幼儿的生理、心理发展特点以及体育活动的教育目标,以确保干预方案既科学又有效。基于这些要求,将幼儿动作发展干预方案制订原则总结为以下四项:

(一)趣味性与安全性原则

趣味性在幼儿体育活动的设计中占据核心地位,它不仅能够吸引幼儿的注意,激发他们的参与热情,还能有效促进动作技能的学习和身心的健康发展。

---

① 宗珣.幼儿园体育活动设计与指导[M].合肥:安徽大学出版社,2017:72.

1. 趣味性

（1）内容适宜，具有挑战性

确保游戏内容既符合幼儿的年龄特点，又能适度挑战他们的能力极限，是激发兴趣的关键。这意味着游戏应基于幼儿当前的生理、心理发展水平来设计，既不显得过于简单乏味，也不至于难以达到，挫伤积极性。通过设定"最近发展区"（即"跳一跳，摘到桃子"）的任务，幼儿能在活动中获得成就感，这对激发他们的学习动机至关重要。

（2）材料新颖、多样

创新和变化是维持兴趣的另一要素。利用新颖、多彩、多功能的器材，或者创造性地改造现有资源，可以极大地吸引幼儿的注意和好奇心。例如，使用彩色海绵球代替传统的球类，或是用环保材料自制游戏道具，不仅能丰富游戏体验，还能培养幼儿的环保意识和创造力。

（3）形式与规则灵活、创新

游戏的形式、组织方法和规则不应一成不变，而是要鼓励探索和创新。结合传统游戏与现代元素，尊重并引导幼儿的自发性，让他们参与到游戏规则的制定和修改中来，可以极大地提升游戏的吸引力。例如，通过故事化的情境设计让幼儿在角色扮演中学习新技能，或是在游戏中融入幼儿自己的创意，都能增加游戏的趣味性和提升教育价值。

2. 安全性

在幼儿体育活动的组织与实施中，安全问题无疑是不容忽视的首要考量，这要求教师具备高度的责任心与专业的安全管理能力。为了确保活动的安全性，要做到以下几点：

首先，教师需具备扎实的卫生保健知识，熟知常见运动伤害的预防、识别及初步处理技巧。通过专业培训和持续学习，提升在紧急情况下的应对能力。

其次，每次活动前应严格进行安全排查，确保活动场地无隐患，器材安全可靠，无尖锐边角或易绊倒的障碍物。检查幼儿的着装是否符合运动要求，避免穿戴有安全隐患的配饰。同时，了解每位幼儿的健康状况，对有特殊需求的幼儿采取个性化照顾措施，并指导全体幼儿完成充分的热身，为活动做好身体准备。

再次，活动安排需充分考虑幼儿的体力水平和个体差异，确保活动内

第三章 幼儿动作发展的科学干预

容既具挑战性又不失安全性。教师应灵活调整活动难度,适时提供辅助或干预,确保每位幼儿都能在适宜的挑战中获益。

最后,将安全教育融入日常,通过寓教于乐的方式,如故事讲述、角色扮演等,让幼儿在参与中学习安全知识,增强自我保护意识。

（二）适宜性与发展性原则

1. 适宜性

适宜性原则要求教师深入理解并尊重每个幼儿的个体差异,确保所有的教育活动都能与幼儿的发展水平、兴趣及需求相契合。遵循适宜性原则,要做到以下几点：

（1）目标适宜

设定既符合幼儿整体发展水平,又能适当挑战个体能力上限的目标。这意味着活动目标需考虑到大多数幼儿能够达成,同时通过分层次的任务设计,满足不同能力幼儿的需求,促进每个幼儿在原有基础上的成长。

（2）内容适宜

活动内容应贴近幼儿的生活经验,易于理解,能够激发幼儿的兴趣。内容的选择和编排应基于幼儿的认知水平和动作发展能力,确保活动既有教育意义,又能被幼儿有效吸收和应用。

（3）方法与策略适宜

采用符合幼儿学习特点的教学方法,如游戏化学习、直观演示、动手操作等,使学习过程生动有趣,易于幼儿接受和参与。同时,根据幼儿的注意力集中时间短、好动等特点,灵活调整活动节奏,保持其参与的积极性。

（4）负荷适宜

合理安排活动强度和密度,既要确保活动能有效促进幼儿身体机能的发展,又要防止过度劳累,保护幼儿的身心健康。对幼儿的体力消耗和恢复要有所计划,确保体育活动的科学性和安全性。

（5）组织形式适宜

根据活动内容和幼儿人数,选择最合适的组织形式,如小组合作、个别指导、集体活动等,确保每个幼儿都能在活动中充分参与,同时促进社会交往能力的提升。

（6）环境适宜

创设安全、舒适、富有启发性的学习环境，包括物理环境（如活动空间、设备设施）和心理环境（如鼓励支持的氛围）。环境的适宜性有助于提高幼儿的参与度和活动效率。

（7）评价适宜

采用正面鼓励和建设性反馈的评价方式，关注幼儿的努力过程和进步情况，而非仅仅关注结果。评价应多元化，除了教师评价，也可以引入同伴评价和自我评价，帮助幼儿建立自我认知，激发内在动机。

2. 发展性

幼儿教育的核心目标在于促进儿童的全面发展，这不仅仅局限于身体健康的促进，更涵盖了认知、情感、社会性和个性等多个维度的成长。幼儿体育活动作为幼儿教育的重要组成部分，其设计与实施应着眼于儿童的全面发展，超越单纯的身体锻炼，融入多元化的教育理念。

（三）生活化与情景化原则

幼儿体育活动的生活化和情景化，是将教育融入幼儿日常生活，让学习变得生动、具体和有意义。这一理念与中国人民教育家、思想家陶行知先生的"生活即教育"观点高度契合，强调教育应当紧密联系实际生活，让幼儿在真实的或模拟的生活情境中学习和成长。例如，在小班开展"美丽的幼儿园""开火车""红灯停绿灯行"等游戏，在提高幼儿走、跑、爬等动作技能的同时促进幼儿认知的发展，使他们进一步认识幼儿园、火车、红绿灯的特征和作用；在中班开展"送快递""神奇的报纸"等游戏，使他们了解快递员的工作以及如何进行废旧物品的二次利用；在大班开展"勇敢的解放军"游戏，使他们进一步加强对解放军的认识。生活化的体育活动不仅让学习变得更加有趣和有效，而且通过将动作技能训练与生活实际、社会认知、情感发展相结合，促进幼儿的全面发展。

幼儿在特殊情景中游戏，不仅能培养兴趣，还能全方位促进其发展。体育活动实施之初，借由讲述故事、展示实物、播放音乐等手法，构建情境，使幼儿沉浸其中或参与角色演绎，此法能够提升参与度，同时培养想象力，助力教育目标实现。游戏练习不仅增强幼儿动作技能与体质，更激发其内在兴趣，满足心理需求。因此，游戏设计需贴合幼儿认知与心理特点，融合

第三章 幼儿动作发展的科学干预

生活元素,以情景化方式促动作技能发展,确保游戏既富教育意义,又充满乐趣。

(四)全面性与差异性原则

1. 全面性

全面性这一概念蕴含两个层面的意义。首先,是涉及所有幼儿,旨在全面提升他们的体育素养。其次,是指培养幼儿多方面的能力,促进其全面发展。在体育活动的组织与实施过程中,教师应当秉承公平原则,确保每名幼儿都能获得充分的学习与实践机会,接受有效的指引和支持。这要求教师积极介入,避免幼儿长时间无所事事或独自活动的情况。幼儿基础运动技能的发展涵盖了诸如行走、跑步、跳跃、投掷、攀爬、钻越、平衡以及书写、绘画和工具使用等多样化技能。在设计体育游戏的目标与活动内容时,应当追求最大程度的包容性和全面覆盖。

2. 差异性

在幼儿体育活动的组织实施中,教师在确保活动全面性的同时,也必须高度重视幼儿之间的差异性。首先,认识到每位幼儿都是独一无二的,他们的年龄、性别、生理成长、动作技能成熟度、运动偏好、知识水平、家庭环境和文化背景等各有差异。因此,教师应当深入了解每位幼儿的具体状况,并依据这些个体差异来制定教学策略,实施个性化教学,确保每个幼儿都能获得最适合自己的引导和支持。其次,教师需密切关注幼儿在动作技能发展中常见的薄弱环节,针对性地弥补这些"短板"。动作技能之间的相互依赖意味着任何一项技能的滞后都可能阻碍其他技能的正常发展。因此,精心规划并实施干预措施,专注于弥补幼儿的不足之处,是促进幼儿全面且均衡发展的关键。

二、幼儿动作发展干预方案的阶段目标

以强化幼儿基础动作为导向,动作发展干预聚焦于体育游戏,以此为载体,旨在激发幼儿兴趣,促进其主动参与、模仿探索、合作挑战,并在健康愉快的氛围中成长。在干预策略的实施中,特别强调激发幼儿对体育活动

的内在兴趣,融合各类教育元素,培养良好的体育活动习惯,塑造正面心理特质,以及提升幼儿的社会互动与适应能力。这里主要分析幼儿动作发展干预方案的阶段目标。

根据幼儿动作的发展特征、规律和现状,将为期3个月(12周)的干预周期划分为三个阶段,分别是基础阶段、提高阶段和强化阶段,针对不同年龄段的幼儿,提出了各个阶段的动作发展干预目标。

表3-2 基础阶段幼儿动作发展干预目标

班级	目标
小班	①能向指定方向走和跑,能一个跟着一个走,能在平行线中间走 ②能较轻松、自然地双脚向前跳、向上跳 ③能用手滚动皮球 ④能在65~70厘米高的障碍物下钻爬 ⑤会玩儿滑梯、皮球、羊角球、挖沙子、搭积木、跷跷板等游戏 ⑥喜欢并愿意参加体育活动
中班	①能听信号按节奏上下肢协调地走和跑 ②能连续纵跳20厘米左右,能双脚熟练地向前跳或两侧行进跳 ③能肩上挥臂投掷轻物 ④能在宽20厘米、高30厘米的平衡木(或斜坡)上走 ⑤能熟练、协调地在60厘米高的障碍物下较灵活地侧钻 ⑥能较熟练地听信号集合、分散 ⑦会玩儿滑梯、跷跷板、秋千等各类大型体育活动器械 ⑧喜欢参加体育活动,初步养成体育锻炼的习惯
大班	①能绕过障碍,听信号走和跑 ②能原地纵跳25厘米左右,能双脚熟练地跳方格 ③能半侧面单手投掷小沙包等轻物约4米远 ④能在走平衡木时做手臂动作或持物走 ⑤能熟练、协调地侧身钻过50厘米高的障碍物 ⑥能熟练地听各种口令和信号,并做出相应的动作 ⑦会进行攀爬架、荡秋千、拍皮球等体育活动 ⑧具有一定的环境适应能力和抵抗疾病的能力

第三章 幼儿动作发展的科学干预

表 3-3 提高阶段幼儿动作发展干预目标

班级	目标
小班	①能走成一个圆,能较轻松地双脚交替跳着走 ②能双手用力将球向前、上、后方抛 ③能在宽 25 厘米、高 20 厘米的平衡木(或斜坡)上走 ④能手膝着地向前爬、倒退爬,钻爬过低矮障碍物 ⑤能边念儿歌或边听音乐,边做模仿操或简单的徒手操 ⑥会推拉独轮车,传球、抛接球和原地拍皮球 ⑦能团结合作,爱护公物,能合作收拾小型体育器材
中班	①能听信号变向走、变速走、变速跑,能前脚掌着地走、倒退走,能跨过低障碍物,快跑 20 米,走跑交替 200 米左右 ②能立定跳远,能跳不少于 50 厘米,能从高 30 厘米处往下跳 ③能自抛自接低(高)球,能两人近距离互抛互接大球 ④能原地自转至少 3 圈不跌倒 ⑤能手脚着地,协调地向前爬 ⑥能听信号排成纵队 ⑦会骑小三轮车、带辅轮的小自行车或平衡车 ⑧能较自觉地遵守体育活动规则
大班	①能快跑 30 米或接力跑 ②能从 40 厘米高处自然地跳下,能立定跳远不少于 60 厘米 ③会肩上挥臂投掷轻物并投准目标,投掷距离约 3 米 ④能两臂侧平举,闭目起踵自转至少 5 圈,不跌倒 ⑤能手脚交替协调熟练地在攀登架上爬上爬下 ⑥能听信号迅速地集合、分散、整齐队列、变化队形 ⑦会骑平衡车、跳绳累计 50 次以上,会运球、传接球、用脚踢足球 ⑧能自觉遵守体育活动规则和要求

表 3-4 强化阶段幼儿动作发展干预目标

班级	目标
小班	①能在指定范围内四散跑、追逐跑,能步行一公里,连续跑约 30 秒 ②能从 25 厘米高处自然地跳下 ③能单手自然地将沙包等轻物投向前方 ④能在攀登架上爬上爬下,或从网的一侧爬到另一侧(教师可以帮助) ⑤初步学会听各种口令和信号并做出相应动作 ⑥利用皮球、木棒、小呼啦圈等小型多样的体育器材进行身体锻炼 ⑦初步掌握体育活动的有关知识和规则

续表

班级	目标
中班	①能四散追逐跑,步行1.5千米,连续跑约1分钟,能听信号行走 ②能助跑跨跳不少于40厘米,能单、双脚轮换跳 ③能滚球击物,能左右手拍球 ④能闭目向前走至少10米 ⑤能熟练地在攀登架、攀登网上爬上爬下,能蜷身滚动 ⑥能随音乐节奏较准确地做徒手操和轻器械操 ⑦会用球、绳、棒、圈及其他废旧材料开展小型多样的体育活动 ⑧能够互助合作、爱护公物,能收拾小型体育器材
大班	①能走、跳交替或慢跑300米左右,能步行2千米,连续跑约1.5分钟 ②能助跑跨跳不少于50厘米,助跑跳远40厘米,连续向前跳跃多个障碍 ③能抛接高球或两人相距2～4米互抛互接大球 ④能两臂侧平举单足站立不少于5秒 ⑤能在攀登架上爬高约3米,能熟练地在垫上做前滚翻、侧滚翻 ⑥能随音乐节奏协调、轻松地做徒手操和轻器械操 ⑦会借助球、棒、圈、积木、报纸、轮胎或其他废旧材料自主开展各种游戏活动 ⑧有较强的集体观念、合作意识、规则意识,敢于克服困难

三、幼儿动作发展干预方案的内容安排

在幼儿园,幼儿基本动作技能的培养主要依托于体育课程,而游戏作为幼儿最自然的活动形态,成为开展体育教育的关键途径。因此,切实开展体育游戏课程,对于促进幼儿动作发展至关重要。该课程体系通常集中关注六大基础动作领域:走、跑、跳、投掷、攀爬与钻越,以及平衡能力的提升。在设计动作发展干预计划时,不仅要着眼于幼儿的大肌肉群(粗大动作)训练,还要巧妙结合小肌肉群(精细动作)的发展需求。例如,课程初期融入手指操等活动,不仅能增强身体的整体协调性,还能促进手眼协调与手指灵活。接力折返跑游戏中增加快速穿珠子的环节,既考验幼儿的速度与敏捷性,又锻炼手部的精细操作能力。同样,在投掷活动中,不仅追求投掷距离的增加,还设置投准游戏,旨在提高动作的精确度和控制力,这同样是对精细动作技能的有效锻炼。

(一)幼儿动作发展干预方案的周期安排

在幼儿动作发展干预中,确保每班每周举行三次体育游戏活动,这一

第三章 幼儿动作发展的科学干预

安排紧贴幼儿身心发展的阶段性特征,旨在通过多样化的游戏活动,有目标地促进幼儿各项基本动作技能的提升。每次活动精心挑选与设计,旨在全面覆盖并强化走、跑、跳、投掷、攀爬、钻越及平衡等关键动作领域,同时依据幼儿的不同年龄和能力发展阶段,调整游戏难度与复杂度,使之既具挑战性,又能保证每位幼儿在成功体验中获得成长。每个阶段每周安排的游戏活动内容示例见表3-5至表3-7。

1. 基础阶段

全面培养基本动作能力是基础阶段的干预任务,为下一个阶段的干预作准备。这一阶段的干预强调基础性和全面性,运动负荷较小。

表3-5 基础阶段幼儿动作发展干预的游戏

周次	活动内容	小班	中班	大班
第一周	活动一	美丽的幼儿园	我是小跳棋	滚铁环
	活动二	红灯停绿灯行	快乐的小鱼	快乐的小蛇
	活动三	机灵的小猴	移动的蓝圈	勇敢的小猎人
第二周	活动一	灵巧的小猴	山羊过小河	摘星星
	活动二	金鸡独立	推小车	打靶子
	活动三	龟兔赛跑	小螃蟹	小猴摘桃子
第三周	活动一	快乐的小跳蛙	小滚筒	喜羊羊与灰太狼
	活动二	熊猫滚球	老狼老狼几点了	走钢丝
	活动三	娃娃找家	翻跟头	时空隧道
第四周	活动一	小鸡快跑	钻山洞	齐心协力
	活动二	搭桥过河	转转转	流星球
	活动三	夹球走	斗鸡	盲人摸象

2. 提高阶段

采用多种方式提高幼儿基本动作能力是提高阶段动作发展干预的主要任务。此阶段的干预以补偿性和发展性为主,运动负荷应适中。

表 3-6　提高阶段幼儿动作发展干预的游戏

周次	活动内容	小班	中班	大班
第一周	活动一	找动物	运西瓜	白雪公主和七个小矮人
	活动二	变泡泡	送快递	勤劳的小袋鼠
	活动三	赶小球	爱心桥	网鱼
第二周	活动一	跟着小旗走	好玩的小飞机	小青蛙本领大
	活动二	快爬小乌龟	石头剪刀布1	跳房子1
	活动三	开火车	小企鹅运蛋	翻跟头
第三周	活动一	奇妙的皮球	看谁投得准	捉尾巴
	活动二	踩影子	不倒翁	走平衡木2
	活动三	比比谁走得稳	龟兔赛跑	奥特曼打怪兽
第四周	活动一	小猴子摘桃	小青蛙捉害虫	我是跳水运动员
	活动二	长龙走	神奇的报纸	大循环1
	活动三	运货物	足球射门	踢毽子

3. 强化阶段

全面并有重点地进一步促进幼儿基本动作的发展,这是强化阶段动作干预的基本任务。该阶段的干预以针对性和强化性为主,运动负荷总体偏大。

表 3-7　强化阶段幼儿动作发展干预的游戏

周次	活动内容	小班	中班	大班
第一周	活动一	红灯停绿灯行	竹子接力赛	捕鱼
	活动二	小孩小孩真爱玩	我是侦察兵	勇敢的解放军
	活动三	奇妙的皮球	勇闯梅花桩	跳皮筋
第二周	活动一	有趣的圆形	石头剪刀布2	两人三足
	活动二	好玩的毛毛虫	神奇的沙包	走平衡木3
	活动三	小小手榴弹	小姚明	跳房子2
第三周	活动一	神奇的呼啦圈	找朋友	写字接力
	活动二	小马过河	鲤鱼跳龙门	小小篮球运动员
	活动三	快快接住它	穿越火线	花样拍球

第三章　幼儿动作发展的科学干预

续表

周次	活动内容	小班	中班	大班
第四周	活动一	老鹰抓小鸡	袋鼠跳	学刘翔哥哥跨栏
	活动二	过独木桥	套圈	有趣的跳绳
	活动三	穿越沼泽地	走平衡木1	大循环2

（二）幼儿动作发展活动课程内容结构

幼儿园主要通过组织实施幼儿体育课程、开展幼儿体育活动来实现幼儿动作发展干预目标。幼儿体育游戏活动课的内容结构如图3-5所示。

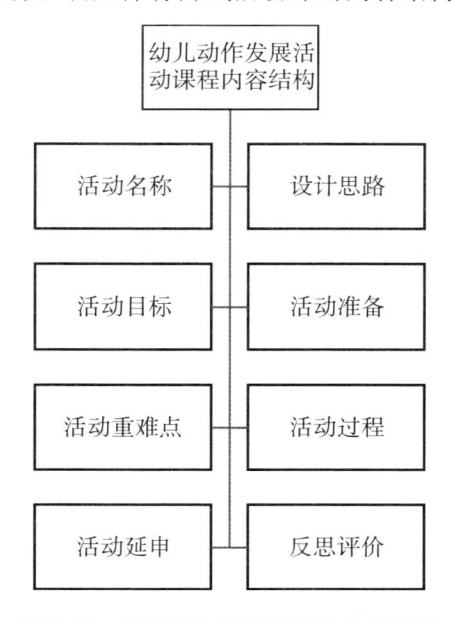

图3-5　幼儿动作发展活动课内容结构

1. 活动名称

设计富有想象力且易于理解的名称，如"勇敢小骑士的冒险之旅""超级英雄救援计划"等，这些名称应紧密结合活动内容，激发幼儿的好奇心和参与热情。

2. 设计思路

明晰活动背后的教育意图,如提高幼儿的平衡协调能力、增强团队协作意识或培养解决问题的能力。设计时考虑每个幼儿的独特性,确保活动具有包容性和挑战性,满足不同层次幼儿的需要。

3. 活动目标

目标设定应具体、量化,便于跟踪进度。阶段目标关注长期发展,如学期末达成的体能指标;课时目标则聚焦于单次活动的具体成果,如学会一个新动作。确保目标既有挑战性,又能努力达成。

4. 活动准备

活动准备包括经验、物质和精神三个方面。经验准备主要是评估并预备幼儿所需的前期技能,通过故事讲述、示范或预热活动激发兴趣。物质准备包括确保场地安全、器材充足且适合幼儿使用,如软垫、小型障碍物等。精神准备主要是通过热身游戏或简短讨论,帮助幼儿集中注意力,建立积极心态。

5. 活动重难点

将活动的核心技能训练点作为活动重点,同时识别可能对幼儿构成挑战的部分,设计策略辅助幼儿克服难点,如分步教学、同伴示范等。

6. 活动过程

活动过程包括三个部分,在准备阶段简短介绍活动内容,进行热身,激发幼儿兴趣。在基本部分实施游戏或练习,教师适时介入指导,鼓励幼儿自主探索和互助。在结束部分进行放松活动,回顾学习点,表扬幼儿表现,收集反馈。

7. 活动延伸

提供活动的变体或进阶版本,鼓励幼儿在家继续探索,如"家庭障碍赛""亲子探险日"等,促进家园共育。

第三章　幼儿动作发展的科学干预

8. 反思评价

课后及时组织教师团队讨论,从活动设计、执行到幼儿反馈进行全面反思,记录成功之处和待改进的地方。考虑利用视频回放、家长反馈等多元方式收集信息,以数据支持决策,不断提升教学质量。

四、幼儿动作发展干预方案的活动形式

游戏作为幼儿日常生活的重要组成部分,不仅是他们快乐的源泉,更是促进其全面发展的重要途径。游戏的内涵丰富,形式多样,影响着幼儿的认知发展、情绪调节和社会交往能力。下面在深入探讨如何选择与运用游戏之前,先简要分析游戏的基础知识。

（一）认识游戏

1. 游戏的概念

游戏的概念在不同的文化和学术背景下有着丰富的内涵和多样的解释。古希腊哲学家柏拉图的观点揭示了游戏与人类精神生活的联系,强调了游戏是一种寻求超自然力量青睐的手段,以及其在人类文化中的普遍性和神圣性。他的观点倾向于将游戏视为一种超越日常、富有象征意义的活动,通过艺术和仪式的形式表达对宇宙秩序的认同和敬畏。而从希腊语的角度看,游戏($παιδιά$, paidia)更多地关联于自由、轻松的行为,强调的是非功利性和自我满足的乐趣,与正式的竞争或劳动区分开来。这种理解突出了游戏独立于生活压力之外,纯粹为了享受和自我表达。荷兰心理学家拜敦代克作为早期发展心理学的奠基人之一,从生物学和心理学视角出发,认为游戏是一种自发的、自由的活动,它体现了儿童的天性和内在动力,通过游戏,儿童学习、探索并享受成长的乐趣。拜敦代克强调了游戏中的快乐成分,以及它作为儿童探索周围世界的一种自然方式的重要性。

综上所述,游戏的多元理解可从两方面把握:其一,游戏范畴广泛,跨越动物界与人类社会,涵盖玩耍、舞蹈、戏剧、竞技、幽默等多种形式,成为全龄共享的活动。其二,东西方都认为,游戏与肢体活动密切相关,强调动态性。特别是幼儿游戏,在既定认知水平上,借由身体和心智互动,以探索外界的趣味方式促进认知与情感发展。

2. 儿童游戏发展的阶段

皮亚杰从儿童认知发展角度将儿童游戏发展分为以下三个阶段：

(1) 练习性游戏阶段(0~2岁)

这一阶段的幼儿正处于感觉运动智能迅速发展的时期,游戏多以重复的动作和探索感官刺激为主。幼儿通过抓握、敲打、扔掷等动作来认识世界,游戏行为往往满足生理上的快感驱动,如触觉、视觉和听觉的刺激。此阶段的游戏帮助幼儿建立起最初的动作协调和对外界的最基本认知。

(2) 象征性游戏和结构性游戏阶段(2~7岁)

这一阶段标志着幼儿认知的一大飞跃,即符号功能的出现。幼儿开始能够用一个物体代表另一个不在场的物体或情境,如将一根棍子当作马骑,这反映了他们抽象思维的萌芽。象征性游戏促进了想象力、创造力和社会理解力的发展。同时,结构游戏通过堆砌积木、拼图等活动,锻炼了幼儿的空间认知、手眼协调和问题解决能力,这些都是更复杂思维的基石。

(3) 规则游戏阶段(7~11/12岁)

随着年龄增长,儿童开始参与需要遵守规则的游戏,这些游戏往往涉及竞争和合作。规则游戏的出现意味着儿童已经能够理解并遵守社会规则,这对于社会化的进程至关重要。儿童在游戏中的协商、轮流、输赢体验,不仅促进了逻辑思维和策略能力的提升,还增强了自我控制和社会交往能力。这一阶段的游戏活动是儿童学习如何在社会群体中互动、合作与竞争的重要途径。

(二) 游戏的选择与运用

1. 充分发挥游戏的功能

游戏在促进幼儿发展方面扮演着重要的角色。皮亚杰视游戏为一个动态的工具,它在促进儿童心理机能的完善和解决情感矛盾中发挥着双重作用,帮助儿童在虚拟的情境中探索和实现愿望。美国学者帕顿和英国社会学家贝特森则更侧重于游戏在社会互动层面的价值,认为它是儿童学习如何融入社会、建立人际关系的桥梁。在此基础上,我们认为幼儿作为一个全面发展的个体,其成长是一个涵盖生理、情感、认知、社交和创造力等

第三章　幼儿动作发展的科学干预

多个维度的综合过程。因此,游戏的设计应当综合考虑这些方面,旨在创造一个全面促进幼儿成长的环境。通过游戏,幼儿在享受乐趣的同时,主动地学习和掌握一系列基本动作,如走、跑、跳、投掷、攀爬等。动作能力的发展与认知过程紧密相连,其中感知觉察、记忆、思维、想象等认知活动是幼儿理解世界、解决问题的基础。从信息加工的视角审视,动作学习实质上是一个信息接收、处理、决策并执行的过程。儿童通过游戏中的实践活动,运用感官接收外界信息,经大脑加工理解后做出反应,这一过程促进了认知能力的提升和动作技能的精炼。动作技能的形成始于简单的反射动作,随着幼儿成长,这些基本动作逐渐分化、组合,演变出更为复杂多样的技能,游戏在这个过程中扮演了催化与整合的角色,设计各种挑战性的游戏活动,能够促使幼儿的动作技能从单一向复合,从简单向复杂过渡。

2. 根据不同发展阶段选取游戏内容

早期一些游戏理论家区分了不同类型的游戏,如练习性游戏注重身体动作的重复与技能练习,想象游戏强调心理象征与创造性思维,规则游戏则涉及社会规则与结构化玩法。皮亚杰在此基础上,从儿童认知发展的角度深化了对游戏的理解,他认为2～7岁的儿童处于前运算阶段,这一时期游戏主要表现为象征性游戏和结构性游戏,这两种游戏不仅要求具备一定的操作技能和空间知觉,更重要的是激发了儿童的象征思维和想象力,为幼儿参与更复杂的规则游戏打下了基础。苏联心理学家维果斯基则强调学前期儿童通过"代替物"进行角色扮演的游戏对认知和社会技能发展的巨大价值,这与皮亚杰的象征性游戏概念相呼应,但更加强调了社会文化背景对游戏内容和形式的影响。根据这些理论,为不同年龄阶段的幼儿设计游戏时,需充分考虑其身心发展特点。小班幼儿适合模仿性游戏或简单的角色扮演,通过模仿日常生活中的行为促进基本认知和社会规则的学习;中班幼儿则可以尝试表演性游戏或建构性游戏,这些游戏能够使他们学会使用更复杂的语言和团队合作;大班幼儿适宜参与创造性游戏、规则性游戏以及竞赛性游戏,这些游戏能够进一步发展他们的逻辑思维、策略规划能力以及对竞争与合作的理解能力。总之,游戏目标设定、游戏内容安排都应充分考虑幼儿的年龄阶段和认知特征。

3. 注重游戏环境的创建

幼儿园环境作为幼儿教育的微观生态系统,其设计与布局直接关系到幼儿的身心成长与学习效果,尤其在体育活动中,良好的体育环境是促进幼儿动作技能发展、激发幼儿运动兴趣、培养幼儿社会情感的重要基石。幼儿园体育环境的创设可以从物质环境和心理环境两方面着手,物质环境的创设包括安全与适宜的活动场地、多样化的器材与设施、灵活的空间布局、环保健康的材料等。心理环境的营造包括积极鼓励的氛围、平等尊重、安全感等内容。

在设计与利用幼儿园体育环境的全过程中,我们应当始终秉持一个核心原则,即以幼儿为中心,密切贴合其身心发展的实际需求,精心打造一个既科学严谨又充满趣味和创新色彩的学习天地。这种环境的构建,是基于对幼儿发展心理学的深刻理解,旨在通过丰富的外部刺激激活其内在潜能,促进动作技能的全面发展。游戏唤醒理论启示我们,幼儿在参与体育活动时,其身心所处的状态——"唤醒"是一种动态平衡的结果,受到内外因素的共同影响。其中,外部环境的多样性与新颖性扮演着激发者角色。因此,幼儿园应致力于策划多姿多彩的户外游戏和体育活动,如寻宝探险、团队接力赛跑、模仿动物跳等。

游戏环境的创设主要有三个途径:

(1)根据自然环境进行创设

充分利用幼儿园的户外空间,打造多元化的体育活动区域。这包括但不限于教室外延、宽敞的操场、崎岖的石径、弹性的塑胶跑道、宁静的水池、细腻的沙地、葱郁的草坪、茂密的大树和生机勃勃的种植区等。

(2)挖掘现有环境和资源

我们可以在绿茵茵的草地上巧妙设计微型河流和水池,为幼儿提供刺激的滑索体验;利用树木与绳网构建三维走廊,以培养幼儿的平衡能力;在沙池核心位置设置攀爬架,鼓励他们攀高探险;还可以在葡萄藤架下悬挂不同高度的铃铛,让幼儿通过跳跃触摸,练习弹跳力与协调性。

(3)开发新颖的体育活动内容素材

单一运动器材也能演绎出多彩的游戏形式,每种玩法都能针对性地锻炼幼儿的不同能力,同时确保活动的新鲜感,实现一物多用,全面激发幼儿的运动潜能与兴趣。

五、幼儿基本动作的发展干预方案负荷控制

幼儿体育活动负荷强度是幼儿锻炼效果的重要影响因素之一,同时是

第三章 幼儿动作发展的科学干预

影响幼儿动作发展干预效果的重要因素。幼儿动作干预不同阶段的负荷安排见表3-8。

表3-8 不同干预时期的负荷安排

班级	基础期	提高期	强化期
小班	较小	中等	中等、较大
中班	较小、中等	中等、较大	较大
大班	中等	较大	较大、大

在实施干预时,关键是要根据实际情况动态调整运动强度。这要求教师或指导者细心观察幼儿在活动中的情绪反应、体力消耗迹象及行为模式,并据此对教学内容做出适时改动,如调整练习环节、重复次数、训练方法及休息间隔,旨在确保所有锻炼都在一个既安全又高效的范围内展开。运动引起的疲劳是衡量运动量的一个重要指标,参照表3-9所示的标准,我们可通过监测幼儿的面部表情、出汗量、呼吸频率与深度、动作协调性、集中注意力的能力及情绪状态等多维度信息,以此准确评估其疲劳水平,尤其是当观察到幼儿出现明显疲劳迹象时,应及时调低运动强度,以防过度劳累。

表3-9 幼儿体育运动中的疲劳表现

观察指标	疲劳程度及表现		
内容	轻度疲劳	中度疲劳	重度疲劳
面色	稍红	相当红	十分红或苍白
汗量	较少	较多（尤其是头部和肩背）	大量出汗(特别是躯干部位),颈部和衣服上有白色盐迹
呼吸	中速或较快	显著增加	呼吸急促、表浅、节奏紊乱
动作	动作准确,步态轻稳	动作摇摆不定	动作失调,步态不稳,用力颤抖,反应迟钝
注意力	注意力集中	能集中注意力,但不稳定	注意力分散,注意力转移
情绪	愉快	略有倦怠	精神疲乏

第四章　基于动作发展的幼儿体育教育策略

　　幼儿体育教育的目的是促进幼儿的身体发育,带动他们参与集体活动,从而使其更好地发展身体的各项技能,形成良好的规则意识,并适应集体生活。本章将研究基于动作发展的幼儿体育教育策略,并结合实践,提出一些具体的教学方法。

第四章　基于动作发展的幼儿体育教育策略

第一节　幼儿动作发展对开发幼儿体育课程的启示

一、基本动作是体育教学的基础

幼儿动作发展是幼儿体育发展的基础,因此,在幼儿的体育教学中,首先要从基本的动作开始,通过基本动作教学,为幼儿今后的身体活动打下坚实的基础。幼儿体育基本动作教学内容丰富,一般由走、跑、跳、投、攀、爬、滚、踢、接、拍、下蹲、缓冲、躲闪、转体、平衡、悬垂、挥击等多个基本动作组成。

幼儿在教师的引导下,逐渐掌握各种基本动作,从不会到会,从笨拙到灵活,这是不断积累、不断努力的结果,也是教会幼儿内化一种积极进取的价值观。显然,掌握这些基本动作对于幼儿而言既是对未知的探索,也是充满快乐的体验,通过一次次的尝试,摔倒,再尝试,幼儿逐渐掌握了这些基本动作技能,这让他们获得极大的自信心,并建立起对运动的兴趣,为他们学习更为复杂的体育运动做好准备。

二、基本动作需要学习才能掌握

虽然幼儿学习的是人体活动和生活中会用到的最基本的动作,但是若想真正娴熟地掌握,还需要大量的学习和练习。对于我们成年人来说,会觉得幼儿学习的这些基本动作技能是非常简单的,但是它们并非人体自然生长过程中自己就会具备的能力,必须经过科学的引导和大量的练习才能逐一掌握。

科学研究证明,人体的基本动作并非由遗传获得,而是需要学习和练习。这就是说,年龄对个体的动作发展不起任何作用,起作用的是个体积极主动地在特定环境下进行学习、练习。当然,幼儿的身体成长阶段和年龄直接相关,但是就动作的掌握而言,必须从环境中学习获得。

三、符合幼儿基本动作发展规律

基本动作技能的培养需建立在个体适宜的生理和心理基础之上,体育教学内容不应超出幼儿生理年龄所能承受的范围,以免对幼儿造成不利影响。例如,观察一名3岁幼儿进行立定跳远时,几乎没有或仅有很小幅度的摆臂动作。如果简单地将这一动作与成人的标准立定跳远动作相比较,并认为幼儿的动作是错误的,便是忽略了动作发展规律。理解这一规律有助于正确评价幼儿的动作表现。

幼儿体育教学应遵循动作发展的自然规律,合理安排课程内容,避免教学内容的超前或滞后。幼儿的动作发展与生理年龄紧密相关,但更重要的是了解个体在特定动作发展序列中所达到的水平,而非仅仅关注生理年龄。在体育教学评价中,除了成熟的动作之外,其他不成熟的动作不应简单地被视为"错误动作",而应从发展的角度进行评价。

教师应以发展的眼光看待幼儿在体育教育中表现出的不成熟动作,将其作为判断个体所处发展阶段的依据。教师需要掌握幼儿的身体发展、动作技能、认知和情感心理发展的特点,从发展的角度进行体育教学。高质量的体育教学应以促进动作技能的发展为核心。

四、通过幼儿基本动作发展规律可以有效了解幼儿动作发展水平

如果教师错误地认为幼儿的动作技能(如奔跑、跳跃)会自然形成而无需系统学习,那么他们可能会错误地将幼儿未能达到预期的动作技能水平归咎于个体发育问题,而不会去探究其他可能的原因。只有当教师理解了动作发展的规律,才能及时了解幼儿的动作发展现状,并更有效地进行教学。例如,在投掷技能的发展过程中,幼儿最初不会在投掷时向前迈步;随后,他们会学习迈步的动作,但往往是同侧腿和投掷手臂同步;最终,经过反复学习和练习,幼儿将掌握成熟的投掷动作模式,即异侧腿迈步配合投掷手臂。了解这一发展规律的教师在看到3岁幼儿同侧迈步时,会认识到这是该年龄段的正常动作表现,而不会将其与成熟的投掷动作进行比较,也不会将其视为错误动作。这样教师所组织的教学和练习是基于动作发展规律的,能够有效地促进教学效果的提升。教师必须根据幼儿动作技能的具体表现来准备相应的教学内容,以实现教学效果的最大化。

第四章　基于动作发展的幼儿体育教育策略

五、动作发展水平是评价体育教学效果的金标准

在体育教学中,对运动技能的学习评价不应仅仅关注动作的数量和远度,动作的形式同样重要。如果幼儿的动作形式与他们自身的生物力学特性不符,那么无论数量或远度表现如何,动作都是不标准的。动作形式的错误可能是由于体能过早发展导致的。如果不纠正动作技能的缺陷,随着幼儿的成长,他们在基本动作协调性和平衡性方面的不足将逐渐显现,导致无法达到同龄儿童所具备的良好动作技能水平。因此,基于基本动作发展特征来确定幼儿动作发展的成熟水平,在教育评价中是非常有效的。教师可以通过评估幼儿在特定阶段的动作典型特征,选择最有效的方法来提升教育效果。

总体而言,基于动作发展规律的幼儿体育教学对于幼儿基本动作技能的发展至关重要。动作技能的学习不仅是为了在动作执行中表现良好,更是为终身锻炼打好基础。如果忽略了动作技能的学习,只关注体能发展或体质提高,幼儿长大后可能就不会喜欢参与体育活动。因为只有当幼儿拥有扎实的基本动作技能基础时,长大后才会有参与锻炼的意愿。此外,基于动作发展规律设计的幼儿体育课程,将科学地安排各个年龄段的体育活动内容,并选择合适的教学方法和评价标准,从而解决幼儿体育教师在教学内容、方法和效果评价上的困惑。

第二节　基于动作发展的幼儿体育教学设计

《幼儿园教育指导纲要》明确提出:"在组织多样化的户外游戏和体育活动的同时,也应采用能够吸引幼儿的方式培养其基本动作技能,增强动作的协调性和灵活性。幼儿拥有健康的体质、愉悦的情绪、良好的生活习惯以及基础的生活技能,这些都是他们身心健康成长的关键指标,并且构成了幼儿在其他学习领域发展的基础。在幼儿体育教学中,所谓的'基本动作'是指幼儿在日常生活和社会实践中所必需的身体运动技能,这有助于幼儿掌握基本动作的练习方法,并培养他们进行基础活动的能力。这不仅是完成幼儿体育活动任务的重要途径,也是幼儿体育活动的目标和宗旨。"

一、基于动作发展的幼儿体育教学目的

幼儿体育教育的多维目标包括:
(1)身体认知:教授幼儿识别身体的各个部位和理解身体的基本构造。
(2)健康体态:向幼儿传授健康体态的概念,教会他们如何维持正确的站立、坐姿和行走姿势。
(3)运动安全:让幼儿明白在运动中要注意的安全事项,并学习如何自我保护。
(4)规则意识:通过游戏活动,逐步培养幼儿的规则意识,并鼓励他们遵守游戏规则。
(5)运动兴趣:激发幼儿对体育活动的兴趣,引导他们养成健康的运动习惯。
(6)心理素质:培养幼儿的自信心,以及坚强、勇敢、不畏困难的意志品质和乐观的人生态度。
(7)运动技能:教授幼儿基本的运动技能,增强他们的运动能力。
(8)身体发展:通过体育活动促进幼儿的身体生长发育,提高他们的协调性、灵活性、平衡能力以及感觉统合的能力。
(9)适应能力:通过体育活动,提高幼儿适应环境的能力和抵抗疾病的能力。
(10)情绪管理:让幼儿在不同的情绪体验中学习适当表达和调节自己的情绪。

二、基于动作发展的幼儿体育教学任务

(1)遵循幼儿身心发展规律,让幼儿在快乐的环境下健康成长。
(2)开展丰富多彩的体育活动,锻炼幼儿的身体,促进其正常生长发育,提高其在自然环境的适应能力,增强其体质。
(3)培养幼儿机智、勇敢、不怕困难的意志品质,主动、乐观、合作的态度,遵纪律、守规则等优良品德和活泼开朗的性格。

第四章 基于动作发展的幼儿体育教育策略

（4）有针对性地发展幼儿的基本动作能力，使其动作灵敏、协调。

（5）通过集体项目，锻炼幼儿的沟通、合作、应变等能力及团队意识。

（6）通过科学的身体运动，促进幼儿神经系统、运动系统、感觉统合系统的协调发展，为其智力发展奠定坚实的基础。

（7）使幼儿有信念、有信心，自我效能感强，勇于尝试挑战性的任务。

（8）激发幼儿的身体潜能，塑造幼儿的性格品质，增强其社会交流能力。

三、基于动作发展的幼儿体育教学运动控制

（一）运动强度、运动量的概念及关系

运动强度是指在一定时间内运动量的度量，它体现了运动负荷对机体产生的刺激程度。而运动量则是通过运动时间与运动强度的乘积来计算，它反映了运动负荷对机体刺激的总量特性。在大多数情况下，运动强度和运动量可以相互转换使用，但在某些特定情况下需要分别考虑。

在实际应用中，运动强度常通过监测心率来间接表示。大量研究已经发现，心率的变化与运动强度存在直接的线性关联。运动强度和运动量之间存在相互促进同时也相互制约的关系。运动强度通常通过速度、高度、远度或单次练习的负重等指标来衡量，反映了运动负荷对机体刺激的深度；而运动量则通过练习持续的时间、移动的距离、完成的总数量或总次数等指标来衡量，反映了机体承受负荷的数量特征。

如果运动量很大，但运动强度不足，或者运动强度很大，但运动量不达标，抑或运动量和运动强度都很大，都可能无法达到最佳的运动效果。只有当运动强度和运动量都恰到好处，符合个体的负荷能力，才能达到最佳运动效果。

（二）运动强度、运动量的控制

体育教学是一个复杂的过程，它不仅遵循一般的教学规律，还具有其独特的方面。在体育课程中，运动强度和运动量的恰当安排展现了体育课

与其他课程的不同之处。尽管幼儿的年龄和智力水平可能相似,但他们在身体素质、身体机能、心理状态和兴趣爱好等方面往往存在显著差异。这些差异可能对教学的统一性构成挑战。确定幼儿能够承受的运动强度和运动量是体育教学中一个至关重要的问题。

生命活动的一个基本特征是机体对外界刺激的适应性。例如,长期生活在寒冷环境中的人会增加体脂含量;长期生活在高原缺氧环境中的人会增加血红蛋白含量,并提高对氧的亲和力。这些生理变化使人体能够适应环境刺激,维持内环境的相对稳定。在运动中,人体也会对运动刺激产生适应性。如果人体长期、系统、有计划地承受一定的运动强度和运动量,就会逐渐适应这些运动负荷,使运动变得更加轻松愉快。因此,人体运动能力的提高过程就是通过持续的运动负荷刺激,促使机体从不适应到逐步适应的过程。

体育教学是有计划地提升人体机能水平的实践活动,其基本途径是向练习者不断施加运动强度和运动量,有意识地打破机体内环境的相对平衡,促使其建立新的更高水平的平衡,从而促进身体机能的持续发展。

测量心率是评估运动强度的一种理想且简便的方法。在进行有氧运动时,心率能够反映最佳的运动强度水平。在体育教学过程中,教师可以通过监测幼儿的心率来把握运动的强度,并通过调整运动的强度,确保幼儿的心率保持在有氧运动的适宜心率区间内。这样做可以将运动强度维持在最佳运动负荷的范围内,进而达到良好的教学效果。通过计算运动时每分钟心率的方法可获得运动时的心率区间,从而衡量运动强度,方法如下:

(1)轻松运动:(220- 年龄)×50% ~(220- 年龄)×60%;

(2)热身运动:(220- 年龄)×61% ~(220- 年龄)×70%;

(3)有氧运动:(220- 年龄)×71% ~(220- 年龄)×83%;

(4)无氧运动:(220- 年龄)×84% ~(220- 年龄)×91%;

(5)力竭运动:(220- 年龄)×92% ~(220- 年龄)×100%;

(6)超强运动:心率>(220- 年龄)×100%。

幼儿的心率长时间保持在有氧运动心率区间是最好的,如一个5岁的幼儿,运动时心率长期保持在(220-5)×71% ~(220-5)×83%,即153 ~ 178次/分钟是最好的。每次体育运动总时间保持在25 ~ 35分钟为宜。

第三节　动作发展视角下幼儿功能性动作练习方法

一、幼儿移动类动作练习方法

移动类动作是指通过不同形式来变换人体位置的技能。这类动作主要通过走、跑、跳、滑、攀、爬、滚、钻等多种方式展现,每一种方式都有其独特的细分形式。

(1)走:包括直线走、曲线走、高人走(提踵走)、矮人走(蹲走)等多种形式。

(2)跑:涵盖直线跑、曲线跑、变向跑、高抬腿跑、跨栏跑、接力跑等多种跑法。

(3)跳:单脚跳、双脚跳、纵跳、跨步跳、跳马等跳跃动作各具特色。

(4)滑:包括侧滑步、前滑步、后滑步等滑动技巧。

(5)攀:包括攀登跳箱、攀登梯子、攀岩等。

(6)爬:包括俯爬、跪爬、熊爬、毛毛虫爬、螃蟹爬、蚂蚁爬、背爬等,多种爬行方式各具趣味性。

(7)滚:包括双手上举侧身滚、双手抱胸侧身滚、双臂体侧侧身滚、前滚翻等翻滚动作。

(8)钻:包括正面钻、侧面钻、俯身钻等钻过障碍物的动作。

(一)发展"走"的方式及方法

正常行走的要领:保持上体挺直,自然挺胸,肩部肌肉放松,目光直视前方;双臂在身体两侧自然、轻松地摆动,当向前摆臂时,肘部稍微弯曲;步幅大小适中且均匀,步向角(即行走方向与脚中线之间的夹角)是判断步态正常与否的重要依据,通常步向角小于5°称为"内八字"步态,而大于12°则称为"外八字"步态,一般应保持在5°～12°;要求精神状态饱满,行走节奏感强。

1. 我是堂堂正正中国人

让幼儿按照走的动作要领，走出中国人的精神气度，走出中国人的自豪。可以全班幼儿一起走，也可以一排一排走，反复练习。

2. 穿越森林

拿标志桶当作树，在每一列幼儿前间隔 1～1.5 米摆放若干个，让幼儿绕过每个标志桶走，穿过"森林"。

3. 踩着石头过河

拿瑜伽砖或过河石当作石头，在每一列幼儿前间隔 0.3～0.5 米摆放若干"石头"，让幼儿抬高脚后跟，前脚掌踩着"石头"通过。

4. 穿越封锁线

拿标志桶左右间隔 1 米，前后间隔 1～1.5 米摆放若干，模拟形成"封锁线"，让幼儿屈膝屈髋弯腰半蹲走穿过"封锁线"。

（二）发展"跑"的方式和方法

跑步的要领：保持上体直立，稍微向前倾斜；积极主动地向前抬起腿部，用力向后蹬地，确保落地轻盈且稳定；双手半握拳状，双臂弯曲并自然地在身体前后摆动；同时，使用鼻子或口鼻结合的方式进行呼吸，保持呼吸自然而有节奏。

1. 起跑准备

幼儿在听到"各就位"口令时，左脚置于起跑线最近点，右脚向后延伸，距离左脚尖大约一个小腿的长度。听到"预备"口令时，将身体重心移至左腿，身体前倾，右臂屈肘向前摆动，左臂屈肘向后摆动，双腿弯曲。听到"跑"的口令时，右腿迅速蹬地，右臂后摆，左臂前摆。通过反复练习，确保幼儿掌握正确的站立式起跑姿势。

第四章 基于动作发展的幼儿体育教育策略

2. 起跑动作

听到"跑"的口令后,后蹬腿积极蹬地,步幅适中,着地点靠近身体重心投影点。随着加速,身体逐渐抬起,摆动腿着地后迅速后蹬,以获得更大的推进力。双臂以肩部为轴心积极摆动。与站立式起跑结合练习,注意指导幼儿在起跑加速时身体不要立刻抬起,而应随着加速逐渐抬起。

3. 变向跑

以从"向右跑"变为"向左跑"为例,变向时先减速并屈膝降低重心,然后将重心移向左侧,右脚前脚掌内侧迅速蹬地,左脚向左方跨出,身体随之转动完成变向。变向跑应在运动中完成,而不是停下来后再改变方向。

4. 障碍跑

起跑加速后,接近障碍物约半米时,摆动腿(即上栏腿)屈膝高抬,起跨腿(即过栏腿)蹬地后弯曲,膝关节外展,提拉过栏。同时,身体重心前移,上体前倾,起跨腿同侧臂前伸,异侧臂后摆。过栏后,摆动腿下压,起跨腿迅速向前,摆动腿前脚掌着地后,起跨腿迈出过渡到加速跑。教学中重点让幼儿体会栏架位置,控制身体,准确跨越而不触碰栏架,通过练习提高身体控制和空间感知能力。

(三)发展"跳"的方式和方法

跳的动作要领如下:以双脚跳作为例子,整个动作可分为预摆、起跳、腾空和落地四个关键步骤。

第一步,在预摆环节,两脚左右开立,宽度与肩相等。当手臂向前摆动时,两腿应伸直;而在手臂向后摆动的过程中,腿部应屈膝、屈髋下蹲,同时保持腰背挺直,目视前方。

第二步,起跳环节,此时两脚需要迅速蹬地,同时双臂由后向前上方摆动,以便更好地跳起腾空,并在空中充分伸展身体。

第三步,进入腾空环节后,应收腹举腿,小腿前伸,同时双臂用力后摆,以维持身体的平衡和稳定。

第四步,在落地时,脚部应屈踝、屈膝、屈髋下蹲,以减缓冲击并保持稳定。

通过以上四个环节的协调配合,可以完成一个流畅且标准的双脚跳动作。

1. 单腿起跳练习

幼儿进行单腿站立,另一腿屈膝并紧贴站立腿,双臂自然摆动以保持平衡。站立腿半蹲并用前脚掌蹬地起跳,落地时用屈膝动作来缓冲冲击力。可以先练习左腿站立起跳,再换成右腿,交替进行。

2. 双腿跳跃练习

幼儿站立,两脚距离与肩同宽,手臂向前摆动时双腿伸直,手臂向后摆动时双腿屈膝并下蹲,保持腰背挺直并注视前方。起跳时双脚快速蹬地,双臂从后向前上方摆动,身体充分伸展。在空中收腹举腿,小腿前伸,双臂向后摆动。落地时通过屈踝、屈膝和屈髋来缓冲。连续跳跃3～8次为一组,比赛时可按"立定跳远"规则进行。

3. 助跑单脚起跳

在助跑过程中,用起跳腿单脚起跳并用力蹬伸,确保方向正确。摆动腿向前上方摆动,空中瞬间形成弓步姿态,摆动腿落地后继续向前跑动。练习时,可设置间隔3～5米的敏捷栏,让幼儿练习连续的跨步跳跃。

4. 原地摸高练习

幼儿原地站立,双臂向后摆动时屈膝屈髋下蹲,腰背保持挺直。随后双臂向上摆动,同时蹬腿伸髋,身体向上伸展,双手尽可能向上触摸目标。练习时可在头顶上方设置触摸目标,帮助幼儿练习向上伸展的动作。

5. 跨步跳

助跑过程中,起跳腿需单脚起跳,并用力蹬伸,确保方向准确。同时,摆动腿需用力向前上方摆动,在空中瞬间形成前弓步姿态并滞留片刻。当摆动腿落地后,不应立即停止,而应继续向前跑动数步以保持动作流畅。为了加强练习效果,可在练习场地间隔3～5米摆放障碍栏,使幼儿反复练习,深刻体会连续跨步跳的节奏。

第四章　基于动作发展的幼儿体育教育策略

（四）发展"攀"的方式和方法

关于攀爬的动作要领,首先要确保身体在攀登过程中保持自然放松的状态。重心的稳定转移是确保攀爬过程稳定、平衡且省力的核心要素。在攀爬时,上下肢需要协调配合,动作舒展,并掌握适当的节奏。上拉与下蹬的动作要同步进行,确保身体的重心始终落在脚部。

在攀登跳箱时,需要助跑并双脚起跳,双手迅速抓住跳箱上方。随后,手臂用力向上攀爬,同时一条腿用力蹬地,另一条腿则抬高摆动至跳箱上方进行支撑。接着,再将另一条腿向上抬起,完成整个跳箱攀登过程。

在攀爬攀登架时,应使身体尽量贴近架子,两手交替向上攀爬,两脚则交替向上蹬踩。在攀爬过程中,两手要用力向上拉,同时确保两脚踩稳。当达到最高点时,应稳定身体,并骑着攀登架转身向下。

对于攀岩而言,攀爬过程中应尽量使身体贴近岩壁。利用抠、捏、拉、拽、握、蹬、挂、踏等多种方法使身体向上移动。攀岩对手指的力量要求较高,因此平时应加强幼儿的上肢练习,以提高攀爬能力。

1. 跳箱攀登练习

将不同高度的跳箱摆成一列或两列,幼儿需要依次跳上跳箱并翻越。在幼儿攀登跳箱时,教师应提供必要的指导和帮助,以锻炼幼儿的攀登技巧。

2. 小士兵跳箱投掷

将幼儿分为两队,每队人数相同,在每队前摆放不同高度的跳箱。在最后一个跳箱前方1米处画一条横线,横线前5米处放置一个筐。幼儿手持沙包,依次攀登跳箱,在到达横线时将沙包投入筐中。教师在此过程中应提供指导和帮助。

3. 小猴子攀登架

将幼儿分为两队,在每队前放置一个攀登架。在攀登架周围摆放海绵垫,以确保幼儿安全。幼儿需要依次攀登并通过攀登架,教师在此过程中应提供指导和保护。

(五)发展"爬"的方式和方法

爬行的不同方式及要领如下：

跪爬：首先，双膝跪地，双手与肩同宽垂直地面以支撑身体。接着，交替使用异侧的手和膝向前爬行，确保动作流畅稳定。

俯爬：全身俯卧，头部抬离地面并目视前方，同时屈肘准备。爬行时，左臂前伸，五指张开全掌按地，同时右腿屈膝前移。此时，左手的前臂和右脚的膝内侧同时支撑身体，然后右脚前蹬伸直，使躯干向前移动。注意在整个过程中，胸、腹应始终保持贴地。随后，右臂前伸，左脚屈膝前移，如此反复前行。

熊爬：双手双脚撑于地面，确保双膝不着地。前进时，异侧手脚交替移动（如左手与右脚或右手与左脚）。在这个过程中，前进的动力主要来自双脚，而手则主要起平衡作用。

毛毛虫爬：首先站立体前屈，双手触地。然后双手向前小幅度高频率爬行，同时身体重心下降。当爬行至手臂极限时，稳定不动，保持腿部伸直，双脚同样以小幅度高频率向前爬行至极限。之后，双手再向前移动，如此手脚交替前行。

螃蟹爬：双手双脚撑于地面，双膝保持离地。向左侧前进时，左侧手和右侧脚同时向左移动5~8厘米着地，然后右侧手和左侧脚再同时向左移动5~8厘米着地，如此反复向左移动。向右侧前进时，动作相反，异侧手脚配合向右移动。

蚂蚁爬：背部朝向地面，四肢撑地，臀部抬离地面。前进时，异侧手脚交替移动（如左手与右脚或右手与左脚），另一只手和脚则负责支撑身体。在运动中，主要保持身体平衡。

背爬：全身仰卧，手臂放于身体两侧。向头的方向移动时，头和上背部微微抬离垫子，同时左右大幅度摇摆。此时，两腿屈膝，两脚交替后蹬，注意与上体协调配合。上体向哪侧摇摆，哪侧腿就蹬伸。在移动过程中，注意保持正确的方向。

1. 炸毁敌碉堡

将幼儿分队，在每队前摆放体操垫，在体操垫前5米处摆放竹筐当作碉堡，幼儿手持沙包当作手榴弹，俯爬至体操垫末端后将沙包投入筐中。

第四章 基于动作发展的幼儿体育教育策略

2. 花样爬行大比拼

把幼儿分为四队,在每队前无缝隙竖摆3个2×1米的体操垫,幼儿在教师指导下分别进行跪爬、俯爬、熊爬、毛毛虫爬、螃蟹爬、蚂蚁爬、背爬的练习。可以组织爬行接力比赛,通过比赛使幼儿的各种爬行技能得到进一步发展。

(六)发展"滚"的方式和方法

幼儿滚动的动作主要包括以下几种:

直体侧身滚:幼儿挺直身体横躺在垫子上,双手高举,双腿并拢。在滚动时,需以腰部为轴心,带动整个身体向侧面滚动。在此过程中,要注意保持身体的平衡,避免偏离方向。同时,头部和脚部需与垫子保持一定的距离,不可贴太近。

双手抱胸直体侧身滚:这一动作与直体侧身滚类似,但双手需紧抱于胸前。在滚动时,同样要以腰部为轴心,带动身体向侧面滚动,并注意保持身体的平衡和避免偏离方向。

双臂体侧直体侧身滚:幼儿需直体横躺在垫子上,双臂紧贴身体两侧,双手五指并拢伸展。双腿并拢后,通过腰部的力量带动身体向侧面滚动。在滚动过程中,要注意调整身体姿势,确保头部和脚部不贴近垫子。

前滚翻:此动作要求幼儿先保持两脚与肩同宽的蹲姿,然后屈膝、屈髋、弯腰下蹲。接着,两手比肩略宽屈臂支撑身体。在抬头的同时,抬臀低头使头部向两腿间靠近。随后蹬腿发力,使身体像圆球一样向前滚动。在滚动过程中,要确保后脑、肩、背、腰、臀依次着地。当背部着地时,迅速屈膝团身并两手抱小腿,使上体紧跟大腿向前滚动至蹲立姿势。

团身滚:幼儿从蹲立姿势开始,双手抱住小腿并低头团身。然后向后倒下,使臀部、腰部、背部、肩部和头部依次触碰垫子。当头部触垫时,双手用力压小腿使身体向前滚动回到起始姿势。这一动作可以反复进行以帮助幼儿掌握滚动的技巧。

1. 直体滚动练习

幼儿分组,每组幼儿轮流扮演"香肠",在每组前面放置体操垫模拟"烤箱"。幼儿需要尝试不同的滚动方式通过"烤箱",包括直体侧滚、双手抱胸直体侧滚、双臂展开直体侧滚等。

2. 前滚翻练习

幼儿被视作学习技能的"小士兵"。教师首先通过示范和简洁的口诀"一蹲、二撑、三低头、四蹬腿,身体向前滚动如圆球"来传授前滚翻动作,然后组织幼儿进行练习。对于不敢尝试的幼儿,教师在幼儿左侧的垫子旁蹲下提供保护,幼儿进行前滚翻时,教师用左手支撑幼儿的颈部下方,右手在幼儿臀部给予向前的推动力,帮助幼儿完成动作。

(七)发展"钻"的方式和方法

钻的动作分为正面钻、侧面钻、俯身钻。

正面钻:面向障碍物站立,双腿弯曲下蹲,头低下,身体尽量收缩。接着,两脚轮流向前迈进,逐步从障碍物的下方穿越而过。

侧面钻:身体侧对着障碍物,同样采取屈膝下蹲的姿势。首先,将一侧腿从障碍物下方伸出,同时保持身体重心稳定落在后腿。然后,低头弯腰,蹬伸后腿以转移身体重心,头部、躯干以及另一侧腿依次从障碍物下方穿过。

俯身钻:全身呈俯卧姿势进行爬行穿越。在爬行过程中,左臂向前伸展,五指张开并全掌贴地。同时,右腿弯曲并向前移动,左手前臂和右膝内侧共同支撑身体,使胸部和腹部稍微抬离地面。随后,右脚用力前蹬并伸直,推动躯干向前移动。在此过程中,注意臀部不要抬得过高,以免触碰到障碍物。

1. 蛇形穿越练习

幼儿分为两队,每队幼儿手牵手站立,并将手臂高举形成一条长蛇形。队列尾部的幼儿从队首开始,依次通过队友们的手臂下,以"S"形路线钻至队尾,并与队尾幼儿手牵手。随后,队列中的幼儿依次跟随,直至所有幼儿完成一个循环。之后,队伍以相反方向进行反向钻练习。

2. 小老鼠偷粮食

在划定的游戏区域内,设置几个用敏捷环代表的"粮仓",并在其中放置沙包、网球等作为"粮食"。在场地周围设置若干"门洞"作为小老鼠的

第四章　基于动作发展的幼儿体育教育策略

藏身之地。选出 4 名幼儿作为"猫",守护粮仓,其他幼儿扮演"小老鼠",藏于门洞中。小老鼠需趁机钻出洞,偷取粮食并带回门洞,每次限拿一个。若被猫在进洞前触碰到,则被猫捕获,成为猫的食物(放入粮仓内)。外面的小老鼠可尝试营救,但必须避免被猫捕获。每组练习可持续 5~6 分钟,每组可练习不同的钻法。

3. 小蛇钻门洞练习

在直线上间隔 2 米摆放若干门洞,可以正面或斜侧面放置。幼儿需采用正面钻、侧面钻或俯身钻等不同方式逐一穿过每个门洞。在练习过程中,教师需规范幼儿的动作,确保门洞不会被碰倒。

(八)发展"滑"的方式和方法

在滑步之前,两脚左右开立,保持屈膝状态,上体稍微前倾,同时手臂向两侧自然张开。

当向左滑步时,右脚前脚掌内侧应用力蹬地,左脚向左跨出半步。在左脚落地的瞬间,右脚迅速随同滑行向左滑出半步。之后,按照这一动作序列重复进行。

而向右滑步时,动作方向相反。在此过程中,两脚的滑动应贴近地面,不宜离地过高,确保平贴着地面滑动。在移动过程中,身体应保持平稳,避免起伏,头部维持在一个水平面上,以保证重心的稳定。

前滑步身体姿势与侧滑步相似,但两脚需稍前后开立。进行前滑步时,后脚的前脚掌内侧应用力向前蹬地,同时前脚向前迈出一小步。随后,后脚迅速跟上半步,以保持两脚之间的原有距离。

后滑步身体姿势同样与侧滑步相同,两脚也需稍前后开立。在进行后滑步时,前脚掌应用力向后蹬地,同时后脚向侧后方迈出半步。紧接着,前脚迅速跟上半步,以保持两脚之间的原有距离与角度。

幼儿掌握这些滑步技巧,可以更加流畅地完成各种滑行动作,提高身体的协调性和灵活性。

1. 滑步赛道练习

设置多条 10 米长的赛道,每条赛道由标志桶组成,左右相邻的桶间隔 5 米,前后相邻的桶间隔 1 米。幼儿通过左右交替的滑步方式依次触碰每个标志桶,循环进行练习。

2. 老鹰捉小鸡游戏

将幼儿分成若干小组,每组 6～8 人。每组中,一名幼儿扮演老鹰,一名幼儿扮演鸡妈妈,其余幼儿扮演小鸡。小鸡们半蹲着,双手抱住前面同学的腰部,排成一列,鸡妈妈站在队伍最前面。游戏中,老鹰的任务是在规定时间内突破鸡妈妈的防线,抓住队伍最后面的小鸡。若成功则老鹰获胜,否则失败。鸡妈妈需张开双臂,通过左右滑步移动来保护身后的小鸡,小鸡们也要随着鸡妈妈的移动而滑步移动。

3. 小小闪电侠挑战

首先,在幼儿的站立位置画一个圈。然后,在幼儿的前方、左侧和右侧各 3 米处放置一个标志桶。幼儿需首先通过前滑步触摸前方的标志桶,然后后滑步返回圆圈内。接着,通过侧滑步触摸左侧的标志桶,再触摸右侧的标志桶,最后侧滑步返回圆圈。比赛用时最短的幼儿获胜。

二、幼儿稳定类动作练习方法

稳定类动作是指一系列能力提升身体稳定性的技能,主要包括下蹲、缓冲、伸展、屈体、转体、支撑、平衡和悬垂等多种动作形式。

(1)下蹲:下蹲动作包括半蹲和深蹲等,旨在增强腿部肌肉的力量和稳定性。

(2)缓冲:缓冲动作涵盖跳深落地缓冲、跳远落地缓冲、跳高落地缓冲以及跳远落地接前滚翻缓冲等,有助于减少身体受到的冲击,提高动作的安全性和稳定性。

(3)伸展:伸展动作包括站姿向上伸展、站姿侧向伸展和俯撑向上伸展等,有助于放松肌肉,提升身体柔韧性。

(4)屈体:屈体动作涉及站位体前屈、坐位体前屈和坐位体侧屈等,能够锻炼核心肌群,提高身体的平衡性和协调性。

(5)转体:转体动作包括原地转体、向左转、向右转、向后转以及跳起空中转体等,有助于提升身体的旋转能力和协调性。

(6)支撑:支撑动作如平板支撑、侧平板支撑和反向平板支撑等,能够锻炼全身肌肉,特别是核心肌群,提高身体的稳定性和耐力。

第四章　基于动作发展的幼儿体育教育策略

（7）平衡：平衡动作包括地面单脚站立、平衡板双脚站立和平衡板单脚站立等，有助于增强身体的平衡感，提高身体控制能力。

（8）悬垂：悬垂动作如双手抓杠悬垂、单手抓杠悬垂和双手抓绳悬垂等，能够锻炼上肢肌肉和握力，提高身体的悬挂能力。

通过以上的细分和描述，我们可以更全面地了解稳定类动作的种类和特点，从而更好地进行相关的锻炼。

（一）发展"下蹲"的方式和方法

下蹲动作要领：双脚并拢或保持与肩同宽，脚尖向前，保持自然站立姿势。在下蹲过程中，需屈膝、屈髋，但务必确保躯干保持笔直伸展状态，正视前方。同时，上体应略向前倾，双手可以抱于胸前或向前伸展。不论是"半蹲"还是"深蹲"，双脚都应全程保持全脚掌着地，膝关节的方向应与脚尖保持一致，且膝关节尽量不要超过脚尖的位置。

1. 萝卜蹲游戏

幼儿被分为四组，并以不同颜色的萝卜命名，如"白萝卜队""红萝卜队""绿萝卜队"和"胡萝卜队"。教师发出指令，如"白萝卜蹲"，相应的白萝卜队幼儿则下蹲；随后白萝卜队幼儿起立，接着喊"红萝卜蹲"，红萝卜队幼儿下蹲，依此类推。当所有队伍轮流蹲完后，教师指令"全部蹲"，所有人同时下蹲。此游戏旨在练习幼儿的下蹲动作和反应速度。

2. 小白兔翻杯游戏

幼儿分为四组，每组前方每隔半米放置一个速叠杯，共8个。幼儿模仿小兔子，双脚跳至速叠杯前并半蹲，然后翻转杯子放回原位，继续向前跳至下一个杯子。完成后，下一位同学继续。此活动旨在提升幼儿的协调性和节奏感。

3. 小白兔打地鼠游戏

在操场上等距离摆放直径40厘米的敏捷环作为"地鼠洞"，旁边放置沙包作为"萝卜"。部分幼儿蹲在敏捷环内扮演"地鼠"，另一部分幼儿手持海绵棒扮演"小白兔"。"地鼠"可站立或跑出洞外"偷萝卜"，此时"小白兔"可使用海绵棒轻敲"地鼠"。若"地鼠"蹲回洞中，则"小白兔"需停止敲打。

此游戏旨在增强幼儿的敏捷性。

（二）发展"伸展"的方式和方法

幼儿要学习的伸展动作一般分为站姿向上伸展、站姿侧向伸展、俯撑向上伸展三种。

伸展站姿向上伸展：
（1）两脚并拢，自然站立。
（2）深呼吸，双手向两侧平举并逐渐向上伸展，直至手掌在头顶上方相对。
（3）手指自然分开，手臂伸直，带动身体向上充分伸展。
（4）抬头看向手指，保持呼吸均匀，身体稳定。
（5）坚持此姿势 30 秒。

站姿侧向伸展：
（1）双脚开立，与肩同宽。
（2）双手向上伸展，在头顶合十。
（3）缓慢地向左或向右侧屈躯干，注意避免弯腰，保持身体各部位在同一平面上。
（4）侧屈至最大幅度后，保持此姿势 30 秒。
（5）一侧完成后，换另一侧进行练习。

俯撑向上伸展：
（1）俯身于垫子上，双手位于胸部两侧撑地。
（2）伸直双腿并靠拢，膝盖绷直，脚趾指向后方。
（3）吸气，双手用力按压地面，抬起头部和躯干，使身体重量分布于两腿和双掌。
（4）保持双腿绷直，自然呼吸，维持此姿势 30 秒。

练习以上伸展动作，可以有效地拉伸肌肉，提升身体的柔韧性和平衡性。根据幼儿的身体状况和舒适度进行调整，并在练习过程中保持呼吸顺畅。

1. 小树苗成长

幼儿分为四组，可以两两相对站立，中间保持 3～5 米间隔。教师位于中间进行示范和指导。幼儿按照体操队形散开，双脚并拢站立，吸气时双臂向两侧上方伸展，手掌在头顶相抵，手指自然分开。手臂伸直，带动身

第四章 基于动作发展的幼儿体育教育策略

体向上伸展,头部抬起,目光注视手指。保持呼吸均匀,身体稳定,初始保持姿势10秒,逐渐增加时间至30秒。

2. 树苗随风摆动

保持与上述相同的队列,幼儿站立,双脚间距与肩同宽,双臂上举并在头顶合十。随后,躯干向左侧或右侧弯曲,注意保持躯干平直,不要弯腰。侧屈至最大幅度,初始保持10秒,逐渐增加时间至30秒,两侧交替练习。

3. 眼镜蛇伸展

队列与上述相同,幼儿之间的前后距离适当增加。幼儿双手撑地,位于胸部两侧,双腿伸直,双脚并拢,膝盖绷直,脚趾指向后方。吸气时,双手用力按压地面,抬起头部和躯干,双腿保持绷直,身体重量落在双腿和双掌上,保持自然呼吸。初始保持姿势10秒,逐渐增加时间至30秒。

4. 弓箭手形

队列与上述相同,幼儿俯卧在垫子上,面部朝下,下巴贴地,双臂自然放在身体两侧,双腿并拢,腰腹部和臀部压实地垫。呼气时,双腿膝盖弯曲,小腿斜向头部方向延展,双手向后伸展,抓住双脚脚踝。头部微抬,下巴离地,手臂保持平直,维持均匀呼吸。深深呼气,双腿膝盖微分,手臂发力拉动双腿离地,同时带动胸部离垫,手臂发力拉高双腿,身体形成弓形,胸部和骨盆尽量离地,腰腹部肌群紧绷支撑身体重心,头部微抬,目视前方。保持稳定后,初始保持姿势10秒,逐渐增加时间至30秒。

(三)发展"转体"的方式和方法

转体的动作要领如下:

原地转体:首先,双脚开立与肩同宽,保持两脚稳定支撑不动。随后,上体各环节需协调一致地向左或向右转动,同时保持身体平衡。

向左转体:以左脚跟为轴心,左脚跟和右脚掌前部需同时用力,确保身体能够协调一致地向左转动90°。在转动过程中,体重应逐渐落在左脚上。紧接着,右脚应迅速取捷径靠拢左脚,最终恢复成立正的姿势。在转动和靠脚的过程中,两腿需保持伸直,上体则维持立正的姿态。

向右转体:与向左转体相似,以右脚跟为轴心,右脚跟和左脚掌前部同时用力,使身体协调一致地向右转动 90°。体重应逐渐落在右脚上,随后左脚迅速靠拢右脚,恢复立正姿势。在整个过程中,两腿同样需保持伸直,上体维持立正姿态。

向后转体:以右脚跟为轴心,右脚跟和左脚掌前部同时用力,使身体协调一致地向右转动 180°(实际上完成的是向后转的动作)。在转动过程中,体重应落在右脚上。随后,左脚迅速取捷径靠拢右脚,恢复立正姿势。同样的,两腿需保持伸直,上体维持立正姿态。

跳起空中转体:两脚并拢自然站立。随后,用力蹬地原地向上跳起,并在空中完成向左或向右转体的动作。完成转体后,应平稳落地,并保持平衡自然站立的姿势。

通过掌握以上转体的动作要领,幼儿可以更加准确地完成转体动作,提高身体的协调性和平衡感。

1. 运输小队转体练习

幼儿在篮球架与篮筐之间排成单列,第一名幼儿拿起篮球进行原地左右交替转体,并将球传递给后面的同学。传递时,幼儿需保持双脚稳定支撑不动。接到球的同学同样进行原地左右交替转体,再传递给下一名幼儿。整个队伍形成一条"传送带",直至最后一名幼儿原地左右交替转体,将球投入篮筐。完成传递后,队伍向后转身,再次进行反向传递。

2. 小士兵基础转法

幼儿分成四列,根据教师的口令进行原地转动练习,包括向左转、向右转、向后转三个基本动作。

3. 小士兵转法竞赛

幼儿分为四组,每组根据口令"向左转、向左转、向右转、向右转、向后转、向左转、向右转、向后转"依次进行原地转动练习。练习中,观察哪一组幼儿的动作更整齐、错误较少,表现最佳的组别获胜。

4. 体操小王子空中转体

幼儿按四列队形站立,根据口令进行跳起空中转体练习,包括向左跳转 90°、向右跳转 90°、向左跳转 180°、向右跳转 180°、向左跳转 360°、向右跳转 360° 等动作。

第四章　基于动作发展的幼儿体育教育策略

5. 通过吊桥

幼儿整齐地排列成一列纵队,依次排队经过吊桥。一旦幼儿掌握了通过吊桥的技巧,教师便可以摇晃吊桥以模拟风浪的起伏。在这种情况下,幼儿需要双手交替紧握吊绳,以保持身体平衡,同时身体左右交替转动,从而安全地通过摇晃的吊桥。

(四)发展"支撑"的方式和方法

支撑的动作要领如下:

平板支撑动作要领:俯身躺在垫子上,将双肘臂调整到与肩同宽的位置。弯曲肘关节,使前臂紧贴地面,两手平放在地面上。确保躯干和双腿伸直,用两脚的前脚掌或脚趾支撑地面。头部、胸部、腹部和腿部悬空,保持头、肩、背、胯和脚踝在同一直线上。维持这个静力支撑姿势,坚持30秒。

侧平板支撑动作要领(以右侧为例):采取右侧侧卧姿势,双腿伸直,臀部和脚部放在垫子上。弯曲右臂,小臂向前伸直并贴在垫子上,确保肘部位于肩膀正下方。保持头部与脊椎在一条直线上,左臂可以贴在身体左侧。抬起臀部和膝盖,离开垫子,保持躯干挺直,避免下垂或弯曲。维持这个姿势,坚持30秒。

反向平板支撑动作要领:坐在垫子上,身体向后倾斜,双手放在身体两侧,手指张开朝向正前方,调整双手间距与肩同宽。两腿并拢伸直,用双手和脚跟支撑起身体。确保头部、躯干和腿部呈一条直线,同时肩、肘、腕也呈一条直线。保持这个姿势30秒。

1. 小小桥梁设计师

把幼儿分成四队,教师可以站在前面示范指导。教学时首先鼓励幼儿去思考人体做出什么样的动作像桥梁,如臀桥,让幼儿积极尝试,而后引导幼儿进行平板支撑、侧平板支撑、反向平板支撑的学习和练习,练习应循序渐进,开始每个动作可以只坚持5～10秒,慢慢增加保持的时间。

2. 平板支撑大循环

将幼儿平均分为四组,在教师的指令下,首先进行标准平板支撑练习。接着转换到左侧平板支撑,然后是反向平板支撑,最后执行右侧平板支撑练习。完成这一系列动作后,幼儿休息 30～50 秒,随后开始新的一轮练习。每种支撑动作的持续时间初始设定为 5～10 秒,根据幼儿的体能水平,逐渐延长每个动作的保持时间。

3. 桥梁稳定赛

幼儿被分为四个小组,在老师的指挥下,首先进行标准的平板支撑练习。之后,依次进行左侧支撑、右侧支撑以及反向支撑练习。每个动作持续时间为 30 秒,目的是考验哪个小组能够在每个动作中保持最长时间的支撑,坚持下来的人数最多的小组获胜。

(五)发展"平衡"的方式和方法

平衡的动作要领如下:

单脚站立:选择左脚或右脚作为支撑脚,另一只脚则抬起,放在站立腿的侧方。支撑腿的膝关节应保持微微弯曲的状态,同时收紧腹部,挺起胸膛。两眼平视前方,两臂自然侧举,保持呼吸均匀。尝试保持此姿势长达 60 秒,以锻炼身体的平衡感。

单脚站立:将左脚或右脚踩在瑜伽砖上作为支撑点,另一只脚则抬起,置于站立腿的侧方。支撑腿的膝关节微微弯曲,收腹挺胸,保持身体稳定。两眼目视前方,两臂侧举,维持呼吸的自然和均匀。尝试以此姿势坚持 60 秒,以进一步提升平衡能力。

平衡板双脚站立:双脚同时站在平衡板上,作为支撑身体的基础。膝关节保持微微弯曲,收腹挺胸,保持身体的挺拔与稳定。两眼直视前方,两臂侧举,保持呼吸的平稳与顺畅。尝试维持这一姿势长达 60 秒,以增强身体在不稳定状态下的平衡感。

平衡板单脚站立:选择左脚或右脚踩在平衡板上作为支撑脚,另一只脚则抬起,置于站立腿的侧方。保持支撑腿的膝关节微微弯曲,同时收腹挺胸,维持身体的稳定。两眼保持平视,两臂侧举,保持呼吸的均匀与平稳。尝试坚持这一具有挑战性的姿势长达 60 秒,以全面锻炼和提升平衡能力。

第四章 基于动作发展的幼儿体育教育策略

1. 金鸡独立

单脚平衡训练:幼儿被平均划分为四个小组,每两组面对面站立形成两排。教师位于队列中间,以便进行指导和监督。练习时,幼儿需交替抬起一只脚,仅用另一只脚站立。初始阶段,每次单脚站立的练习时间设定为10秒,逐渐延长保持的时间。

2. 功夫大师

启智砖单脚站立:保持"金鸡独立"的练习队形即可,只是在每位幼儿面前摆放了一块启智砖,一只脚踩砖上支撑身体进行练习,注意两脚交替练习,开始每次练习可以只坚持10秒,慢慢增加保持的时间。之后可用启智砖摆成一排,让幼儿保持平衡走过。

3. 平衡大师

按照"金鸡独立"的练习要求,只需在每位幼儿面前放置一块平衡垫。首先,幼儿需双脚踩在平衡垫上进行平衡训练。随着幼儿平衡能力的提升,可以逐步尝试单脚站立在平衡垫上,另一只脚抬起,进行更高难度的练习。在单脚练习时,要确保两只脚交替进行,以保证平衡训练的全面性。初始练习时,每次保持平衡的时间可以设定为5~10秒,然后逐步延长保持时间,以增强幼儿的平衡能力。

(六)发展"悬垂"的方式和方法

悬垂的动作要领如下:

双手抓杠悬垂:首先,确保双手能够牢固地抓住一根横杠,横杠的高度应略高于自然伸手高度。双手的间距应与肩同宽,这样可以更好地分散身体的重量。接下来,借助手臂的力量,使身体自然悬垂,并尽量保持身体的稳定。维持这个姿势约60秒,期间要注意呼吸顺畅,避免憋气。

单手抓杠悬垂:这个动作要求用一只手抓住一根横杠,横杠的高度同样应略高于自然伸手高度。另一只手则放在身体的一侧,不要参与抓杠。然后,借助抓杠手臂的力量,使身体自然悬垂,并保持身体的稳定。同样的,维持这个姿势约60秒,期间要注意保持呼吸和身体的平衡。

双手抓绳悬垂:首先,用双手紧紧地抓住悬垂的绳索,并向上爬行

30～50厘米。在爬行过程中，要确保双手的握力足够强大，以支撑身体的重量。然后，依靠手臂的力量使身体自然悬垂，并尽量保持身体的稳定。维持这个姿势约60秒，期间要注意身体的平衡和呼吸的协调。

无论是双手抓杠悬垂还是单手抓杠悬垂，都需要保持身体的稳定和呼吸的顺畅。同时，要根据幼儿身体状况和体力水平来调整动作的难度和持续时间，避免过度劳累或受伤。

1. 力量之王悬垂挑战

幼儿被分为六组，每组六人，同时进行双手抓杠悬垂练习。教师使用秒表记录时间，班级中悬垂时间最长的幼儿被封为"大力王"。

2. 泸定桥式单手悬垂

幼儿排成一列，依次进行单手悬垂过天梯的练习。首位幼儿从天梯一端开始，单手抓住横杠悬垂，另一只手向前抓住下一个横杠，交替前进，逐一通过各个横杠。其余幼儿按顺序跟随练习。

3. 小猴子悬垂练习

幼儿分为六组，每组六人，同时进行双手抓绳悬垂练习。教师用秒表计时，初始练习时间为10秒，随后逐渐增加悬垂时间。此外，也可以使用绳梯让幼儿进行向上攀爬练习。

4. 团队悬垂耐力赛

幼儿被分为六队，每队选出一名代表进行双手抓杠悬垂比赛。教师用秒表记录，60秒内保持悬垂人数最多的队即为获胜队伍。

（七）发展"转体"的方式和方法

屈体的动作要领如下：
（1）双脚并拢，自然站立，保持身体平衡。
（2）双臂向上伸直，手心向前，准备进行前屈动作。
（3）屈髋，上体前屈，同时两手向下伸展，尽量接近地面或触地。
（4）在整个动作过程中，两腿始终保持伸直状态，避免弯曲。
（5）当达到最大前屈幅度时，保持该姿势稳定不动，持续约30秒。

第四章　基于动作发展的幼儿体育教育策略

坐位体前屈动作要领：
（1）坐在垫子上，双脚并拢，两腿伸直，确保身体稳定。
（2）屈髋、弯腰，使上体向前倾斜，尽量使头部靠近腿部。
（3）在前屈过程中，手臂尽量向前伸展，以增加动作幅度。
（4）同样的，两腿在整个动作过程中需保持伸直状态。
（5）当达到最大前屈幅度时，保持该姿势稳定不动，持续约30秒。

1. 坐位体侧屈（以左屈为例）

（1）幼儿坐在垫子上，左腿向左侧伸直，右腿盘腿贴地。
（2）左手置于腹前并抱住右腰，身体向左侧弯曲。
（3）右手尽力向左脚方向伸展，同时视线望向右斜上方。
（4）在达到最大弯曲幅度后，保持该姿势约30秒。

2. 躺位体后屈（背桥）

（1）仰卧于垫子上，双臂屈肘并向上伸展，双手置于头部两侧。
（2）双脚靠拢臀部，膝盖并拢。
（3）用力下压双脚，并用手臂推力将背部、臀部及大腿后侧抬起。
（4）确保头部、躯干和腿部均离开地面，仅依靠手脚支撑身体。
（5）保持这一姿势约30秒。

3. 跪姿体后屈

（1）双膝与肩同宽，脚背着地跪于垫子上。
（2）两手臂向后方伸展，双手置于两脚踝上，手臂保持伸直以支撑身体。
（3）髋部向前推送，头部后仰，同时胸腹部向上挺起。
（4）保持这一姿势稳定，持续约30秒。

三、幼儿操作类动作练习方法

（一）发展"投"的方式和方法

投的动作标准如下：
单手投（以右手投沙包为例）：两脚前后开立，左腿在前，右腿在后，后腿微曲，前腿伸直稳定支撑。上体稍微后仰，左手臂斜向前上方伸出，右手紧握沙包，高举并向后引，目光直视前方。通过右腿的蹬伸动作，配合身体的转体、收腹、挥臂、甩腕等一系列连贯的动作，迅速将沙包投出。在整个投掷过程中，左腿始终保持伸直状态，提供稳定的支撑，左手臂则向左侧摆动以平衡身体。投掷完成后，身体保持直立稳定姿势，眼睛跟随沙包的飞行轨迹，确保投掷的准确性。

双手投（以双手投篮球为例）：两脚前后或左右开立，双膝微曲，重心均匀分布在两脚之间，保持身体平衡。双手紧握篮球，两肘自然下垂，将球置于胸前，目视瞄准点，确保投掷的准确性。两脚用力蹬地，腰腹部伸展，同时两臂向前上方伸出，准备进行投掷。在投掷过程中，两手腕同时外翻，拇指稍用力压球，食指和中指拨球，使球从指尖顺利飞出。球出手后，脚跟自然提起，身体随投球出手方向自然伸展，保持身体的协调性和稳定性。

1. 自由对射

单手投掷练习：将幼儿平均分为两个小组，每组获得相同数量的沙包（使用海绵沙包以确保安全），在场地上画两条平行线，间隔 8 米，作为各自的投掷起点。两个小组的幼儿站在各自队伍的线后，进行单手投掷对抗。幼儿需要迅速从地上捡起沙包，并单手将其投向对方区域，同时要灵活躲避对方投来的沙包。在游戏过程中，幼儿应遵守规则，不得越过自己队伍前的线进行投掷。

2. 神投手选拔赛

将幼儿分为四列，在每列的第一个位置上为每位幼儿准备 5 个沙包。在距离第一列幼儿 5 米远的地方设置一个直径为 40 厘米的圆环作为目标。幼儿需要轮流用一只手将沙包投入圆环中，每名幼儿投掷 5 次。当第一列的幼儿完成投掷后，统计并记录投掷进圆环的沙包数量，随后幼儿需将自己的沙包捡回并放回原位。之后，轮到第二列的幼儿进行投掷。按照这个顺序，让所有列的幼儿都完成投掷。最终，比较全班幼儿的投掷成绩，投进圆环中沙包数量最多的幼儿将被冠以班级"神投手"的称号。

（二）发展"抛"的方式和方法

抛的动作要领如下：

第四章 基于动作发展的幼儿体育教育策略

单手抛(以右手抛沙包为例)：站立姿势：两脚前后分开，左脚在前，右脚在后。准备动作：右手持沙包，伸直手臂向右后方充分伸展。发力与支撑：右腿蹬地向前，左腿保持稳定支撑，同时，右手从后方向前上方迅速抛出沙包。动作要求：在整个抛掷过程中，投掷手臂应始终保持伸直状态，确保力量传递顺畅。

双手正面抛(以双手抛排球为例)：准备姿势：两脚左右分开站立，两腿屈膝下蹲，重心落在两脚之间。双手持球，两肘自然下垂，球置于两腿前。发力动作：两脚蹬地伸腿，腰背伸展，同时，两臂两手向前上方用力将球抛出。后续动作：球出手后，脚跟提起，身体随投球出手方向自然伸展，保持平衡。幼儿可以使用沙包进行双手正面抛练习，以熟悉动作要领和发力技巧。

双手背面抛(以双手抛排球为例)：起始姿势：背对投掷方向站立，双脚左右分开，两腿屈膝屈髋下蹲，重心落在两脚之间。双手持球，两肘自然下垂，球置于两腿中间。发力与动作顺序：两腿蹬伸，身体后屈，依次通过腿、腰、背、肩、臂、手的发力，将球持起后引至最大幅度，然后向背后抛出。结束动作：球出手后，脚跟提起，身体向后上方自然伸展，同时保持身体平衡，避免失去稳定。

1. 小型抛石机挑战

将幼儿划分为两个队伍，两队分别在相距 8～10 米的两侧，教师则站在中间位置进行示范与指导。根据教师的指令，一队幼儿使用单手投掷沙包至另一队，另一队幼儿需密切观察沙包的运动轨迹，避免被击中。随后，他们需捡起沙包，待教师发出口令后，再向另一队投掷，如此循环往复进行练习。

2. 超级大炮体验

幼儿被分成两队，每队站在相距 8～10 米的对面，教师在中间位置示范和指导。根据教师的口令，一队幼儿双手持排球向另一队投掷，另一队幼儿需关注排球的飞行轨迹，并尝试用双手接住，同时要避免被球砸到。一旦成功接到排球，他们需等待教师的指令，再向另一队投掷，如此反复进行练习。

（三）发展"拍"的方式和方法

拍的动作要领：

拍球技巧：首先，在拍球时，确保球位于距离身体大约一臂远的位置。五指需自然分开，掌心微微弯曲，确保手心留有空间。随后，运用手腕和前臂的适当力量进行拍击。在拍球过程中，所有手指应协同工作，共同发力。利用球的弹性，使球能够顺利弹起。请注意，球的弹跳高度不应超过腰部。同时，眼睛和手部应随着球的移动而移动，根据球弹跳的高度灵活调整拍球的力量。

双手拍篮球：双脚分开与肩同宽，微微弯曲膝盖、髋关节和腰部。双手十指分开，掌心微屈贴合在球表面。双手同时运用手腕和前臂的适当力量拍击篮球。在球弹跳的过程中，双手应跟随球的走向和高度灵活调整拍球的力量，确保球的高度控制在腰部位置。在整个拍球过程中，眼睛和双手应始终保持对球的关注，确保手眼动作协调一致。

单手拍球（以右手为例）：双脚分开与肩同宽，微微弯曲膝盖、髋关节和腰部。右手臂屈肘平抬，右手五指分开，掌心微屈贴合在球表面。运用手腕和前臂的适当力量进行拍击。在球弹跳的过程中，右手应跟随球的走向和高度，灵活调整拍球的力量，保持球的高度在腰部位置。同时，眼睛和右手应始终关注球的移动，确保手眼动作协调一致。

1. "球球不出圈"挑战

这项活动分两队进行，两队幼儿面对面站立，两队之间保持3～5米的距离。教师可以站在两队之间，为幼儿提供示范和指导。每位幼儿手持一个篮球，并在其前方放置一个直径为40厘米的敏捷环。挑战的目标是在保持球不离开敏捷环的前提下进行拍击，可以灵活运用单手或双手进行拍球。

2. "拍球大赛"对决

将幼儿分为两队，两队之间保持2～3米的距离，面对面站立。教师可以站在两队之间，为比赛提供示范和指导。一队幼儿每人手持一个篮球，根据教师的口令，幼儿可以选择双手或单手进行拍球。对面的幼儿则负责计数。比赛的目标是找出班级中连续拍球次数最多的幼儿。此外，还可以

第四章　基于动作发展的幼儿体育教育策略

组织幼儿围成一个圈,比赛的幼儿在圈内进行拍球,其他幼儿则负责计数。

3."拍球接力赛"角逐

将幼儿分成四队,每队的第一名幼儿手持一个篮球。在距离每队6~8米的地方放置一个标志桶。比赛开始时,各队的第一名幼儿需要一边单手拍球一边跑到标志桶处绕一圈儿,然后将球传递给下一名幼儿。依次进行,直到队伍中的最后一名幼儿完成接力。最先完成接力的队伍将获得胜利。

(四)发展"踢"的方式和方法

踢的动作要领:以踢球为例,踢球时,一条腿负责支撑整个身体,确保身体在踢球过程中保持稳定与平衡;而另一条腿则负责执行踢球动作。在成熟的踢球动作中,支撑腿会首先向前迈出一大步,为身体提供稳定的支撑基础。随后,摆动腿会大幅度地向后摆动,为踢球动作储备力量。在此过程中,身体会微微向支撑腿一侧倾斜,以便更好地发力。最后,摆动腿会迅速向前摆动,以脚部的力量将球踢出。

原地(助跑)正脚背踢定位球的动作要领(以右脚为例):在准备阶段,球员需要直线助跑两三步,左脚踩在球左侧约10厘米处,脚趾向前,膝关节微屈。同时,眼睛应始终注视球的位置,重心落在左腿上以保持身体稳定。右脚则放在球的后方,为踢球动作做好准备。在踢球阶段,右腿大腿后摆,小腿后屈,同时双臂微屈协助身体保持平衡。随后,大腿以髋关节为轴带动小腿积极前摆,脚背绷直,脚趾紧扣,以脚背正面击球的后中部。踢球后,右腿顺势前摆落地,完成整个动作。

原地(助跑)脚内侧踢定位球的动作要领(以右脚为例):在准备阶段,球员同样需要直线助跑两三步,左脚踩在球左侧约10厘米处,脚趾向前,膝关节微屈。眼睛注视球的位置,重心落在左腿上以保持身体稳定。右脚放在球的后方。在踢球阶段,右腿大腿后摆,小腿后屈,同时,双臂微屈协助身体保持平衡。随后,大腿以髋关节为轴带动小腿积极前摆,并在前摆过程中髋关节外展,脚内侧翘起与出球方向呈90°,以脚内侧击球的后中部。踢球后,右腿顺势前摆落地,完成整个动作。

在带球过程中,球员需要保持身体自然放松,上体稍前倾,双臂自然摆动。随着身体的向前移动,用脚背或脚内侧部位不断地踢足球的后中部,使足球与跑动中的球员保持同步行进。这样有助于球员更好地控制足球,确保其在比赛中的稳定性和准确性。

1. 小巧传球高手

脚内侧精准传球：将幼儿分成两队，两队面对面站立，彼此间隔 5～6 米的距离。教师站在两队中间进行示范和指导。每队幼儿手持一个足球，将球踢给对面的同学，对方在成功停球后再将球踢回。这样的往复练习，可以提高幼儿脚内侧踢定位球的技巧。

2. 小球寻巢记

正脚背精准射门：幼儿将被分为两队，两队面对面站立，中间间隔 5～6 米。在两队之间，设置一个球门作为目标。每队的幼儿都手持一个足球，将球踢向球门，目标是尽可能准确地射入。对方同学在成功停球后也将尝试射门。这样的往复练习将帮助幼儿提升正脚背踢定位球的准确性。

3. 射门小达人

定位球射门挑战：将幼儿分为两队，每人持有一个足球。他们将在距离球门 6～8 米的地方依次尝试将球射入球门。每次射门后，他们需要用自己的脚将球带回队伍末尾，然后轮到下一位同学进行射门。这种循环练习将有助于提升幼儿的射门技巧。

4. 超级射门小达人

带球绕杆射门挑战：将幼儿分成两队，每人持有一个足球。在每队的前方，设置一排标志杆，每根杆之间相隔 1.5 米。幼儿需要带球绕过这些标志杆，然后用正脚背（左右脚都要练习）将球射向球门。射门完成后，他们需要带球回到另一队的队尾，形成一个循环练习。这种练习不仅能提升幼儿的射门技巧，还能锻炼他们的控球能力和反应速度。

（五）发展"接"的方式和方法

接的动作要领如下：

原地双手胸前接篮球：当球向幼儿飞来时，确保双臂自然伸出，手指自然地分开，两个拇指呈八字形，方向正对来球。一旦手指接触到球，双臂应

第四章 基于动作发展的幼儿体育教育策略

随着球的冲击力进行缓冲,并将球稳稳地引导至胸前,然后用力抱住。

双手胸前接网球:看到网球飞来时,首先要调整好自己的位置,确保双臂自然伸出迎接球,手指同样自然分开,两个拇指形成八字形,指向球的方向。当球开始下落时,应积极伸出双手,像捧起一朵花一样将球稳稳接住。

单手接网球:面对来球时,同样需要先调整好自己的位置。接球的那只手臂应主动伸出迎接球,手指自然分开。当手掌与球接触后,五指应迅速紧握,将球稳稳地接住。

这些动作要领强调了接球时的姿势、手指的分开与紧握以及双臂的缓冲与调整,以确保能够准确、稳定地接住球。

1. 小球悬空挑战

自抛自接技巧:将幼儿分为两队,两队面对面站立,中间保持3～5米的距离。教师可以站在两队中间进行示范和指导。每位幼儿手持一个网球(对于年龄较小的幼儿,可以使用排球或篮球)。幼儿双脚开立,与肩同宽,原地站立。他们需要将球从胸前垂直上抛,确保球的高度超过头顶。当球下落时,幼儿需在胸前准确接住,确保小球不落地。这样的练习将反复进行,帮助幼儿掌握技巧。对于年龄较小的幼儿,在开始阶段,他们可以围成一个圈,中间放置垫子作为缓冲,教师则在圈内进行指导。

2. 小球魔法舞步

弹接球表演:幼儿同样分为两队,面对面站立,中间保持2～3米的距离。每队中的每位幼儿手持一个网球(或排球、篮球,视幼儿年龄而定)。幼儿双脚开立,与肩同宽,原地站立。他们需要将球用力投向两队中间的地面,让球触地后弹起。对面的幼儿则需要准确接住弹起的球,然后再次投向地面,如此往复练习。这项活动旨在培养幼儿的反应速度和手眼协调能力。

3. 空中接力挑战

抛接球配合:将幼儿仍然分为两队,面对面站立,中间保持2～3米的距离。每队中的每位幼儿手持一个网球(或排球、篮球)。幼儿双脚开立,与肩同宽,原地站立。他们需要将球用力抛向对面的同学,对方在球下落时准确接住,然后再将球抛回。这样的抛接过程将反复进行,加强幼儿之间的配合与默契。

4. 最佳拍档争夺战

行进间传接球大比拼：将幼儿分为若干小组，每组两人。每组中有一个幼儿持篮球，两人之间保持 2～3 米的距离。在行进过程中，他们需要完成传接球动作（包括弹接球和抛接球）。最后，外侧的幼儿需要完成投篮动作。完成后，两人需到对面队伍的队尾进行循环练习。在这个过程中，我们将观察哪两位幼儿的配合最为默契，授予他们"最佳拍档"的称号。这项活动旨在培养幼儿的团队协作能力和篮球技能。

（六）发展"击"的方式和方法

击球动作要领如下：

打排球：提肩挥臂，手臂伸直，迅速挥动前臂，猛甩手腕，全手掌击球，加大力度。

打定点垒球：眼睛盯球，髋关节先转动，手腕和前臂爆发式发力，挥动路线水平，全身协调用力；触球时手腕稍压，增加力量。

1. 排球小将挥击训练

幼儿按四队排列，每队四人一组。他们需先助跑，随后用手挥击绑在横杆上的风阻软球。依次进行，观察哪位小朋友的击球最为精准。所有小朋友将循环参与这一练习，提升排球挥击技巧。

2. 排球对决

挥击大挑战：两名幼儿组成一队，利用标志桶和横杆构建简易隔网，进行排球游戏。为了增加趣味性，使用气球代替排球。在挥击过程中，幼儿需左右手交替练习，发球时务必向前上方发出。

3. 小小击球手

器械挥击锻炼：幼儿被分成六组，每组六人。每组幼儿需双手紧握垒球棒，按照教师的指令挥棒击球。每位幼儿击球三次后，负责捡球并返回队尾排队，等待下一次循环练习。这样往复进行，确保每位幼儿都能得到充分的锻炼。

第四章 基于动作发展的幼儿体育教育策略

4. 棒球争霸赛

持械挥击对决：幼儿分组进行棒球比赛，每组五人。比赛中，红色球棒队与蓝色球棒队展开激烈对抗。双方各设球门，持球棒击球时需注意，球棒不得过腰，仅允许使用球棒击球，禁止用脚或其他身体部位触球。首先将球打入对方球门的队伍获胜晋级。随后，其他两队进行比赛，晋级队伍再展开较量，直至决出最终胜者。

四、幼儿综合动作练习方法

发展幼儿综合类动作，即将以上几类动作结合起来，设计在同一个游戏内容中，让幼儿的统合能力得到提升，具体的练习方法如下：

（一）传球小能手

1. 准备部分

集合整队，师生问好，教师清点人数，然后教师将情节引入，让幼儿进入游戏状态。

2. 热身游戏

教师带着幼儿在垫子上做各种爬行的循环练习，使全身得到有效活动。

3. 游戏部分

（1）自抛自接

每位幼儿都持有一个篮球，他们需要双手紧紧抱住球，在原地进行竖直上抛动作，将球抛至1～2米的高度。当球下落时，他们需要再次用双手准确地接住球，并尽量保持双脚不移动位置。选出谁才是真正的控球小能手，对于表现优秀的幼儿，可以挑选他们进行示范，让其他小朋友学习他们的技巧。

（2）抛接球

请两位幼儿面对面站立，确保他们之间的距离为2～3米。其中一位幼儿双手握住篮球，向两人中间的地面投出。当篮球反弹起来后，对面的幼儿应立即用双手接住球。随后,这位接球的幼儿再将篮球投向中间的地面,如此反复练习,持续进行 7 分钟。

练习结束后,改变传球方式。这次,一边的幼儿双手持球直接向对面的幼儿抛出。对面的幼儿需要根据球在空中飞行的轨迹进行判断,并准确地用双手接住球。接稳球后,再抛回给对面的幼儿,如此往复练习,同样持续进行 7 分钟。

(3)推球大战

将两名幼儿分为一组,让他们面对面地趴在海绵垫上,保持 2~3 米的间距。要求幼儿抬头挺胸,双臂离开地面。其中一名幼儿双手持球,将篮球紧贴地面推向另一名幼儿。另一名幼儿则双手准备接球,接住球后再推回。这样来回推球,形成一场精彩的推球大战。在推球的过程中,要确保幼儿尽可能准确地将球推向对方。

对于小班的幼儿,每组练习 1 分钟即可;而对于中大班的幼儿,每组可以练习 2 分钟。在练习过程中,每组之间可以休息 30 秒,以便恢复体力。

这样的活动不仅可以锻炼幼儿的体能,还可以提高他们的协调能力和反应速度。同时,通过小组合作的形式,还可以培养幼儿的团队精神和合作意识。

(二)最佳拍档

1. 准备部分

教师组织幼儿列队,准备游戏。

2. 热身游戏

在教师的指令下,幼儿欢快地围成一个大圈儿开始奔跑。教师不时地发出各种口令,如"两人结伴同行""三人紧密相依""四人团结一致""两人背靠背相互扶持""三人手拉手共度难关"等。每当听到这些口令,幼儿都会迅速而灵活地按照指令进行组队。他们或两两结伴,或三人一组,或四人成团,根据不同的指令变换着队形,展现出幼儿天真活泼的一面。同时,场地布置和练习队列也被精心安排,确保活动的顺利进行。

第四章 基于动作发展的幼儿体育教育策略

3. 游戏部分

（1）小螃蟹搬石头——背靠背夹球

让幼儿两两结对，面对面横向行走，共同合作将石头（平衡砖）运送至抗洪前线。每次搬运仅限于一块石头，且必须使用双手搬运。在搬运过程中，若石头掉落或双手松开，均视为失败，需返回队尾重新排队。将小朋友们分为两队，确保两队的人数和石头数量相等，最终先完成石头运送任务的队伍将获得胜利。

（2）小蚂蚁运木材

依然是两人一组的形式，需将木材（海绵棒）运送至抗洪一线，且每次仅可携带一根。在搬运过程中，两人需并排模拟蚂蚁爬行，将木材（海绵棒）放置在两人的腹部，并协同完成整个运送任务。若中途木材不慎掉落，则需重新排队至队尾开始。将小朋友分为两队，每队人数及所携带的木材数量均相等，最先完成运送任务的队伍将获得胜利。

（3）紧急营救（限中、大班）

教师为幼儿讲述一个情境，告诉大家我们刚刚得知抗洪前线的消息，那里有人员受伤，急需我们紧急行动，将伤员安全运送回来进行救治。现在，我们将小朋友们分成两队，每队三人组成一个小组。其中，一名小朋友将扮演伤员前往抗洪前线，而其他两名小朋友则组成救援小队，一同前往前线展开救援。

救援时，四名小朋友将用他们的四只手共同组成一个"8"字的形状。伤员需要将双腿放入这个"8"字中间，同时，双手各抱住一侧队员的肩膀。这样，救援小队就可以稳稳当当地将伤员抬回来。在完成任务后，三人将轮流扮演伤员，确保每个小朋友都能体验到救援的紧张和刺激。

通过这样的活动，幼儿不仅能够锻炼身体，还能培养团队合作精神和责任感，让他们更加明白在紧急情况下，团结一心、互相帮助的重要性。

第四节　基于动作发展的幼儿体育教育注意事项

一、幼儿体育教学方法

（一）教学有法、教无定法、贵在得法

所谓教学有法，是指在教学过程中，教师应当遵循一定的教育规律和原则，按照既定的教学模式或步骤进行。这并不意味着教学必须刻板僵化，而是要求教师在理解和应用教学原则的基础上，结合实际情况进行灵活调整。而教无定法，则是对教学方法的多样性和灵活性的强调。同一位教师在面对不同的教学内容、不同的幼儿群体时，需要因材施教，不能简单地套用固定的教学模式或方法。教学方法应当像流水一样，随着教学环境和幼儿的变化而灵活变化，不能生搬硬套。贵在得法，则是对教师教学方法选择能力的要求。在教学过程中，教师应根据教材内容的特点、幼儿的认知特点和兴趣爱好，选择最合适的教学方法，以实现最佳的教学效果。这需要教师具备丰富的教学经验和深厚的教育理论素养，能够准确地把握教学的重点和难点，并能够根据幼儿的反馈及时调整教学策略。

在体育教学中，教学方法的合理运用显得尤为重要。体育教学是一门注重实践的课程，通过科学合理的教学方法，可以激发幼儿的学习兴趣，提高幼儿的运动技能，培养幼儿的团队协作精神和竞争意识。因此，体育教师应根据教学目标和幼儿的实际情况，选择适合的教学方法或方法组合，以实现教学目标。

以幼儿体育教学为例，2016年教育部发布的《幼儿园工作规程》（称简《规程》）对幼儿体育教学提出了明确要求。《规程》指出，幼儿体育教学应遵循幼儿身心发展规律，以游戏为基本活动形式，将教育融入各项活动中。这充分体现了教学方法的灵活性和多样性。在游戏中，幼儿可以通过亲身参与和体验，自然而然地掌握运动技能，培养团队协作精神和竞争意识。同时，游戏形式的教学也能够激发幼儿的学习兴趣，让他们在轻松愉快的

第四章　基于动作发展的幼儿体育教育策略

氛围中健康成长。

为了更好地实现幼儿体育教学的目标,教师还需要关注教学方法的创新和改革。随着教育理念的更新和教学手段的多样化,越来越多的新方法、新技术被引入体育教学中。例如,利用多媒体技术辅助教学、引入情境教学等,都可以为体育教学注入新的活力。同时,教师还应关注幼儿个体差异,针对不同幼儿的特点和需求,制订个性化的教学方案,以最大程度地发挥每个幼儿的潜能。

总之,教学有法、教无定法、贵在得法是体育教学应遵循的基本原则。在教学过程中,教师应根据教材内容和幼儿特性,灵活调整教学方法和手段,以实现最佳的教学效果。同时,教师还应关注教学方法的创新和改革,以适应时代发展的需要,为培养具有健康体魄和良好运动习惯的幼儿奠定坚实的基础。

(二)以幼儿发展为中心

动作教育作为一种以幼儿为核心的教育模式,旨在通过动作练习促进幼儿的全面发展。与传统的以教师为中心的教育模式不同,动作教育强调从幼儿的实际需求出发,注重培养幼儿的实践能力、创新精神和团队合作能力。

首先,动作教育遵循"人通过动作实现自我发展"的路径,即"人—动作—人"的发展逻辑。它认为,通过参与各种动作活动,幼儿能够不断提升自己的身体协调能力、运动技能和心理素质。同时,动作教育还强调动作与认知的相互作用,通过动作练习促进幼儿的认知发展和思维能力提升。

其次,动作教育课程模式强调教师的角色转变。教师不再是单纯的知识传授者,而是成为幼儿的辅导者和引导者。他们需要为幼儿创造多样化的运动情境,让幼儿在不同的动作任务中锻炼自己的实践能力。在幼儿的练习过程中,教师还应给予适当的支持和指导,帮助幼儿解决遇到的问题,提高他们的学习效果。

此外,动作教育还注重激发幼儿的自主性、积极性和创造性。通过提供多样化的动作任务选择,幼儿可以根据自己的兴趣和能力选择适合自己的运动方式,从而更加投入地参与到动作练习中来。同时,动作教育鼓励幼儿之间的合作与交流,让他们在合作中共同进步,在探索中不断成长。

动作教育不仅关注幼儿在身体、心理和社会三个维度上的全面成长,还注重培养幼儿的综合素质。它认为,通过动作教育,幼儿可以更好地认识自己、了解他人,提高人际交往能力和团队协作能力。同时,动作教育还能培养幼儿的意志力、毅力和创新精神,为他们未来的学习和生活奠定坚实的基础。

因此,动作教育是一种以幼儿为中心的教育模式,它强调从幼儿的实际出发,通过动作练习促进幼儿的全面发展。在动作教育的实践中,教师需要转变角色,成为幼儿的辅导者和引导者;幼儿需要发挥自己的自主性、积极性和创造性,积极参与动作练习和合作探索。这种模式不仅有助于提高幼儿的身体素质和运动技能,还能促进他们的认知发展、情感表达和人际交往能力的提升。因此,我们应该进一步推广和应用动作教育,为幼儿的全面发展创造更加良好的教育环境。

(三)重视动作技能的学习与应用

动作教育,作为一种综合性极强的教育方式,其核心在于深入教授动作理念和动作技巧。它不仅局限于基础运动技能的传授,更在于引导幼儿全面理解身体运动机制,以及如何高效、精准地运用这些技能。在这一过程中,幼儿需要学习和掌握身体感知、空间感知、动作品质和动作关联等关键要素和概念,从而形成全面而深入的运动知识体系。

在动作教育中,幼儿首先会接触到各种基础运动技能的学习,如跑步、跳跃、投掷等。这些技能的掌握是动作教育的基础,它们不仅锻炼幼儿的身体素质,也为后续的动作理念和技巧学习打下坚实基础。然而,动作教育并不仅仅停留在技能的传授上,它更强调幼儿对动作理念和技巧的深入理解和应用。

在动作理念方面,幼儿需要了解身体在运动过程中的力学原理、生物力学特点以及运动生理学知识等。这些知识有助于幼儿更深入地理解身体运动机制,从而更加精准地掌握和运用各种运动技能。同时,动作教育也注重培养幼儿的创新思维和解决问题的能力,鼓励幼儿在面对运动挑战时,能够灵活运用所学的知识和技能,找到最佳的解决方案。

动作技巧的学习则是动作教育的另一重要方面。这包括如何正确、高效地执行各种动作,如何调整动作的节奏和力度,以及如何优化动作的连贯性和协调性。在技巧的学习中,幼儿不仅需要掌握动作的正确姿势和步骤,还需要通过大量的练习和反馈来不断提高自己的运动水平。

第四章 基于动作发展的幼儿体育教育策略

在动作教育的实际应用中,幼儿需要将这些所学的动作理念和技巧应用于解决各类运动挑战。无论是日常锻炼中的动作优化,还是竞技比赛中的技能发挥,都需要幼儿充分运用所学的知识和技能。这样的实践过程不仅有助于巩固幼儿的运动技能,更能培养他们的运动兴趣和自信心,从而更积极地参与各项运动活动。

由此可见,动作教育是一种全面、深入的教育方式,它旨在通过教授动作理念和技巧,帮助幼儿深刻理解身体的运动机制,并提高他们的运动能力。在动作教育的指导下,幼儿不仅能够掌握各种基础运动技能,更能将这些技能应用于实际生活中,享受运动带来的乐趣和成就感。

二、保证幼儿体育教学的科学性

(一)从幼儿角度

幼儿体育教师在开展体育教学活动时,应紧密结合幼儿的身心发展特点和基础运动技能的发展水平。这是因为幼儿正处于身心发展的关键时期,他们的认知能力、动手能力、协调能力等都在快速发展。因此,幼儿体育教师在设计教学内容时,需要充分考虑到这些特点,确保教学内容既符合幼儿的身心发展规律,又能有效地促进他们的全面发展。

教师需要不断改进和更新教学内容,以激发幼儿的兴趣和积极性。在教学内容的选择上,应坚持"健康第一"的教育思想,注重培养幼儿的体能和身体素质。同时,要避免走入只追求游戏乐趣而忽略运动技能培养的误区。幼儿体育教学不仅仅是让幼儿在游戏中玩耍,更重要的是通过游戏的方式,让幼儿掌握基本的运动技能,提高身体素质,为未来的生活和学习打下良好的基础。

教学内容应与幼儿的实际生活经验紧密相连,让幼儿能够在学习中感受到生活的乐趣和价值。例如,可以设计一些模拟日常生活的运动场景,如搬运物品、攀爬、跳跃等,让幼儿在游戏中学习和掌握这些基本的生活技能。这样的教学内容不仅易于学习,而且富有创意和新颖性,能够吸引幼儿的注意力,提高他们的学习效果。

幼儿体育教师在开展教学活动时,还需要注意避免教学竞技化的倾向。虽然适度的竞争可以激发幼儿的积极性和竞争意识,但过度强调竞技性可能会导致幼儿产生挫败感和焦虑情绪,影响他们的身心健康。因此,教师应注重培养幼儿的合作精神和团队意识,让他们在合作中共同进步,体验成功的喜悦。

最后,幼儿体育教师应重视教学内容的情景化设计。将教学内容与具体的情景相结合,可以让幼儿更好地理解和掌握知识。例如,在教授投掷技能时,可以设计一个投掷"果实"进"篮子"的游戏情景,让幼儿在模拟的游戏场景中学习和掌握投掷技巧。这样的教学方式既符合幼儿的认知特点,又能提高他们的学习兴趣和乐趣。

幼儿体育教师在开展体育教学活动时,应依据幼儿的身心发展特点和基础运动技能的发展水平,不断改进教学内容,坚持"健康第一"的教育思想,注重与幼儿的实际生活经验相结合,避免教学竞技化的倾向,并重视教学内容的情景化设计。这样才能有效地促进幼儿的全面发展,提高他们的身心素质和生活能力。

(二)从教学角度

在幼儿体育教学中,动作技能的培养是一项至关重要的任务,它涉及到幼儿的身体发展、智力提升以及运动兴趣的激发。在培养动作技能的过程中,有几个关键点值得我们深入关注。

第一,动作技能的掌握并非仅仅局限于肌肉活动,它更是一个涉及动作组合和执行顺序的复杂过程。幼儿在学习动作技能时,需要逐步掌握各个动作的基本要领,并学会将这些动作按照正确的顺序组合起来。例如,在教授幼儿跳绳时,不仅需要教他们如何摆动双臂和双腿,还要教会他们如何将跳绳动作与跳跃动作完美地结合起来,形成一个流畅的动作组合。这样的学习过程,不仅有助于幼儿掌握跳绳技能,还能锻炼他们的协调能力和反应速度。

第二,动作技能是一种智力技能,因为它需要遵循特定的运动规则和标准。在幼儿体育教学中,我们应该注重培养幼儿的规则意识和标准意识,让他们明白每个动作都有其特定的规则和标准,只有遵循这些规则和标准,才能更好地完成动作并达到预期的效果。同时,还需要根据幼儿的年龄和身体发展水平,制订合适的教学计划和训练参数,确保他们在学习过程中能够得到充分的锻炼和提高。

第三,学习动作的顺序是培养幼儿动作技能时需要注意的一个方面。

第四章 基于动作发展的幼儿体育教育策略

不同的动作技能有着不同的学习顺序,需要根据动作的特点和幼儿的实际情况,合理安排学习顺序。以立定跳远为例,这个动作包括蹲下、起跳和着地三个基本动作。在教授这个技能时,教师应该先让幼儿学习蹲下这个动作,帮助他们掌握正确的姿势和平衡感;然后再学习着地动作,让他们学会如何安全地落地;最后才是起跳动作的学习,让幼儿掌握起跳的力量和技巧。这样的学习顺序,不仅有助于幼儿逐步掌握立定跳远的技能,还能有效减少受伤的风险。

实践经验表明,科学的教学计划、合理的教学内容、有针对性的教学方法以及艺术性的组织教学,对于激发幼儿的学习热情和主动性,以及激活他们内在的动力具有至关重要的作用。在制订教学计划时,应该充分考虑幼儿的年龄、身体发展水平以及兴趣爱好等因素,制订出符合他们实际情况的教学方案。同时,教师还需要注重教学内容的多样性和趣味性,通过丰富多样的教学内容和形式,激发幼儿的学习兴趣和积极性。此外,还需要采用有针对性的教学方法,根据幼儿的特点和需求,灵活运用讲解、示范、练习等多种教学手段,帮助他们更好地掌握动作技能。最后,学校还需要注重组织教学的艺术性,通过创造轻松愉悦的学习氛围,让幼儿在轻松愉快的氛围中学习和成长。

总而言之,在幼儿体育教学中,动作技能的培养是一项复杂而重要的任务。教师需要关注动作的组合和执行顺序、培养幼儿的规则意识和标准意识、合理安排学习顺序以及制订科学的教学计划等方面,促进他们的全面发展。

(三)从认知角度

考虑到幼儿正处于前运算阶段的认知特点,其思维方式以直观形象为主,抽象思维能力尚未完全发展,因此在设计教学方法时,教师需特别注重激发幼儿的好奇心和探索欲望,引导他们通过自主探索和实际操作来认识世界。同时,结合小组合作学习的方式,培养幼儿的团队协作精神和沟通能力,促进他们全面发展。

在幼儿教育中,教师的角色尤为重要。他们不仅需要具备丰富的专业知识和实践经验,更要善于运用各种教学策略,为幼儿创造多样化的运动问题情境。这些情境可以是生活中的真实场景,也可以是教师精心设计的模拟环境,旨在引导幼儿通过观察、思考和实践,逐渐掌握运动技能。同时,教师还需要根据教学实际情况,适时地采用直接教学的方法,如讲解和示范,以帮助幼儿更好地理解和运用所学知识。

在评价幼儿时,应避免使用评价小幼儿或成人的标准。这是因为幼儿的发展阶段和身心特点与小幼儿或成人存在显著差异,如果以成人的标准来评价他们,不仅会忽视他们的独特性和潜能,还可能对他们的成长造成不良影响。因此,学校应该根据幼儿的身心特点和发展阶段来制订合适的评价标准,关注他们在各个方面的成长和进步,以促进他们健康成长。

除了关注幼儿的认知发展和运动技能培养外,教师还应重视他们的情感教育和社交能力的培养。在教学过程中,教师应注重培养幼儿的自信心、责任心和同理心等品质,引导他们学会关心他人、尊重他人,建立良好的人际关系。同时,通过组织各种社交活动,如角色扮演、团队游戏等,培养幼儿的沟通能力和团队协作能力,为他们的未来发展奠定坚实的基础。

因此,针对幼儿前运算阶段的认知特点,在设计教学方法和评价方式时应充分考虑到他们的身心发展规律和独特性。通过鼓励自主探索、合作学习以及采用合适的评价标准,我们可以为幼儿的健康成长和全面发展提供有力的支持。

三、充分理解动作教育对幼儿的意义

基本运动技能构成了人类生存和发展的根本,幼儿在这一领域的充分发展对他们未来运动能力的优良成长至关重要。儿童并非仅凭身体成长就能自动获得基本运动技能,而是必须通过学习和持续的实践来掌握这些技能。

动作教育的核心目标是培养儿童的基本运动技能和对体育运动的理解。这种教育不仅关注个体在各类动作活动中的身体意识发展,而且还旨在通过动作技能的学习和身体意识的形成,增强个体的心理功能。动作教育应鼓励每个儿童掌握动作技能、积极参与体育活动,并从中获益,即儿童应在学习动作技能的过程中,应用各种运动知识和技能来应对各种运动挑战,进而促进其认知、身体和社交能力的全面成长。

第四章　基于动作发展的幼儿体育教育策略

动作教育应成为一种以促进动作技能学习和探索为核心,同时促进儿童在身体、心理和社会层面获得适当且全面发展的综合性课程模式。其宗旨是在推动幼儿运动技能发展的同时,也促进其体能、认知和情感的全方位提升。

第五章　幼儿动作发展的游戏活动指导

幼儿的动作是决定幼儿主要活动的最重要的身体组织,在幼儿行为能力发展中,一般分为大肌肉动作和精细动作两种。教师或者家长通过带领幼儿做游戏的方式,来发展他们的动作准确性和灵活性。

第五章　幼儿动作发展的游戏活动指导

第一节　幼儿大肌肉动作的要领与锻炼价值

一、走的动作要领及锻炼价值

（一）自然走

1. 动作要领

幼儿进行自然走动作练习时，主要提醒他们挺胸，自然抬头，目视前方，两只手臂放松，不要过快而成为跑的动作，也不能过慢，教师要引导幼儿识别自然走的步幅、步频和行进速度。另外，有些幼儿会出现"顺拐"的现象，对此教师要及时给予纠正和指导。

2. 锻炼价值

自然走能够很好地发展幼儿的身体协调能力，养成良好的体态，并感受和体会自然的动作节律，发展下肢力量，为复杂动作做好准备。

（二）踏步走

1. 动作要领

在自然走的基础上，引导幼儿在迈步时抬高大腿，使行进更有力量，同时保持有节奏的步伐，身体正直，手臂摆动有力。

2. 锻炼价值

踏步走是锻炼幼儿挺拔身姿的重要练习手段，同时还有助于发展幼儿的下肢力量，培养他们的节奏感。

（三）踮脚走

1. 动作要领

教师指导幼儿用两只前脚掌着地，同时保证身体的稳定，上身保持正直，向前行进，双臂保持自然摆动。

2. 锻炼价值

踮脚走能促进幼儿发展踝关节的力量，以及提高腿部肌群力量，在幼儿练习踮脚稳定前进的过程中，其身体的控制能力、平衡能力也同时得到了很好的发展。

（四）屈膝走

1. 动作要领

引导幼儿屈膝、屈髋，让身体呈半蹲姿势，稳定后，练习向前行进的动作。注意提醒幼儿在行进中不要低头，而是目视前方，保证身体的稳定以及不会绊倒。

2. 锻炼价值

屈膝走能很好地发展幼儿的大腿肌群力量，以及锻炼协调能力和平衡能力。

（五）侧身并步走

1. 动作要领

侧身并步走即向着身体一侧持续前进，这一动作需要幼儿具有一定的协调能力，且能够快速地一腿侧出，另一腿紧紧跟随。

2. 锻炼价值

提高幼儿的灵敏素质、协调素质，以及较好的适应能力和方向感。因

第五章 幼儿动作发展的游戏活动指导

为侧步走打破了幼儿习惯的向前行走的方式,需要他们尽快适应这一新的要求,并保持身体的稳定。

（六）脚跟走

1. 动作要领

请确保身体微微向前倾斜,同时保持髋关节和膝关节的适度弯曲。在行走或跑步时,请确保先以脚跟触地,然后逐渐过渡到前脚掌,但前脚掌在整个过程中应始终保持离地状态。双手应自然地放置在身体前方,以保持平衡。

2. 锻炼价值

这个动作有助于锻炼和增强大腿肌肉的力量,特别是对于大腿后侧的肌肉群有着显著的锻炼效果。同时,通过控制身体的平衡和动作节奏,还能提高身体的整体控制能力和协调性。

（七）前滑步走

1. 动作要领

先将一只脚向前迈出一步。随后,另一只脚迅速紧跟,并确保不超过前脚。在此过程中,两脚会有短暂的离地状态。同时,两臂应弯曲并积极向前上方摆动,以辅助身体移动。重复以上步骤,实现身体的连续移动。

2. 锻炼价值

通过此动作,可以有效提升身体的协调性和灵敏性,增强身体的运动能力。

（八）交叉步走

1. 正交叉步走

（1）动作要领

正交叉步走是一种独特的步行方式，它要求身体保持自然正直的姿态，在向前行进的过程中，每一步都需要两腿呈交叉状向前行进。这种步行方式并非随意而为，而是需要遵循一定的动作要领。在进行正交叉步走时，我们应当注意步伐稳定、重心平衡，以避免跌倒或受伤。

（2）锻炼价值

正交叉步走对于锻炼髋关节的灵活性具有显著效果。由于两腿需要不断地交叉行进，这使得髋关节得到了充分的锻炼和拉伸。此外，这种步行方式还能有效提高平衡能力和协调能力。在行走过程中，幼儿需要不断调整身体的重心和步伐，以维持稳定的行进状态，这有助于提升他们的平衡感。同时，两腿的交叉行进也需要大脑进行协调和控制，从而锻炼了幼儿的协调能力。

2. 侧交叉步走

（1）动作要领

侧交叉步走是另一种富有挑战性的步行方式，它要求身体侧向前进方向行进。侧交叉步走有多种方法，每一种方法都有其独特的动作要领。

方法一为后侧脚向前交叉于前侧脚前，前侧脚再侧向开立，如此反复不断侧向向前行进。这种方法需要我们在行走过程中不断调整步伐和重心，以确保能够稳定地前进。同时，这种方法也能够有效地锻炼大腿肌肉的外侧拉伸力。

方法二为后侧脚向后交叉于前侧脚，前侧脚再侧向开立，如此反复不断侧向向前行进。这种方法与前一种方法略有不同，它更加注重对后腿的锻炼和拉伸。在行走过程中，需要将后腿向前交叉，然后再将前腿侧向开立，以完成一步的行走。这种动作能够有效地拉伸后腿肌肉，提高身体的柔韧性和协调性。

方法三为前两种方法的结合，即一次向前交叉，一次向后交叉，如此反复交替，向前行进。这种方法将前两种方法的优点融为一体，既能锻炼大

第五章　幼儿动作发展的游戏活动指导

腿肌肉的外侧拉伸力,又能提高身体的柔韧性和协调性。在行走过程中,教师应引导幼儿不断地调整步伐和重心,以适应不同的交叉方式,这有助于提升幼儿的平衡能力和协调能力。

（2）锻炼价值

侧交叉步走的锻炼价值不仅体现在对髋关节灵活性的提升上,还能有效提高幼儿的协调能力、平衡能力和大腿肌肉的外侧拉伸力。在日常生活中,可以通过尝试不同的侧交叉步走方法,来丰富幼儿的步行方式,提高他们身体的综合素质。同时,这种步行方式也是一种有趣的运动方式,能够让幼儿在锻炼中享受乐趣,提高运动的积极性。

（九）迈大步走

1. 动作要领

保持上身挺直,不要弯曲或倾斜。前腿需尽可能地向前迈出一大步,确保步伐足够大。当前腿屈膝时,后腿应同时用力蹬直,为前腿提供足够的推动力。行走时,确保脚前掌先着地,以稳定步伐。重复上述步骤,换后腿向前跨一大步走,形成连贯的行走动作。

2. 锻炼价值

通过反复进行这一动作,可以显著锻炼幼儿大腿肌肉的力量,使腿部更加健壮有力。同时,这一动作还能培养节奏感,使步伐更加协调、有节奏感,对于提高身体协调性和平衡感也有一定的帮助。

（十）弓步走

1. 动作要领

站立时,确保双腿与肩同宽,随后向前迈出坚实的一步。在此过程中,保持背部挺直,并确保脚跟首先接触地面。请注意,膝部不应超出脚尖位置,同时大腿与小腿之间应形成约90°的弯曲角度。随后,将身体重心转移至已弯曲的那条腿上,后腿则保持伸直状态。接着,缓慢地提升后腿的膝盖,并在这一过程中逐渐恢复直立的姿势。完成这些动作后,换另一条腿重复以上步骤,持续进行。

2. 锻炼价值

此动作能够有效锻炼大腿肌肉和臀部肌肉的力量,同时促进平衡能力和协调能力的发展。通过坚持练习,可以进一步提升身体的稳定性和运动能力。

二、跑的动作要领及锻炼价值

(一)直线跑

1. 动作要领

直线跑是在自然走的基础上,提高步频,双臂和双腿更加用力地向前行进。在整个过程中,教师要提醒幼儿保持在一条直线上运动,不要偏离,或者撞到旁边的幼儿。

2. 锻炼价值

直线跑能更有力地发展幼儿的腿部力量,提升身体的协调能力、平衡能力,同时还能发展心肺功能,提高幼儿的肺活量,但是运动时间不宜过长。

(二)曲线跑

1. 动作要领

曲线跑需要考验幼儿对身体重心的控制能力。比如,进行S线跑的时候,应该在转弯之前身体就适度倾斜为转向做好准备,且转向时还要保持身体的稳定,不会摔倒。曲线跑是直线跑的升级版本,刚开始练习时,不宜过分强调动作和曲线的标准,而是让幼儿充分体会转身动作。

2. 锻炼价值

曲线跑是幼儿在快速跑动的同时发展灵敏素质和平衡素质的最佳锻

第五章　幼儿动作发展的游戏活动指导

炼方式。

（三）往返跑

1. 动作要领

在幼儿掌握曲线跑之后，教师可以在宽敞的操场上带领他们练习往返跑，这是幼儿体育游戏最常见的形式，因此需要加强训练。首先选择两个标志物，一个作为起点，另一个作为终点，两点之间的距离要合适。然后教师给幼儿发布口令，让他们练习绕过标志物立即转身跑回起点。

2. 锻炼价值

提高幼儿的身体控制能力，以及在跑步中进行加速和减速的能力。

（四）高抬腿跑

1. 动作要领

高抬腿跑是踏步走的升级版本，是在幼儿掌握踏步走的基础上进行的。练习时教师要随时提醒幼儿抬高大腿，同时保持身体正直，两臂自然摆动。

2. 锻炼价值

能够很好地发展幼儿腹部和腿部的力量，以及蹬摆能力。

三、跳跃的动作要领及锻炼价值

（一）原地向上纵跳

1. 动作要领

原地跳跃是最基本的跳跃动作，需要幼儿先后完成双膝弯曲，手臂后摆,双脚蹬地、起跳、落地、屈膝缓冲等一系列动作,其中最重要的蹬地动作,以及双臂摆动以保持身体的平衡。

2. 锻炼价值

原地向上纵跳是发展腿部力量的很好的方式,尤其对于发展爆发力非常有利。

(二)立定跳远

1. 动作要领

立定跳远的动作包括屈膝微蹲、双脚蹬地、起跳、手臂用力向前上方摆动、身体前倾、腾空、抬腿、落地、缓冲。同时使身体发生前移。

2. 锻炼价值

立定跳远能发展幼儿的爆发力和协调性。

(三)单脚跳

1. 动作要领

让幼儿尝试单脚单腿支撑身体,上体稍侧向支撑腿,支撑腿通过髋、膝、踝关节的屈伸,完成向前起跳、腾空、落地的动作。

2. 锻炼价值

单脚跳能发展幼儿腿部的力量以及平衡能力、身体协调能力。

(四)双脚向前行进跳

1. 动作要领

(1)预备姿势:双腿微微弯曲,双臂自然下垂于腿前或弯曲并置于身体两侧。

（2）起跳动作：用力蹬腿，使身体向前方迅速跳出。

（3）腾空阶段：双臂向前上方摆动，同时，双腿也快速向前上方移动，注意在腾空过程中保持膝关节的弯曲状态。

（4）落地技巧：以前脚掌先着地，腿部稍微弯曲以缓冲冲击力。落地时动作要轻盈，手臂自然向后摆动。

（5）连续跳跃：确保动作连贯，不断向前跳跃，保持稳定的节奏。

2. 锻炼价值

通过本动作的训练，能够有效锻炼腿部肌肉力量，提升爆发力、弹跳力，并有助于发展身体的协调能力和节奏感。

（五）助跑跨跳

1. 垂直高度（高度）

（1）动作要领

①预备阶段：进行助跑，为起跳做好充分的准备。

②起跳环节：起跳脚应用力蹬地，确保起跳角度足够大。同时，摆动腿应迅速向上摆动，以协助提升跳跃高度。

③腾空阶段：在两腿腾空时，务必保持身体平衡，防止因晃动而影响跳跃效果。

④落地阶段：落地前，应向前跑几步以缓冲冲击力，确保身体平稳着陆，避免受伤。

（2）锻炼价值

通过这一连串的动作，可以有效提高身体的灵敏性、下肢爆发力和协调性。同时，还能提升调节步幅的能力，使幼儿在各种运动场合中更加游刃有余。

2. 水平宽度（远度）

（1）动作要领

①预备阶段：以中速进行助跑，采用短跑的方式，确保身体自然放松，不紧张。

②起跳动作：起跳脚需用力蹬地，同时摆动腿需大幅摆动，以增加起跳

的力量和高度。

③腾空过程：在空中保持身体平衡，可能会伴有短暂的腾越动作，要注意保持身体的稳定。

④落地缓冲：落地后需向前跑几步以减缓冲击力，保护身体免受伤害。这些动作技术对于幼儿而言，具有一定的难度，但是只要做好保护措施，教师进行细致的讲解，就可以让幼儿大胆地尝试，从而摸索自己的心得，使动作越来越娴熟。

（2）锻炼价值

通过这一系列的跳跃动作，能够有效提高幼儿身体的灵敏性、下肢爆发力和协调性。同时，还能增强其调节步幅的能力，有助于提升整体的运动表现。

（六）跳马（跳山羊）

1. 动作要领

（1）预备阶段：按照一定的节奏进行助跑，确保上板（起跳点）时的步幅小而紧凑，尽量贴近地面以减少能量的损耗，并保持较高的行进速度。

（2）起跳阶段：到达起跳点后，双脚需同时用力蹬地，同时配合摆臂动作以充分展开身体。腾空跳起后，双手迅速撑在鞍马（跳箱）面上，身体前倾，同时两腿左右分开，保持身体稳定。

（3）落地阶段：在完成跳跃动作后，两腿迅速并拢，通过屈膝动作来缓冲落地时的冲击力。同时，上体保持稍前倾的姿势，两臂前举以辅助维持身体平衡。

2. 锻炼价值

通过本动作的练习，能够有效提高个人的弹跳力，增强身体的灵敏性和协调性。这种训练对于提高全身运动能力，以及培养正确的跳跃技巧都有着重要的价值。

第五章　幼儿动作发展的游戏活动指导

（七）跳短绳

1. 动作要领

（1）双手紧握跳绳，确保绳子在双手间保持适当的张力。
（2）身体保持直立姿势，肩膀放松，避免僵硬，目光直视前方。
（3）摇绳时，上臂应贴近身体两侧，前臂则向身体中间靠拢，确保摇绳动作紧凑而有力。
（4）当绳子打地时，迅速起跳，确保绳子从脚下顺利穿过。同时，保持摇绳与跳跃动作的协调一致。
（5）在跳绳过程中，膝关节应保持微微弯曲，以减轻对关节的冲击。落地时，以前脚掌先着地，有助于保持身体平衡。

2. 锻炼价值

跳绳是一项非常有效的锻炼方式，它不仅能够提高身体的协调性，还能锻炼视觉运动能力。在跳绳过程中，上下肢肌肉需要协同工作，因此跳绳还能增强上下肢肌肉的力量和耐力。此外，跳绳还能提高心肺功能，促进身体健康。

四、投掷的动作要领及锻炼价值

（一）单手肩上向前投掷

1. 动作要领

单手肩上投掷可以发展幼儿的全身协调能力。因此，动作要领较为复杂，首先，指导幼儿双脚呈一前一后的"丁"字步站立，用靠后的那只手投掷，眼睛看向前方。幼儿手持一只小球，放在肩上的位置，然后在教师的口令下，用力向前挥臂，甩腕，将球投出。

2. 锻炼价值

单手投掷可以发展幼儿的上肢力量、腰部力量以及核心力量,提升肩关节、髋关节的灵活性,以及身体的协调性。

(二)单手肩下向前投掷

1. 动作要领

双脚依然以一前一后方式站立,如果用右(左)手投掷,则左(右)脚在前。教师在前面示范投掷的动作,即身体重心向后移动,然后手臂积极用力,努力向前投出小球。

2. 锻炼价值

单手肩下投掷练习,可以很好地提升幼儿的手臂和手腕的力量,以及发展肩部的灵活性。

(三)单手肩下侧向投掷

1. 动作要领

站立时身体侧向投掷方向,两脚前后开立,保持一步的距离。右手(或左手)负责投掷,左脚(或右脚)置于前方。投掷前,腰部先向后转动,做好预备动作。投掷时,投掷臂在体侧略呈弯曲状态,随后借助腰部迅速向前转动的力量,挺胸、摆臂、甩腕,完成投掷动作。

2. 锻炼价值

通过这一动作的练习,可以有效发展肩部、腰部和手腕的力量,提升身体协调性和投掷准确性。

第五章　幼儿动作发展的游戏活动指导

（四）双手肩上向前投掷

1. 动作要领

（1）身体应正对投掷方向，双脚采取弓步站立姿势，后腿适度弯曲，前腿保持微直状态。
（2）身体重心应稳固地置于后脚之上，双手紧握投掷物，屈臂并将投掷物置于脑后。
（3）在投掷动作开始时，身体重心迅速前移，同时顶髋并弯曲前腿膝盖。
（4）后脚积极向前脚靠拢，上体主动下压，双臂自脑后随身体由后向前上方迅速伸展，同时肘关节快速打开。
（5）摆动双臂的过程中，注重压腕动作的完成。

2. 锻炼价值

此投掷动作不仅能有效锻炼腰背部、肩部、肘部及手腕的力量，还能显著提升身体的协调性和平衡能力。

（五）双手肩上向后投掷

1. 动作要领

站立时背对投掷目标，双脚左右分开，略宽于肩部宽度，膝盖微屈，上身前倾，双手紧握投掷物置于身前。在投掷的瞬间，迅速伸直膝关节，身体向上挺起，同时，上身积极向后挺展，双臂随着身体的动作从体前迅速向身后做直臂摆动，并在最后阶段用力压腕。

2. 锻炼价值

此动作能有效锻炼腰背部和肩部的力量，同时提高身体的协调性和灵活性。

(六)双(单)手肩下向上抛掷

1. 动作要领

两脚左右分开站立,保持稳定。双手(或单手)持投掷物置于身体前方。屈膝下蹲,身体重心降低,同时手臂自然下垂或后摆。投掷时,身体迅速向上挺起,同时手臂由下至上快速摆动,将投掷物抛出。这个动作可以单独进行个人抛接练习,也可以两人一组进行互相抛接练习,以加强动作的协调性和准确性。

2. 锻炼价值

这个动作能够有效锻炼肩背部肌肉和下肢力量,提高身体的协调性和爆发力,对提升整体运动能力具有积极作用。

(七)双(单)手肩下向后抛掷

1. 动作要领

(1)站立姿势:身体应背对投掷方向,双脚左右分开站立,宽度略大于肩膀。

(2)持物准备:双手(或单手)握住投掷物,并将其举至体前,确保投掷物稳定。

(3)投掷动作:在投掷过程中,手臂需高举,同时上体积极向前弯曲。与此同时,持投掷物的手需迅速从体前经过,经由胯部下方向后做直臂摆动。

2. 锻炼价值

此动作有助于锻炼肩部及腰背部的力量,提高身体的柔韧性和协调性。

第五章　幼儿动作发展的游戏活动指导

（八）双手肩下侧向转体抛掷

1. 动作要领

（1）面向投掷目标的反方向站立，双脚左右分开与肩同宽，双手伸直，紧握投掷物并置于身体前方。

（2）投掷过程中，先微微降低身体重心，保持稳定。随后以左脚（或右脚）为转动支点，用力蹬出右脚（或左脚）。

（3）在蹬脚的同时，腰部向左（或右）侧旋转，同时双臂伸直并平行抬起，将投掷物用力向前上方、朝着投掷目标的方向抛出。

2. 锻炼效果

通过此项练习，能够有效锻炼并增强腰背部肌肉的力量，提升身体的协调性和爆发力。

（九）双手胸前投掷

1. 动作要领

面向投掷方向站立，双脚呈前后弓步姿势。双手紧握投掷物，屈臂置于胸前，保持身体重心稳定，将重量集中在后腿。投掷时，后腿用力蹬地，身体迅速向前推进，同时双臂快速向前伸展，抖动手腕，伸展指关节，确保投掷物准确飞出。

2. 锻炼价值

通过此项锻炼，能够有效发展手臂力量，增强上肢肌肉的爆发力与协调性，对于提升投掷类运动的技能水平具有显著效果。

（十）肩上挥臂投准

1. 动作要领

（1）身体向投掷方向侧向站立，两脚形成"丁"字步，前后放置，重心向后倾斜。

（2）投掷手臂向后伸展，目光锁定目标物，确保投掷的精准性。

（3）用力将物体投向指定的范围内。

（4）投掷完成后，后腿迅速向前蹬起，同时转动身体。

（5）挺胸，手臂从身后经过头部侧面迅速向前上方挥动。

（6）通过甩腕动作，伸展指关节，完成投掷后的连贯动作。

（7）在整个动作过程中，屈臂时确保肘关节的位置高于肩关节。

2. 锻炼价值

通过此动作的反复练习，可以有效提升目测能力，增强投掷动作的准确性，从而达到锻炼和提升相关身体素质的目的。

五、攀登的动作要领及锻炼价值

（一）直线上下攀登

1. 动作要领

身体正面朝向攀登器械，双手正握横木或绳子，双脚踏上横木或绳子，并手并脚或交替手脚进行直线上下攀登；攀登时双脚及时跟随双手上下移动，保持身体平衡，必要时在攀登器械上驻足。

2. 锻炼价值

锻炼上下肢力量及手的抓握力量，发展身体协调性、灵敏性。

第五章 幼儿动作发展的游戏活动指导

（二）左右移位攀登

1. 动作要领

身体正面朝向攀登器械，双手正握横木或绳子，双脚踏上横木或绳子，进行向左或向右的侧向移位攀登。攀登时，双脚与双手协同运动，自觉调整移动的距离，允许跨格攀登。

2. 锻炼价值

锻炼上下肢力量，发展手脚协同能力、身体的灵敏性及平衡能力。

（三）攀登翻越

1. 动作要领

动作技巧：面对攀登设备站立，双手紧握横木或绳索，双脚稳固地踏在横木或绳索上开始攀爬。当达到攀登设备的顶部时，要灵活转身并跨越到设备的另一侧。在翻越过程中，务必保持身体平稳，并适时调整身体姿势，由正面转向侧面。双手要牢牢扶住攀登设备，一只脚先跨过顶部并稳定踩住横木或绳索，随后转身，另一只脚紧跟跨过，并稳定踩住，最后身体再次转回正面，并顺势下降。

2. 锻炼价值

此动作可以有效增强上下肢的力量，提高身体的协调性、敏捷性以及平衡能力。同时，还能培养勇敢、沉着、谨慎和自信的心理品质。

（四）障碍攀登

1. 动作要领

在进行攀登动作时，请确保身体正面直接面对攀登器械。双手应牢牢握住横木或绳子，确保抓握稳定。随后，双脚需要稳稳地踏上横木或绳子，为后续动作提供稳固的支撑。在攀登过程中,应灵活、熟练地进行上下、左右的移位动作,这有助于提升身体的协调性和灵活性。同时,还可以在攀登器械上进行跨越、钻等多样化的动作,以进一步增强全身肌肉的力量和耐力。

在面临障碍时,需要及时根据障碍物的特点调整身体姿势和脚步,以确保能够平稳、安全地通过。在整个攀登过程中,保持身体平衡至关重要,这有助于提升动作的稳定性和准确性。

2. 锻炼价值

通过进行障碍攀登训练,可以有效地锻炼上下肢的力量,增强肌肉群的耐力和爆发力。此外,这一运动还有助于发展身体的协调性、灵敏性和平衡能力,使身体更加灵活、敏捷。

除了身体上的锻炼效果外,障碍攀登还能培养勇敢、沉着、谨慎、自信等心理品质。在面对困难和挑战时,能够保持冷静、坚定,敢于尝试和突破自我,这些都是宝贵的品质,对于个人的成长和发展具有重要意义。

六、钻的动作要领及锻炼价值

(一)正面钻

1. 动作要领

身体正面朝向障碍物,低头、弯腰、屈膝,一腿支撑,另一腿和头钻过障碍物,积极向前,使身体整体钻过。

2. 锻炼价值

发展平衡能力、柔韧性,增强腿部肌肉力量。

第五章　幼儿动作发展的游戏活动指导

（二）侧面钻

1. 动作要领

身体侧向站于障碍物前，前脚穿过障碍物，同时低头、弯腰、屈膝，使身体重心从一侧移向另一侧，躯体整体钻过障碍物后，收回后脚。

2. 锻炼价值

发展动作的灵活性和协调性。

（三）俯身钻

1. 动作要领

指导幼儿采取全身俯卧的姿势，通过俯爬动作穿过目标区域。在爬行过程中，要求幼儿左臂向前伸展，五指自然张开并全掌贴地。同时，右腿需屈膝向前移动，利用左手的前臂和右脚的膝内侧作为支撑点，使胸部和腹部离地，随后右脚用力前蹬并伸直，以此推动躯干向前移动。需要注意的是，在爬行过程中，要特别留意控制臀部的高度，避免抬得过高而触碰到障碍物。

2. 锻炼价值

通过这一系列的俯爬动作，可以有效锻炼幼儿的身体控制能力和核心力量。这不仅有助于提升幼儿的身体协调性，还能增强其肌肉力量和耐力，促进幼儿的健康成长。同时，俯爬动作还能激发幼儿的好奇心和探索欲望，培养其勇敢、坚持的品质，为其未来的学习和生活奠定良好的基础。

七、爬的动作要领及锻炼价值

（一）手膝着地爬

1. 动作要领

手膝着地，左（右）手和右（左）膝及小腿协调配合用力向前爬行，头稍抬起，目视前方，强调异侧手膝的同步向前及动作的协调性。

2. 锻炼价值

增强四肢的肌肉力量以及背肌力，提高动作的协调性。

（二）并手并膝爬

1. 动作要领

身体呈跪姿，两手相并于体前，双膝相并。爬行时，双手同时向前支撑，收腹，双膝同时向双手并拢，再次同时把双手向前支撑。

2. 锻炼价值

增强上肢及腹背部的力量。

（三）肘膝着地爬

1. 动作要领

让幼儿跪姿于地，确保双臂弯曲并将双肘紧贴地面，同时双臂摆放在头部两侧。在爬行过程中，应确保肘部和膝盖交替向前移动，即肘部向前移动时膝盖保持原位，膝盖向前移动时肘部保持原位。

第五章　幼儿动作发展的游戏活动指导

2. 锻炼价值

此动作有助于显著增强肩部肌肉的力量,提高身体的协调性和稳定性。

(四)手脚着地爬(猴子爬)

1. 动作要领

起始姿势为手脚撑地,膝盖微曲,头部抬起。动作进行时,通常采用异侧手脚同步移动的方式,但也可尝试同侧手脚同步移动以增加难度。在爬行过程中,可根据需要选择向前、向后、侧向或转圈等不同的爬行方式。其中,侧向爬行可分为并脚侧向爬和交叉脚侧向爬两种形式。为进一步提升挑战性,可以选择直腿爬的方式进行锻炼。

2. 锻炼价值

本动作组合能够有效锻炼四肢及躯干部位的肌肉力量和肌肉耐力。通过不断的手脚协调运动,不仅能够增强幼儿肌肉群的协同工作能力,还能提高他们身体的稳定性和灵活性。同时,不同爬行方式的变换也能使锻炼过程更加生动有趣,减少单调感,增加锻炼的乐趣。

(五)匍匐爬

1. 动作要领

请确保身体正面紧贴地面,保持匍匐姿势。双臂需弯曲并置于胸前,用前臂力量支撑身体上部,并抬头看向前方。在爬行时,需交替使用两前臂向前扒地,同时结合异侧膝部和小腿的弯曲与蹬力,以推动身体向前移动。在整个行进过程中,请确保臀部始终不离开地面。

2. 锻炼价值

它能有效提升上下肢之间的协调配合能力,同时增强肩、背及腰部肌肉的力量与耐力。

（六）仰身爬（螃蟹爬）

1. 动作要领

头部应始终朝向终点方向,确保方向明确。身体呈仰面朝上姿势,双手及双脚需紧贴地面,为爬行提供稳定的支撑。双手的指尖应朝向侧前方,确保手部发力方向正确。双膝需保持弯曲状态,以减轻对膝关节的压力,同时增强稳定性。仰撑于地面时,臀部应悬空,避免与地面接触,以保证腹部及背部肌肉得到有效锻炼。行进过程中,一般采用同侧手脚同步配合的方式,即左手与左脚同时向前移动,右手与右脚随后跟进,以保持身体平衡。仰身爬时,可选择双肩着地的方式,结合双脚进行爬行,以增加锻炼的多样性和趣味性。

2. 锻炼价值

通过此项动作,可以有效提高腹背部力量,增强身体的协调能力和平衡能力,有助于塑造健美的身材,提高身体素质。

（七）多人协同爬

1. 动作要领

前方的幼儿需跪于地面之上,双手稳稳地支撑在身体前方,确保两踝关节绷直且稳固。紧随其后的幼儿,需用两手分别牢固地握住前面幼儿的踝关节,双方协同配合,共同向前迈进。

2. 锻炼价值

这一动作不仅有助于增强幼儿间的合作能力,让他们学会相互信任和配合,更能够锻炼幼儿的身体协调性,提升他们的运动技能,为日后的全面发展奠定坚实基础。

八、翻滚的动作要领及锻炼价值

（一）侧滚翻

1. 动作要领

身体平卧在垫子上，两臂胸前交叉或放于体侧或伸展过头顶，身体挺直，依靠肩、腰和腿的转动使身体滚动。

2. 锻炼价值

发展身体的平衡能力、协调性，促进前庭器官的发育。

（二）团身前后翻滚

1. 动作要领

坐在垫子上，两手抱小腿，胸部贴大腿，前额尽量碰膝盖，尽量团身，以臀或腰为支点进行前后翻滚，身体像跷跷板一样滚动。

2. 锻炼价值

发展腰腹部肌肉力量及平衡能力。

（三）团身左右翻滚

1. 动作要领

让幼儿坐在平整的垫子上，确保身体稳定。两手分别抱住小腿，使胸部贴近大腿，尽量缩短身体前后的距离。前额尽力向膝盖方向贴近，使身体团紧，形成一个紧凑的球形。以肩、腰、髋部为支点，稳定身体重心，准备翻滚动作。向身体两侧进行一定角度的翻滚，注意翻滚过程中保持身体团紧，避免身体散开。

2. 锻炼价值

这个动作不仅能够有效锻炼幼儿腰腹部肌肉的力量,提升腹部的核心稳定性,还能增强他们身体的平衡能力。通过不断的翻滚练习,可以加强身体的协调性,提升身体在空间中的感知能力,对于改善体态、预防腰部疾病等也有积极的促进作用。同时,这个动作也是一种有趣的锻炼方式,可以增加运动的乐趣,提高锻炼的积极性。

九、悬垂的动作要领及锻炼价值

(一)直体悬垂

1. 动作要领

双手手指紧握横杠,两手虎口相对,距离稍宽于肩,身体下摆垂直放松,放手下来时屈膝缓冲落地。

2. 锻炼价值

发展上肢力量及手的抓握能力。

(二)屈腿悬垂

1. 动作要领

双手手指紧握横杠,身体放松,屈腿上抬保持几秒。

2. 锻炼价值

发展上肢力量、腰腹力量和身体控制能力。

第五章　幼儿动作发展的游戏活动指导

（三）悬垂摆动

1. 动作要领

双手紧握横杠，确保手指紧密贴合，随后通过腰腹部的力量驱动身体进行前后摆动。

2. 锻炼价值

此动作不仅有助于提升手指和手腕的抓握力量，还能有效锻炼腰腹部的肌肉力量，并增强身体的平衡协调能力。

（四）悬垂移动

1. 动作要领

双手牢牢握住横杠，确保稳定，随后两手轮流向前移动，在此过程中，身体应紧随着手的动作而移动，保持整体协调与平衡。

2. 锻炼价值

此动作能够有效锻炼上肢的力量和耐力，提升身体的平衡与协调能力，有助于全面强化身体素质。

（五）混合悬垂

1. 动作要领

双手紧紧握住横杠或绳索，确保稳固。随后，将两脚放置在单杠或绳索上，稳定身体。接着，用力将身体朝上拉起，直至达到最高点。

2. 锻炼价值

此动作能够显著提升上肢及颈部的肌肉力量，有助于增强身体的稳定性和协调性。

十、支撑的动作要领及锻炼价值

（一）高位支撑、高位支撑移动

1. 动作要领

双手支撑位置高于双脚支撑位置，进行支撑或者支撑移动，如双手扶墙面、桌面支撑。

2. 锻炼价值

增强上肢力量及腰腹部力量。

（二）低位支撑、低位支撑移动

1. 动作要领

双手支撑位置低于双脚支撑位置，进行支撑或者支撑移动，如双手扶地面，双脚放于椅子上或一定高物上。

2. 锻炼价值

锻炼手臂、肩部肌肉及韧带，增强上肢及腰腹部力量。

（三）双杠跳上成支撑

1. 动作要领

首先，用双手紧紧握住杠子，并确保双臂伸直。随后，保持身体直立状态，并将重心逐渐下移，同时弯曲膝盖。紧接着，用力蹬地并向上跳起，在跳起的同时，手臂向下施加压力，以助力身体斜向上方撑起。在整个过程中，身体需保持紧绷状态，控制好重心，抬头挺胸，确保身体不会前后晃动。这一动作对幼儿较有难度，只要尽力模仿即可，让幼儿体会动作过程。

第五章　幼儿动作发展的游戏活动指导

2. 锻炼价值

此项动作练习能显著提升下肢的弹跳力,使双腿更为灵活有力。同时,由于手臂在跳起的过程中起到了关键的支撑作用,因此也能有效增强上肢的手臂力量,使双臂更为结实有力。通过反复练习,可以全面提高身体的协调性和爆发力,对于增强幼儿的身体素质大有裨益。

(四)双杠支撑摆动

1. 动作要领

以肩部作为旋转中心,手臂伸直并用力顶住肩部。保持腰部紧绷,避免弯曲髋关节。在前后摆动的过程中,要注意控制节奏,保持稳定。前摆时,要送髋并绷直脚尖,后摆时,腿部并拢,抬头挺胸。

2. 锻炼价值

此动作能有效增强上肢手臂的力量,提高手臂的耐力。通过持续的锻炼,可以加强腰腹部的核心力量,提升身体的稳定性。在摆动的过程中,需要身体各部分协调配合,因此能够提升身体的协调性。通过控制摆动的节奏和幅度,可以增强身体的控制能力,提高运动表现。

(五)支撑跳跃

1. 动作要领

首先,助跑阶段,需保持稳定的步伐和节奏,以充足的动力为起跳做好准备。接着,在合适的距离和时机,进行起跳,此时要集中力量,腿部发力,同时,手臂协调摆动,以达到最佳的起跳高度和距离。随后,进入腾空阶段,身体在空中保持舒展,尽量延长滞空时间,并根据需要进行旋转或翻转等动作。最后,落地时要保持身体稳定,腿部弯曲缓冲,以减少对身体的冲击。

2. 锻炼价值

跳马(跳山羊)动作不仅能够有效提高身体上下肢的协调性,还能显著增强身体的平衡能力。通过持续的锻炼,可以逐渐提高动作的完成度和难度,进一步挑战和锻炼幼儿的身体素质和技巧水平。

(六)平板支撑

1. 动作要领

指导幼儿俯卧于地面,确保身体姿势稳定。双肘弯曲,手掌平放在地面上,上臂与地面保持垂直。双脚前脚掌着地,脚尖用力支撑。确保躯干、头部、肩部、胯部和踝部均保持在同一水平面上,形成一条直线。保持均匀呼吸,避免憋气或急促呼吸。

2. 锻炼价值

有效锻炼核心肌群,包括腹肌、背肌和臀部肌肉。增强上肢力量,特别是手臂和肩部肌肉的力量。维持肩胛骨的平衡,预防因长时间坐姿或不良姿势引起的肩颈疼痛。

十一、推、拉、提、抬的动作要领及锻炼价值

(一)推的动作要领

上肢弯曲,手掌向前,与肩膀同宽,支撑在物体上,同时,双脚稍微向后分开站立,保持身体呈一直线,胸部挺起,腹部收紧。通过左右脚交替用力蹬地,推动物体前进,同时,手臂从弯曲状态伸直。

(二)拉的动作要领

可以单手或双手抓住物体,身体可以正面、背面或侧面对着物体,双臂保持伸直状态,同时或交替用力将物体拉向前方,脚步随着物体的移动自然调整,在克服阻力时,手臂从伸直状态变为弯曲状态。

（三）提的动作要领

双手自然下垂，用单手或双手握住带有环、柄或绳套的物体，向上或向前引导物体移动。

（四）抬的动作要领

双手放在物体上，手臂伸直，挺胸收腹，身体保持垂直向下的姿势，双脚打开站立或膝盖微弯，通过下沉肩胛骨并抬起手肘将物体向上举起，直至身体接近完全直立。

（五）推、拉、提、抬的锻炼价值

通过推拉提抬的复合动作练习，能够增加幼儿上下肢的力量素质，并且有助于灵活转换各个动作，使整体的协调和平衡能力都得到加强。

第二节 走、跑、跳、投类游戏活动

一、走步类游戏活动

（一）小勇士向前冲

1. 初级难度

目标：
指导幼儿在低矮物体上稳定、平衡地行走。
准备：
准备高不超过30厘米，宽不窄于20厘米的塑料围栏，或者校园里的花坛也可以作为游戏的工具。

玩法：

教师组织幼儿按顺序，一个一个走过塑料围栏或者花坛边沿。

儿童可能出现的表现：

步幅小，或者不敢迈步，或者想用"爬"的方式替代，或者有的幼儿为了保持平衡用自己特定的方式行走。

教师的辅导和支持：

教师应鼓励幼儿大胆参加游戏，并在游戏前对幼儿进行必要的安全提醒。例如，游戏中如果前面有幼儿走得慢，应该耐心等待，可以给幼儿加油鼓劲，但不要推搡他们。

最后能够让幼儿安全、自信、完整地从围栏或者花坛的一侧走到另一侧，并且过程中不能掉下来，能良好地控制身体的平衡性和稳定性。

注意事项：

（1）游戏前确保幼儿身体舒适，鞋子穿着整齐。

（2）选择低矮的路面进行游戏，而且周围没有危险物品。

（3）教师注意维护秩序，避免幼儿发生碰撞。

2. 中级难度

目标：

培养幼儿在低矮物上行走的兴趣，并且动作越来越灵活。步履平衡、稳定、流畅。

准备：

轮胎、木板等稳定的板凳等低矮"路面"，并检查"路面"的安全性。

玩法：

允许幼儿按照自己的意愿选择喜欢的"路线"行走。

儿童可能的表现：

行走的速度不一，有的幼儿可以不用低头看路就能较快速地行走，甚至还可以倒着走、侧步走。

教师的辅导和支持：

鼓励幼儿用现有的道路自己"搭桥铺路"，并且敢于在上面安全行走。等到大部分幼儿都能掌握这一技能之后，教师可以增加游戏的难度。比如在幼儿行走的过程中，要躲避"沙包炸弹"等物体，以锻炼他们边躲边走的能力。

注意事项：

注意幼儿间的间距，避免因躲避"炸弹"而发生碰撞和推搡。

第五章　幼儿动作发展的游戏活动指导

3. 高级难度

目标：
在行走的同时,加强协作、配合能力。
准备：
每两个幼儿为一组,两人一条毛巾。
玩法：
让幼儿扮演"战地护士"的角色,以一条毛巾为"担架",两个幼儿一前一后,"抬着担架"走过"独木桥",抢救受伤的"士兵"。
儿童可能的表现：
两个人一组需要相互配合一定的速度,因此,当速度不一致时,就会出现走得快的幼儿在前面拉,走得慢的幼儿跟不上,从而影响了整体的速度。
教师的辅导和支持：
要在足够大的空间进行此游戏,保证每组幼儿之间不会互相影响,并且指导速度过快或者过慢的幼儿尽量和队友保持一致。
注意事项：
避免幼儿因配合不当而摔倒,因此应选择在室内地板上进行游戏。

(二)迷宫大冒险

1. 初级难度

目标：
通过自如地绕过障碍物,以提高幼儿的身体控制能力。
准备：
在宽敞平坦的场地上摆放一些障碍物,并留有足够的空间以便让幼儿穿行其中。
玩法：
教师规定好穿行的路线,每个幼儿要努力在最短的时间内按照老师的要求完整地走过既定路线。
儿童可能的表现：
观察幼儿在绕过障碍物时身体是否灵活、是否具有较好的平衡能力、控制能力。比如在转身时动作是否灵活,以及是低头看障碍物,还是将注意力放在前方路线上。

教师的辅导和支持：

教师在设计和摆放障碍物的时候，应选择轮胎、瑜伽球等软性障碍物，以便万一摔倒也不会发生擦伤或者磕破的危险。另外，看到有幼儿胆怯的情况，应及时给予鼓励。

注意事项：

选择在室内有地板或者橡胶地面上进行游戏，即使幼儿摔倒也不会有任何风险。

2. 中级难度

目标：

鼓励幼儿自己摆放障碍物、设计路线。提高他们加强对障碍物的预判能力，并且，可以不断地调整障碍物的位置，从而锻炼幼儿的执行能力和创造能力。

准备：

教师应准备充足的轮胎，轮胎的直径分别为 40 厘米、60 厘米和 70 厘米。

玩法：

让幼儿自己设计迷宫，即自主摆放轮胎。然后在老师的口令下开始游戏，游戏中要快速绕过障碍物找到出口，并避免撞到其他幼儿。

儿童可能的表现：

身体平稳地绕过障碍物，快速完成任务。

教师的辅导和支持：

根据幼儿的整体表现，不断引导幼儿将轮胎、瑜伽球等障碍物之间的间距缩小，提高游戏的难度。

3. 高级难度

目标：

带领幼儿在自然环境中练习绕障碍物行走，并锻炼其达到动作敏捷，转身灵活。

准备：

教师选择幼儿园没有树木、花坛、灌木等障碍物的场地，以此为"迷宫"，并根据情况，另外再摆放适量的轮胎和瑜伽球等障碍物，以增加游戏

第五章　幼儿动作发展的游戏活动指导

的难度和趣味性。同时,教师在"迷宫"中的角落里藏好若干卡片作为"藏宝图"。

玩法:

教师告诉幼儿迷宫的入口和出口分别是哪里,目标就是看谁能在一定的时间内找到最多的"藏宝图"。

儿童可能出现的表现:

有的幼儿可能倾向于仅在迷宫入口附近寻找,有的幼儿可能忙于走出迷宫而忘记找"藏宝图",还有的幼儿会因为专注于找"藏宝图"而被障碍物绊倒。

教师的辅导和支持:

教师应密切关注每个幼儿的活动情况,避免发生碰撞和摔倒,并引导幼儿找到"藏宝图"之后,快速放在指定的地方,继续寻找下一张,直到全部找到为止。

注意事项:

进行该游戏时,要选择合适的天气,且场地要足够宽敞,避免幼儿拥挤和碰撞。

(三)神气的小司机

目标:
练习倒退行走的能力,并能够保持身体的平衡和稳定。

准备:
无需任何道具,在幼儿园的操场进行即可。

玩法:
教师组织幼儿排成几列纵队,然后要求每个幼儿双手侧平举在原地转圈,以不会碰到其他幼儿的手为最佳的站距。然后听教师口令,当听到"开车"时,幼儿大步前进,当听到"倒车"时,幼儿则倒退走。

儿童可能出现的表现:
"开车"时能够正常前进,但是"倒车"时可能会走偏,而进入其他"车道",发生"撞车"等"交通事故"。

教师的辅导和支持:
提醒即将"撞车"的幼儿及时"刹车",以免碰倒同伴。

（四）螃蟹走

1. 初级难度

目标：
锻炼幼儿侧步走的能力，同时提高身体的协调能力和灵活性。
准备：
在幼儿园的操场上进行，教师提前设置好距离为 10 米左右的比赛场地。
玩法：
在教师的组织下，让幼儿从起点侧身并步走到终点。
儿童可能出现的表现：
侧身并步走时可能会有身体不协调的现象；侧走时速度变慢；身体倾斜等。
教师的辅导和支持：
对于动作过于不协调的幼儿，教师应让其先观察其他幼儿是如何做到的，然后再进行模仿。

2. 中级难度

目标：
在让幼儿练习侧步走的同时，锻炼协作、配合能力。
准备：
准备若干皮球。
玩法：
在操场上将幼儿按两人一组进行分组，并让两个幼儿面对面在胸前夹一个皮球，然后一起侧步走到终点。
儿童可能出现的表现：
幼儿可能难以协调和配合，导致皮球经常滑落。
教师的辅导和支持：
教师应鼓励每组幼儿在侧步走的同时，还能够观察小伙伴的动作并与其尽量保持一致，减少球的脱落，而顺利、快速地完成挑战。

第五章　幼儿动作发展的游戏活动指导

二、跑类游戏活动

（一）追泡泡

1. 初级难度

目标：
让幼儿在追逐泡泡的过程中，提高跑步的能力，以及提升其腿部力量和身体的协调能力。

准备：
泡泡机。

玩法：
游戏开始时，教师用泡泡机向四周放出大量的泡泡，然后让幼儿追打泡泡。

儿童可能出现的表现：
幼儿可能根据泡泡飘散的方向和高度进行追赶。在追逐中，可能采取小碎步，也可能采取大跨步，并且能够根据泡泡飘动的情况加速跑，或者急停。

教师的辅导和支持：
一方面鼓励幼儿积极参与活动，一方面要维持安全的秩序，保证幼儿不会相互碰撞。

注意事项：
应该向不同的方向和高度吹泡泡。

2. 中级难度

目标：
按照教师的指令，通过追逐泡泡而发展腿部力量。

准备：
教师在操场上画一个半径3米的圆圈。

玩法：
让幼儿围绕大圆圈站好，然后顺时针方向绕圈儿走，当老师说"泡泡来了,小朋友们快追泡泡",于是大家跑起来,然后教师说"泡泡在身后",幼儿再同时逆时针跑,类似这样反复练习。

儿童可能的表现:

儿童有可能搞错方向,但还是可以练习跑的动作,以及练习腿部力量。

教师的辅导和支持:

教师可以通过口令增加游戏的趣味性和难度,不断加强幼儿跑的能力,使他们动作更加灵活和协调。

(二)动物宝宝跑得快

1. 初级难度

目标:
听教师口令改变动作,以提高幼儿的反应能力和身体的灵活性。

准备:
在宽敞的操场上,教师准备一个小鼓,然后在操场空地上画一个大圆圈。

玩法:
游戏开始前,教师有节奏地击鼓,要求幼儿按照节拍自主地在操场上四散走开。当教师说"小狗宝宝、小猫宝宝、小猪宝宝、小鸡宝宝快出来玩儿"时,幼儿立即模仿喜欢的小动物快速跑到圆圈中间,比比哪只动物宝宝跑得快!

然后当教师再次击鼓,说"动物宝宝排排好"时,幼儿快速跑到圆圈线上站好。如此反复进行游戏。

儿童可能出现的表现:

当老师击鼓时,有的幼儿能够准确踩着节奏行走,有的可能不行。也有一些幼儿对教师的指令反应快,有的幼儿反应慢,有的幼儿还会不知所措,因此应多次练习,提升幼儿的反应能力和身体控制能力。

教师的辅导和支持:

在游戏的前半部分,教师可以让幼儿多练习走、跑交替的动作,通过击鼓的节拍引导幼儿的动作速度。让幼儿逐渐适应各种步频的动作,教师需要根据幼儿在操场上的位置来决定击鼓的速度。

第五章　幼儿动作发展的游戏活动指导

注意事项：

教师要随时观察幼儿跑、走的速度，以及彼此间的距离，避免因拥挤而快跑导致幼儿相继摔倒。

2. 中级难度

目标：

提高幼儿的反应能力，以及对动作的控制能力，在教师的口令下能够快速转换动作。

准备：

准备5张动物幼儿的图片，分别贴在5个拱形门上，每个拱形门代表相应的小动物的家。

玩法：

游戏开始前，在教师的引导下让幼儿四散走在操场上。教师说"今天小猫邀请我们去他家做客"时，幼儿要模仿小猫的叫声轻轻跑向贴着小猫的拱门。然后教师又给出新的口令，"现在我们要去小鸭子家和他一起学游泳"，然后幼儿纷纷模仿鸭子的叫声跑向贴着小鸭子的拱门处，如此类推，在教师的口令下，让幼儿练习跑步动作。

儿童可能出现的表现：

儿童在跑向目的地的同时，还要模仿小动物的叫声，这给他们增加了难度，有些幼儿的同感功能发育慢，就可能会出现"顾此失彼"的现象。

另外，有的幼儿跑步姿势不协调，会出现双臂乱摆的情况，因此比较容易出现碰撞。

教师的辅导和支持：

为了增加游戏的趣味性，教师可以针对每一种小动物创造相应的儿歌，如"爱吃小虫爱吃米，我的小鸡叽叽叽""黄黄嘴巴大脚丫，我的小鸭嘎嘎嘎"，这样有助于幼儿更加投入地参加游戏。

（三）小猴送快递

目标：

培养幼儿在规定的路线上进行直线跑的能力。

准备：

教师准备一些贴着小动物头像的"快递盒子"，如小鸡、小兔子、小松鼠、小狐狸、小蟋蟀等。然后在操场上画好 5 条跑道,跑道的尽头代表以上小动物的家。每条跑道的长度不等,在终点处放一个拱门代表小动物的房子。

环境:在空旷开阔的场地上,设置长度为 15 米,宽度分别为 1 米、80 厘米、60 厘米、40 厘米的跑道四条,跑道尽头摆放动物的"家"。

玩法:

将幼儿分为 5 组,扮演送快递的小猴子,分别把以上 5 个小动物的快递送到"家"。

在教师的主导下,看看哪个快递员送得最多最快。

儿童可能出现的表现:

幼儿的身体协调能力不同,有的较好,有的较差,特别是当他们手里抱着"快递盒"的时候,有些幼儿可能会摔倒,或者"送错"。

教师的辅导和支持:

提醒幼儿在正确的跑道上,以及不要抱错盒子等。

注意事项:

注意选择软性的盒子道具,避免幼儿因摔倒而磕碰受伤。

(四)小猴和车轮

目标:

引导幼儿能跑步追随目标前进,从而发展其腿部力量和心肺功能。

准备:

在宽敞的操场上进行,教师另外准备小号轮胎、体操垫和梯凳若干,然后用体操垫和板凳搭成小山坡。

玩法:

教师将幼儿分成若干组,扮演参加比赛的小猴子,然后每组的第一个幼儿将手中的轮胎从"山坡"上滚下去,然后努力追赶轮胎,并推回来,让第二个幼儿接力,这样直到每只小"猴子"都完成接力,比比哪个组最快。

儿童可能出现的表现:

幼儿是否能够顺利地将轮胎"滚下山坡",是否能快速追上,并且将轮胎滚回来。这些需要很好的协调能力和奔跑能力。

有些幼儿可能会等到轮胎停下来才去捡回来,这样就会错过追逐目标物奔跑的练习机会。

第五章　幼儿动作发展的游戏活动指导

教师的辅导和支持：

教师可以协助幼儿搭建"山坡"，以保证游戏的安全，同时还需引导和鼓励幼儿快速奔跑，以获得比赛的胜利。对于那些胆小的幼儿，还应给予支持，必要时可以协助他们完成第一次游戏，以增强他们的自信心。

注意事项：

游戏时注意不要让滚动的轮胎撞到奔跑的幼儿，以致发生摔倒和磕碰。

（五）魔王来了

1. 初级难度

目标：

发展幼儿奔跑中进程转身、躲闪的能力，同时培养幼儿的规则意识，即要遵守游戏规则进行活动。

准备：

在宽敞场地上用塑料或橡胶道具搭建一个"城堡"，并在距离"城堡"10米处画一条安全线。

玩法：

教师扮演"公主"，被魔王抓进"城堡"，于是有一群勇敢的"骑士"准备救出"公主"。游戏中选择两名幼儿扮演"魔王"，在城堡门前站岗，其他幼儿扮演"骑士"，两个"小魔王"要努力拦截想要进入城堡的"骑士"。当听到"魔王来了"时，"骑士"要快速跑到安全线后，躲避抓捕。如果在路上被"魔王"抓到，"骑士"与"魔王"就要交换角色。

儿童可能出现的表现：

有的"骑士"因害怕被"魔王"抓到，而不敢跨出安全线，有的"骑士"被"魔王"抓住后还要继续去救"公主"，没有规则意识。

教师的辅导和支持：

随着幼儿对游戏的掌握，教师可以通过增加"魔王"的人数来升级游戏难度。另外，对于没有规则意识的幼儿，要及时制止，并强调规则，如果仍然无效，应让这些幼儿暂时退出游戏，在旁边观察其他幼儿如何进行游戏来学习游戏规则。

注意事项：

提醒幼儿抓到或被抓之后，立即放手，回到该区的位置，不要进一步发生争执。

2. 中级难度

目标：

引导幼儿练习追逐跑，增强灵活躲避和避免相互碰撞的能力，让他们在追逐和躲闪过程中，迅速调整身体状态，提升动作的敏捷性和协调性。

准备：

选择平坦的草地进行活动，用空心圆圈代表扮演铁块的幼儿，实心圆圈代表扮演吸铁石的幼儿。

玩法：

指定3～4名幼儿作为吸铁石魔王，站在场地中央；其他幼儿作为铁块，在起跑线后分散站立。游戏开始时，教师发出"出发"信号，铁块们迅速向场地另一端跑去，同时吸铁石魔王在起点和终点之间捕捉铁块。一旦铁块被吸铁石魔王触碰到，需立即停止不动；未被触碰到的铁块到达终点线即获胜。

教师可以用一定的指导语引导幼儿进行游戏："今天我们来玩儿一个追逐游戏，老师这里有魔王吸铁石，要来吸住你们这些铁块。所以，铁块们在跑的时候要尽量躲避吸铁石。如果被吸住了，就要立刻站住不动，看看谁能成功摆脱魔王吸铁石，第一个到达终点。"

儿童可能出现的表现：

作为铁块的幼儿在快速奔跑时难以急停，即便被吸住仍继续前进。

被吸住站在场地中间的铁块容易被其他铁块和吸铁石魔王碰撞。

教师的辅导和支持：

增加吸铁石魔王的数量，提高游戏难度。调整游戏规则：未被吸住的铁块可以通过触碰已被吸住的铁块来解救对方，被解救的铁块可继续向终点奔跑。

注意事项：

引导幼儿在追逐和躲闪时注意观察周围情况，随时准备改变方向，以避开那些已经被吸住不动的铁块。

第五章　幼儿动作发展的游戏活动指导

（六）切西瓜

1. 初级难度

目标：
练习变向转弯跑的能力，提升幼儿的平衡能力。
准备：
在操场上画一个直径 15 米的圆圈。
玩法：
在小组内，一名幼儿被选为负责"切西瓜"的角色。游戏开始时，这名"切西瓜"的幼儿在围成的圆圈内按逆时针方向奔跑，并边跑边唱儿歌："切，切，切西瓜，一个西瓜切两半。"当儿歌念到最后一个"半"字时，"切西瓜"的幼儿须迅速用手掌做出"切"的动作，目标是两个相邻幼儿手拉手的连接处。此时，这两个被"切"到的幼儿要立刻沿着圆圈外围朝相反方向跑去。与此同时，"切西瓜"的幼儿要迅速占据其中一个离开幼儿的位置。那两个被"切"的幼儿需要绕圆圈跑完一圈儿，最先跑完的幼儿将成为下一轮的"切西瓜"者，而落后的幼儿则要站在圆圈中空出的位置。
儿童可能出现的表现：
能够沿着圆的边缘进行跑步。维持身体直立，禁止在圆的边缘跑步，更不允许跑出圆外一定距离。跑步时步伐不宜过大，以免影响速度。保持身体重心稳定，避免跌倒。
教师的辅导和支持：
根据有限进行的情况，教师可以随时调整圆圈的大小，增大或减小曲线跑的弧度。
注意事项：
注意游戏人数的控制，由于幼儿的注意力集中时间非常短，因此不要让他们等待太久。

2. 中级难度：种萝卜

目标：
让幼儿练习在障碍物间进行曲线跑的能力，提升规则意识。

准备:

在操场上画一个边长 6 米的正方形,并在正方形内用椅子摆放一个圆形,注意每把椅子之间间距为 1 米左右,另外准备小鼓 1 个,鼓槌 1 个。

玩法:

在游戏中,参与的幼儿数量比可用的椅子多两个。其中一名幼儿负责敲鼓,其他幼儿则扮演"萝卜",而椅子则代表"萝卜"的坑。游戏开始时,敲鼓的幼儿通过鼓声控制节奏:鼓点儿快时,所有"萝卜"需要围绕"坑"快速移动;鼓点儿慢时,则放慢步伐行走。当鼓声停止,所有"萝卜"必须迅速找到一个"坑"坐下。未能找到"坑"的"萝卜"将与敲鼓的幼儿交换角色,游戏随之重新开始。如果在寻找"坑"的过程中有"萝卜"碰倒了椅子(即"坑"),则游戏暂停,碰倒椅子的"萝卜"与敲鼓的幼儿互换角色,游戏再次开始。游戏进行 6~8 轮,最终没有担任过敲鼓角色的幼儿获胜,如果首位敲鼓的幼儿在游戏结束前没有再次敲鼓,也被视为赢家。

三、跳类游戏活动

(一)快乐的爆米花

目标:

练习双脚同时跳跃,并使动作自然流畅,且不会摔倒。

准备:

让幼儿充分观察爆米花的样子,包括颜色、形状、气味、口感等。

教师准备劲爆的音乐(时长大约 30 秒),并在平坦宽阔的场地上画一个直径为 6 米的圆,以此象征着一口巨大的平底锅。

玩法:

让幼儿体会,自己是一个在爆的爆米花,想象着爆米花爆出瞬间的跳跃场景,并模仿爆米花自由向上纵跳,努力表现爆米花"诞生"的场景。音乐响起,幼儿跳;音乐停,幼儿停止跳。

儿童可能出现的表现:

蹲伏时双脚之间的距离太大,导致跳不高;或者蹲下不充分,导致跳起的高度不够。

第五章 幼儿动作发展的游戏活动指导

教师的辅导和支持：

鼓励跳得好的幼儿展示自己的动作，让其他幼儿学习；确保幼儿在跳跃时保持足够的间距，以免相互撞倒；幼儿提出每个"玉米粒"要跳得不一样，可以设置"大火""小火"的游戏情境，引导幼儿在游戏情境中进行正确的蹲伏跳跃。

（二）小弹簧

目标：
尝试双脚用力蹬地向上跳，提高弹跳力。
乐于用肢体动作模仿弹簧弹跳，体验游戏的快乐。
准备：
环境：空旷平坦的场地。
玩法：
幼儿模仿弹簧，双脚用力蹬地向上纵跳。
儿童可能出现的表现：
幼儿起跳时双脚腾空，躲过海绵棒。还会有些幼儿对起跳时机把握不准确。

教师的辅导和支持：
提醒持棒的幼儿控制海绵棒扫动的速度。

（三）拍一拍

目标：
探索助跑纵跳动作，提高上下肢的协调能力。
准备：
准备长3米、宽60厘米的布条1条（两端分别固定在小棍上）。在宽敞平坦的场地上，两位教师手持固定着布条的小棍（也可把布条两边固定在一定的物体上），使布条悬空，布条距离幼儿上举手指尖25～35厘米。
玩法：
让幼儿助跑一段距离后，在布条下蹬地向上纵跳，用手触碰布条。教师可以引导幼儿用拍布条的方法，想办法和绳子上的小手掌拍手。

儿童可能出现的表现：

大多数幼儿能调整节奏、步幅，并助跑起跳向上拍。

教师的辅导和支持：

根据幼儿实际游戏情况调整小手掌的高度。

引导幼儿自主选择助跑距离，预估步幅，以便能在线下起跳。

(四)跳垫子

1. 初级难度

目标：

鼓励幼儿自由探索双脚同时起跳的动作，享受跳跃的快乐。

准备：

教师事先准备若干不同大小的自制纸皮垫子，选择一个宽敞且地面较柔软的场地进行活动。

玩法：

让幼儿尝试用双脚起跳，跳过纸皮垫子。

儿童可能出现的表现：

表现出参与跳跃活动的积极性；能够做到双脚同时起跳和落地；成功跳过摆放的垫子。

教师的辅导和支持：

提醒幼儿在活动中注意安全，避免与其他幼儿发生碰撞；让幼儿自主选择不同大小的垫子进行跳跃练习。

注意事项：

活动结束后，引导幼儿进行腿部肌肉的放松拍打。

2. 中级难度

目标：

练习双脚同时起跳和落地的连续跳跃动作，增强腿部肌肉力量与平衡能力。

准备：

教师事先准备若干自制纸皮垫子，将纸皮垫子有序地摆放成一条路径，垫子间距控制在 15～25 厘米。

第五章　幼儿动作发展的游戏活动指导

玩法：
让幼儿需要连续用双脚跳过由垫子构成的"路"。
儿童可能出现的表现：
能双脚同时起跳、同时落地，以及双脚落地较平稳。
教师的辅导和支持：
鼓励幼儿自己摆放垫子，进行双脚跳游戏。

（五）小脚丫

1. 初级难度

目标：
让幼儿学习摆动双臂，双腿屈膝双脚一起跳跃动作，并且能跳到目的位置上。
准备：
准备小脚丫图片若干，软性的小障碍物若干，障碍物的高度为5厘米左右为宜。教师提前将小脚丫图片弯弯曲曲摆好，距离以幼儿一次跳越能达到的距离为宜。
玩法：
教师指导幼儿站在起点，然后双脚跳跃，依次从第一张小脚丫图片到第二张、第三张……直至完成所有图片的跳跃。
儿童可能出现的表现：
屈膝起跳，上臂不动夹在身体两侧。屈膝起跳，伴有上臂摆动。能跳到小脚丫的位置上。
教师的辅导和支持：
可引导幼儿根据能力调整小脚丫图片间的距离。提供圆圈、牛奶盒、纸棒等材料，引导幼儿自主摆放、设置障碍，玩双脚行进跳的游戏。

2. 中级难度

目标：
能双腿屈膝、上臂配合摆动助力起跳，跳过一定高度和宽度。鼓励幼儿大胆尝试，勇于挑战。

准备：

准备小脚丫图片（长 20～25 厘米）、儿童跨栏（高 15～20 厘米）若干。在教师的带领下，组织幼儿将图片铺在场地中，并形成一条弯曲的小路。相邻的图片之间放障碍物。

玩法：

组织幼儿从起点开始，先跳到第一张图片上，然后双脚一起跳过障碍物，落到第二张图片上，再继续跳跃，以此类推完成游戏。

儿童可能出现的表现：

有些幼儿不会双脚一起跳，有些幼儿的摆臂动作不协调，教师应及时指导和纠正，帮助幼儿逐渐掌握跳的动作。

教师的辅导和支持：

保证幼儿在练习中不会受伤，大胆尝试跳跃的动作。

（六）单脚跳绳梯

目标：

尝试单脚跳起躲过移动的障碍，增强腿部力量和弹跳力。

准备：

教师事先准备长度为 1 米、直径为 5 厘米的棍子 5 根。

玩法：

幼儿排成一列纵队，单脚站立准备。教师蹲在队伍前面，将棍子一根接一根滚向幼儿，当棍子滚到幼儿面前时，幼儿立即单脚向上跳起，跳过滚动的棍子。

儿童可能出现的表现：

支撑腿起跳不够快，摆动腿前后摆动不明显，不能单脚跳起并躲避障碍；支撑腿起跳动作紧张，摆动腿前后摆动明显，能单脚跳起并躲避障碍，落地摇晃；支撑腿起跳动作快，摆动腿前后摆动明显，能单脚跳起并躲避障碍，落地稳。

教师的辅导和支持：

帮助幼儿梳理摆动腿与支撑腿相互配合跳过障碍的经验，鼓励动作正确的幼儿示范与分享。

第五章　幼儿动作发展的游戏活动指导

四、投类游戏活动

（一）过山洞

目标：
教会幼儿学习使用身体带动手发力,将不同大小和重量的材料投掷过立于地面的"山洞",以增强手腕和手臂的力量。
准备：
教师准备不同大小的沙包、报纸球、海绵球、篮球、波波球等若干,以及若干轮胎。将3～4个相同大小的轮胎紧靠在一起,立于草地上形成"山洞"。
玩法：
让幼儿自由选择材料,尝试将其从"山洞"中间投掷过去。
儿童可能出现的表现：
采用肩下投的方式尝试,弯腰,手臂朝下后引,脚前后站立支撑身体,挥动手臂的同时甩腕将材料投过"山洞";投沙包时用力适中,投报纸球时则需用更大的力量;在投掷过程中,尝试使用单手和双手进行投掷;将篮球放在"山洞"口,瞄准后用力推动球使其滚入洞中。
教师的辅导和支持：
鼓励幼儿交替使用左右手进行投掷,以平衡锻炼身体两侧。

（二）快乐滚球

1. 初级难度

目标：
通过身体带动手发力滚动羊角球。
准备：
教师事先准备若干大小不等的羊角球,在户外游戏活动区进行。
玩法：
让幼儿自主玩儿滚羊角球的游戏。

教师的辅导和支持：

对于在斜坡上滚球的幼儿，引导他们继续寻找场地中的斜坡，并鼓励在斜坡上滚羊角球。

2. 中级难度

目标：

教会幼儿使用身体带动手发力将羊角球滚上一定坡度的斜坡，发展手腕关节的灵活性及手臂力量。

准备：

教师事先准备若干大小不等的羊角球，选择有斜坡的大型器械。

玩法：

在教师的指导下，让幼儿在大型器械的斜面上玩儿从低处向高处滚球的游戏。

儿童可能出现的表现：

站在斜坡下挥动手臂向上拨球，接住滚下来的球后再次努力将球往坡上拨。

教师的辅导和支持：

引导幼儿在平地上单手或双手拨球，比较谁的羊角球滚得远；引导幼儿在楼梯上拨球，看谁的羊角球能滚到楼梯平台上。

(三) 打地鼠

目标：

学习上步蹬伸、身体带动手发力，用羊角球敲打沙池中的玩具。

准备：

教师事先准备羊角球和小积塑玩具若干，将小积塑玩具撒进沙池里。

玩法：

敲打玩具：幼儿手抓羊角球的角，用球敲打沙池里的小积塑玩具，使其埋进沙子里。

儿童可能出现的表现：

双手或单手抓住羊角球的角，对准沙池里的玩具进行捶打，膝盖跟随身体上下起伏；手或双手抓羊角球的角，上下挥臂甩动羊角球，努力将玩具打进沙子里。

第五章 幼儿动作发展的游戏活动指导

教师的辅导和支持：

由于羊角球击打沙池发出响声，幼儿感觉像放鞭炮，教师可鼓励幼儿寻找其他适合玩"放鞭炮"游戏的场地。

（四）投手榴弹

1. 初级难度

目标：

指引幼儿掌握基本的投掷技巧，通过上步蹬伸和身体带动手部发力，将投掷物投向远处目标。

准备：

教师事先准备若干海绵球、垒球、羊角球、波波球、篮球、沙包等多种投掷物，轮胎数个，以及一条标记投掷线的毛线绳。选择一片宽敞平坦的场地，用毛线绳划定投掷线，并在距离投掷线约4～5米处摆放轮胎作为目标"碉堡"。

玩法：

教师指导幼儿站在投掷线前，尝试将手中的"炸弹"（各种球类、沙包等）投向远处的"碉堡"。鼓励幼儿尝试不同的投掷方式，观察并学习如何调整出手角度和力度，以获得最佳投掷效果。

儿童可能出现的表现：

有的幼儿会双手将羊角球举过头顶，通过身体的后仰和手臂的挥动来投掷；有的幼儿会双手抱球于胸前或腰部，通过身体的转动和手臂的伸展来投掷；还有的幼儿可能会单手投掷，手臂上举，后引到头后侧，再通过身体的侧向移动和手臂的挥动来投掷。

教师的辅助和支持：

观察幼儿的投掷方式，及时给予指导和建议，帮助他们调整出手角度和力度；可以通过集体教学活动，让幼儿互相学习和分享投掷技巧。

2. 中级难度

目标：

在初级挑战的基础上，进一步提高投掷的准确性和距离，同时培养幼儿的自信心和运动兴趣。

准备：
增加海绵球的数量，以及长绳、球网、红蓝两队球服和动感音乐等。
玩法：
（1）开始部分：通过热身活动，让幼儿活动上肢和下肢的关节，为接下来的投掷做好准备。
（2）基本部分：
"投掷手榴弹"：
①让幼儿自由练习投掷海绵球，教师巡回指导，引导他们注意投掷的出手角度和力度。
②设定投掷目标，让幼儿尝试不同的脚步动作和投掷姿势，感受脚步动作对投掷的影响。
（3）游戏环节：
可以设计一些有趣的游戏环节，如分组对抗赛等，让幼儿在游戏中提高投掷能力。
教师的辅助和支持：
鼓励幼儿多尝试不同的投掷方式和脚步动作，培养他们的创新能力和自信心；在游戏过程中，及时给予幼儿肯定和鼓励，让他们感受到运动的乐趣和成就感。

第三节 攀、钻、爬、翻滚类游戏活动

一、攀爬类游戏活动

（一）红绿标志

目标：
根据标志手脚交替地直线上下攀爬，发展动作的协调性及灵活性。
准备：
教师提前准备斜度60°、高2米的攀爬架，红、绿即时贴若干，在塑胶地面上放置攀爬架，在攀爬网格上贴上红、绿即时贴。

第五章　幼儿动作发展的游戏活动指导

玩法：

交替攀爬：根据攀爬架的宽度，将幼儿分成若干组，每组幼儿依次站在攀爬架前。游戏开始后，每组第一个幼儿根据左脚踩红色、右脚踩绿色的方式，在攀爬架上攀爬。爬下后站到小组队伍最后，后面的小组成员依次进行游戏。

儿童可能出现的表现：

上攀时，交替脚速度较快；下爬时，手不会跟随脚下移，造成整个人悬挂于攀爬网上；快交替脚上攀，下爬时因寻找标志而速度较慢；要求踩标志，较快交替手脚上下攀爬。

教师的辅导和支持：

与幼儿共同梳理交替手脚攀爬的动作要点，特别强调下爬时手要跟着脚往下移动；强调攀爬时手要抓得紧，脚要踩得稳，眼睛仔细看，注意力集中。

教师还可以根据幼儿的表现增加游戏情节：在攀爬架顶上放置一些小物品，鼓励幼儿攀登到顶，取下物品再爬下。

运用不同材料，创设不同攀登环境，鼓励幼儿继续进行交替手脚攀爬的锻炼。例如，在斜坡上架设竹梯，引导幼儿利用竹梯在斜坡上攀爬。

注意事项：

下爬时强调手要跟着脚一起往下移动；告诉幼儿在攀爬时遇到困难可及时求助教师。

（二）丰收的果园

目标：

能在攀登器械上尝试左右移位攀登，增强上下肢力量，提高身体灵敏性，能在攀爬中保持身体平衡，知道在攀登器械下铺软垫保护自己。

准备：

准备高 2.2 米、长 10 米的攀爬墙，起点、终点标志，手套、软垫、水果模型、小背篓若干。在场地上放置攀爬墙，在攀爬墙上方区域挂上不同的水果模型，在攀爬墙前放置软垫。

玩法：

教师指导幼儿戴好手套，每人取一个小背篓，背在后背上或斜挎在腰间，站在攀爬墙旁的起点处。游戏开始，幼儿手脚交替地攀上攀爬墙，采取左右移位的方式逐一摘取攀爬墙上方区域的水果模型放进背篓,采摘完毕后爬下攀爬墙到达终点。后面一个幼儿接着游戏时,将水果模型装进自己的背篓,斜挎背篓,攀上攀爬墙逐一将水果挂在攀爬墙上方区域后爬下。

儿童可能出现的表现:

有的幼儿胆小,每场移动一个格子,教师应鼓励他们大胆尝试,并保证幼儿的安全。只在单一的攀爬墙上进行移位,不会尝试跨越不同类型的攀爬墙面进行移位。能跟随星星数字的顺序路线进行移位攀登,但只能摘下部分星星,或者中途驻足休息后继续摘。能自主选择不同的路线进行移位攀登,较快从攀爬墙一侧爬至另一侧。

教师的辅导和支持:

可以通过鼓励幼儿自己设计攀爬路线,通过参与,能极大地加强幼儿的自信心,战胜胆怯心理。不进行竞赛,鼓励幼儿达到自己的目标即可。游戏难度随幼儿臂力的增强而逐步增加。

注意事项:

教师应随时留意幼儿的安全,不要冲撞前面的幼儿,也不要一次攀爬太多格子而发生危险。提醒幼儿戴上防护手套,以免被网绳勒疼。

(三)跨越管道

目标:

让幼儿尝试在攀爬墙上左右攀爬、跨过纸盒障碍,增强手的抓握力,发展动作的协调性、灵活性及平衡性。

准备:

教师准备高2.2米、长10米的攀爬墙,起点、终点标志,纸盒若干,铃铛1个,软垫若干。在场地上放置攀爬墙,贴上起点、终点标志,在攀爬墙前放置软垫。在终点处的攀爬墙顶端悬挂一个铃铛,在攀爬墙中间贴上三列纸盒障碍。

玩法:

幼儿扮演消防员,从红色起点处出发,左右移位攀登,想办法跨过纸盒障碍,不把纸盒碰掉,到另一边蓝色终点处"拉响警报"(拍响铃铛)后爬下。

儿童可能出现的表现:

手抓紧,身体稍向后靠,一脚小心地跨过纸盒,踩稳后另一脚再紧跟跨过;加大跨越的步伐,小心跨过纸盒。

第五章　幼儿动作发展的游戏活动指导

教师的辅导和支持：

将竖放的纸盒横放，改变障碍物的宽度，增加攀爬中跨越的难度；在攀爬墙上增设呼啦圈，引导幼儿在攀爬时钻过呼啦圈。

注意事项：

提醒幼儿有序跨过障碍，不推不挤；提醒幼儿跨过障碍时要抓紧、踩稳。

二、钻类游戏活动

（一）穿越火圈

目标：

挑战在攀爬墙上左右攀爬并钻过呼啦圈，进一步发展动作的协调性、灵活性及平衡性。

准备：

教师事先准备高 2.2 米、长 10 米的攀爬墙，直径 55 厘米的呼啦圈若干，起点、终点标志，铃铛 1 个，软垫若干。然后，在场地上放置攀爬墙，贴上起点、终点标志，在攀爬墙前放置软垫。在终点处的攀爬墙顶端悬挂一个铃铛，在攀爬墙上每隔 1 米固定一个呼啦圈。

玩法：

让幼儿扮演消防员，从红色起点处出发，钻过呼啦圈，再攀到蓝色终点处，"拉响警报"（拍响铃铛）后爬下。

儿童可能出现的表现：

头先钻过，身体直立，直接将圈蹭掉挂在身上，挑战失败；侧身蹲下，以"头—肩—身体—脚"的顺序依次钻过圈，会时刻关注身体与圈的距离，挑战成功脚钻过圈，蹲下身体，头钻过圈，身体斜着钻过圈，带动另一只脚钻过圈，挑战成功。

教师的辅导和支持：

适时调整呼啦圈的大小，逐步将圈缩小，增大挑战的难度；结合钻的游戏提高幼儿动作的灵活性、协调性。

注意事项：

幼儿钻圈时注意提醒幼儿抓紧、踩稳，避免踏空。

提醒幼儿保持适当的距离,有秩序地依次通过。

(二)小猴探路

1. 初级难度

目标:
使幼儿尝试正面钻,发展平衡能力、柔韧性,增强腿部肌肉力量。
准备:
教师事先准备边长 65 厘米的方框若干,将方框连接成长约 5 米的折线形路线,方框之间夹角约为 100°。
玩法:
山洞探险:幼儿从起点出发,保持适当的距离,一个接一个低头、弯腰、屈膝、蜷缩身体钻过方框形成的"山洞",到达终点。
儿童可能出现的表现:
正面朝向方框,眼睛看着方框,弯着腰先把头伸出去,两手扶着方框,再把一只脚迈出方框外,最后迈出另一只脚;爬的方式过方框;积极主动参与,但有时会有拥挤现象;钻的动作不规范,会过早低头、弯腰,钻过后又过早直立,容易碰到方框。
教师的辅导和支持:
针对幼儿会下意识地手膝着地爬的情况,提醒幼儿用钻的方式过"山洞";教师示范或个别幼儿示范:低头、弯腰、屈膝过"山洞",手、膝盖不着地,不触碰方框的边缘。也可以用简单的口令"一弯,二跨,三起,钻过小山洞",引导幼儿掌握动作要领;改变方框边长及排列路线,缩小方框连接的角度,增加方框密度,提高难度,进一步锻炼幼儿的空间判断能力及动作的协调性。
注意事项:
关注方框材料的安全问题,关注幼儿的运动强度和情绪。

2. 中级难度

目标:
用正面钻的方式过"山洞",发展平衡能力和协调能力,增强腿部肌肉力量。

第五章 幼儿动作发展的游戏活动指导

准备：

材料：边长 65 厘米的方框若干。

环境：将方框连接成 U 形路线，方框之间的夹角可自主调整。

玩法：

勇敢探险：幼儿从起点出发，正面钻过一个个方框形成的"山洞"，到达终点。

儿童可能出现的表现：

能观察和判断方框的空间位置，低头、弯腰、屈膝，正面钻的动作比较到位；但有时会手扶方框钻过去；小心翼翼地钻，不能大胆、灵活、迅速地钻过方框；能自主做出侧面钻的动作。

教师的辅导和支持：

引导幼儿持物钻，减少身体触碰方框的机会；改变方框夹角，调整"山洞"的高度，引导幼儿根据"山洞"的高度，变化重心钻过；继续引导幼儿观察方框后再钻，培养幼儿的空间知觉；鼓励幼儿在钻过方框时加快速度。

注意事项：

关注方框连接的牢固性，提醒幼儿不破坏方框。

3. 高级难度

目标：

用正面钻的方式过"山洞"，发展平衡能力和协调能力，增强腿部肌肉力量。

准备：

教师事先准备边长 65 厘米的方框若干，将方框连接成 U 形路线，方框之间的夹角可自主调整。

玩法：

引导幼儿从起点出发，正面钻过一个个方框形成的"山洞"，到达终点。

儿童可能出现的表现：

能观察和判断方框的空间位置，低头、弯腰、屈膝，正面钻的动作比较到位；但有时会手扶方框钻过去；小心翼翼地钻，不能大胆、灵活、迅速地钻过方框；能自主做出侧面钻的动作。

教师的辅导和支持：

引导幼儿持物钻，减少身体触碰方框的机会；改变方框夹角，调整"山洞"的高度，引导幼儿根据"山洞"的高度，变化重心钻过；继续引导幼儿观察方框后再钻,培养幼儿的空间知觉;鼓励幼儿在钻过方框时加快速度。

注意事项:

关注方框连接的牢固性,提醒幼儿不破坏方框。

(三)小企鹅过冰洞

1. 初级难度

目标:

尝试用自己喜欢的方式过障碍物。

准备:

直径 50 厘米的动物钻圈若干,大小不同的彩色圈、固定架若干,将圈摆放成直线路径,圈与圈间隔 3 米左右,创设成"冰洞"场景。

玩法:

幼儿扮小企鹅,自主选择"冰洞",一个接一个钻过"冰洞",到达"大海"。

儿童可能出现的表现:

用手膝爬、正面钻的方式过圈。

正面钻的动作不规范,会撞到圈,如低头、弯腰、屈膝不够;过早低头、弯腰,钻过后又过早直立;速度过快;等等。

喜欢参与钻的游戏,乐此不疲地重复游戏。

教师的辅导和支持:

组织幼儿交流讨论:你是用什么方式钻过"冰洞"的?引导幼儿感知过"冰洞"的多种方式,并请会正面钻的幼儿示范钻的动作。用语言暗示、指导幼儿钻,如"试一试弯腰、下蹲、低头过冰洞",也可用简单的口令"一蹲,二跨,三起,钻过小冰洞"引导幼儿钻。提醒幼儿钻的时候与同伴保持一定的距离。

2. 中级难度

目标:

尝试用正面钻的方式钻过障碍物。

准备:

教师准备动物钻圈若干,平衡木 1 架、体操垫 1 块,企鹅头饰若干,在

第五章 幼儿动作发展的游戏活动指导

起点位置投放3米长的平衡木和体操垫,在其后分别放置三个动物钻圈,每个钻圈间隔1米左右,在最后一个钻圈后面1米处设置终点。

玩法:

让幼儿扮小企鹅,自由选择路径,一个接一个地走过平衡木或爬过体操垫,然后正面钻过动物钻圈,到达终点。

儿童可能出现的表现:

能有序、依次游戏,并保持一定的距离;能正面朝向圈,眼睛看着圈,弯着腰先把头伸出去,接着把两只手伸出去,然后一只脚迈出圈外,最后迈出另一只脚两手扶着圈钻过去;双腿直立、弯腰、低头钻过圈;力量不足,出现摔倒的现象;出现侧面钻。

教师的辅导和支持:

提醒幼儿用规范的动作正面钻圈。

引导幼儿持物钻,减少幼儿手部触碰圈的机会。

(四)小猴探险记

1. 初级难度

目标:

能身体面向竹马,低头、弯腰、屈膝钻过。

准备:

教师准备60厘米和70厘米高的竹马若干,在场地上纵向摆放若干个高低不同的竹马。

玩法:

山洞探险:幼儿自由选择路线,依次、有序地钻过"山洞"到达终点。其间与同伴保持适当的距离,注意安全。

儿童可能出现的表现:

多数幼儿用正面钻的方式,钻过竹马的过程中能较好地低头、弯腰、屈膝。个别幼儿钻过竹马时会下意识地手膝着地。个别幼儿会小心翼翼地钻,不够大胆。

教师的辅导和支持:

用语言提醒幼儿用钻的方式过竹马。创设情境,添加辅助材料,可在竹马上方悬挂小铃铛,玩"小猴别碰铃铛"游戏,要求幼儿通过时不触碰小铃铛,增加钻的难度。

注意事项:

活动中关注幼儿的运动强度和情感需要。活动后组织幼儿放松肌肉。

2. 中级难度

目标:

让幼儿尝试用侧面钻的方式钻过障碍物,提高身体协调性和灵敏性。

准备:

教师准备60厘米和70厘米高的竹马(上方悬挂小铃铛;底部绑皮筋,有的绑一根皮筋,有的绑两根皮筋)若干。在场地上设置直线形的竹马"山洞",将绑一根皮筋的"山洞"和绑两根皮筋的"山洞"前后交替摆放。

玩法:

让幼儿扮小猴,自由分组,选择路径,依次钻过高低不同的竹马到达终点,从两侧返回起点,再开始游戏。若在路上碰到竹马、绳子或铃铛,则返回起点重新游戏。

儿童可能出现的表现:

大部分幼儿能自主尝试用侧面钻的方式过"山洞"。侧面钻时两腿在屈与伸的交替动作方面有时还不够灵活。双脚交替跨过皮筋时由于平衡能力弱、重心不稳,会手扶竹马或撑地面。容易钻过绑一根皮筋的竹马,不容易钻过绑两根皮筋的竹马。钻时背弓得太高,触碰到铃铛。

教师的辅助和支持:

鼓励幼儿大胆尝试,加强屈和伸的练习。

三、爬类游戏活动

(一)我是快乐的小乌龟

1. 初级难度

目标:

指导幼儿学习乌龟手膝着地爬行,增强上下肢协调能力。让他们学会有序爬行,并能够自觉遵守游戏规则。

第五章　幼儿动作发展的游戏活动指导

准备：

在游戏之前让幼儿观察乌龟爬行，可以组织他们观看《动物世界》的视频，并放慢镜头，让幼儿仔细观察乌龟的爬行动作。然后，教师准备四块宽 70 厘米、厚 8 厘米、长 2 米的体操垫，将体操垫分成两组，每组两块连接，形成 4 米长的"草地"。

玩法：

让幼儿排队依次在体操垫上进行手膝着地爬行。

儿童可能出现的表现：

能够手膝着地向前爬行；部分幼儿手膝着地动作不规范，可能出现脚背远离垫子、低头看垫子、手半握拳或紧握拳、手腕向外撑地等情况。

教师的辅导和支持：

请动作规范的幼儿示范爬行，帮助其他幼儿感受正确的手膝着地爬行动作。

注意事项：

活动前检查场地和体操垫是否安全、卫生。

2. 中级难度

目标：

使幼儿能够动作协调、有序地进行手膝着地爬行。

准备：

教师准备若干体操垫，宽 10 厘米、长 15 厘米的积木，直径 40 厘米或 50 厘米的圆圈、钻圈，瓶子若干。然后在宽敞的场地创设三条不同道路，用圆圈、钻圈、积木或瓶子设置障碍。

玩法：

在教师的指导下，让幼儿选择不同道路，扮演乌龟进行手膝着地爬行。

儿童可能出现的表现：

能够在障碍物间灵活爬行；爬行速度有快有慢；部分幼儿爬行动作不够协调；由于积木较矮，有的幼儿尝试从积木上爬过。

教师的辅导和支持：

鉴于大部分幼儿已掌握手膝着地爬基本要领，后续活动可调整辅助材料和爬行路线，提高难度，锻炼幼儿动作协调性和平衡能力。具体方法包括：设置高低不同的障碍物、曲线爬行路线、引导幼儿在不同平衡木上爬行、尝试倒着爬、快速爬等。

注意事项：

提醒幼儿爬行时与同伴保持适当距离,避免拥挤。

(二)我是毛毛虫

1. 初级难度

目标：

引导幼儿尝试模仿毛毛虫爬行的动作,增强上肢及腹背部力量；鼓励幼儿参与爬行活动,享受游戏的乐趣。

准备：

游戏前,幼儿应该已观看毛毛虫爬行的录像或有实际观察经验。教师准备四块长1.5米、高5厘米的体操垫。在宽敞平坦的场地上用体操垫铺设两条"小路"。

玩法：

指导幼儿扮演虫幼儿,从"小路"的一端出发,向另一端爬行,循环进行游戏。

儿童可能出现的表现：

模仿毛毛虫爬行时,幼儿表现出多种不同的爬行方式,如双臂贴垫蠕动、手膝着地爬、并手并膝爬等；能按顺序排队爬行,但可能不知道与同伴保持适当距离。

教师的辅导和支持：

游戏后组织幼儿交流分享模仿毛毛虫爬行的体验,鼓励并指导幼儿使用并手并膝的爬行方式；在户外运动区创设游戏环境,引导幼儿在情境中学习并手并膝爬行的动作。

注意事项：

游戏前检查体操垫的安全性；游戏中提醒幼儿保持距离,避免用脚蹬踏同伴。

2. 中级难度

目标：

让幼儿练习膝盖夹物并手并膝协调爬行。

第五章 幼儿动作发展的游戏活动指导

准备:

教师准备八张长 1.2 米、宽 60 厘米的桌子,两块遮布,若干棉球,两个篮子,将桌子分组连接,并用遮布覆盖桌面,形成"阳光隧道"。

玩法:

让幼儿扮演虫幼儿,从隧道起点出发,双膝跪地,夹住"果子"(棉球),并手并膝爬过隧道,将"果子"放入指定篮子。若"果子"掉落,需捡起重新夹住后继续爬行。

儿童可能出现的表现:

积极参与游戏,尝试并手并膝爬行,部分幼儿会抬头观察隧道,小心前进;个别幼儿可能出现手持"果子"爬行的情况;可能出现肘膝着地、并肘并膝爬行的动作;规则意识不足,可能出现拥挤现象。

教师的辅导和支持:

针对幼儿并手并膝动作不规范的情况,进行个别指导;通过设置不同路径、调整坡度等方式,提升游戏难度,满足不同动作发展水平的幼儿需求。

注意事项:

提醒幼儿注意安全,避免触碰"阳光隧道"边缘。

3. 高级难度

目标:

在一定高度和坡度的器械上进行并手并膝爬行,增强上肢及腹背部力量。

准备:

教师事先准备若干长 2 米、宽 20 厘米的木板,若干轮胎。将木板并排连接,一端搭在轮胎上形成斜坡。

玩法:

让幼儿扮演虫幼儿,沿同一方向从斜坡低端向上爬行至顶端,然后从两侧返回起点,循环游戏。

儿童可能出现的表现:

基本能够并手并膝爬行,但动作较慢,腹背部力量有待加强;规则意识提高,懂得与同伴保持距离,有序排队。

教师的辅导和支持:

提醒幼儿在上爬时加快速度,下爬时注意重心平衡;创设不同高度的斜坡,让幼儿根据自身能力选择适合的斜坡进行爬行;通过这些活动,幼儿不仅能够锻炼身体,还能在游戏中学习规则意识和团队协作。教师的指导和支持对幼儿动作技能的发展至关重要,同时也要确保游戏环境的安全,让幼儿在快乐中成长。

（三）勤劳的小蚂蚁

1. 初级难度

目标：
引导幼儿学会控制脚的高度,手脚协调地使用肘膝着地爬的方式前进。

准备：
教师准备软垫、若干棉球,以及两个篮子。将软垫铺设成一条"路",在"路"的起点放置一个装有棉球的篮子,终点放置一个空篮子。

玩法：
在教师的指导下,让幼儿双手各持一个棉球,从垫子上肘膝着地爬行至对面,将棉球放入篮子,然后返回起点继续游戏。

儿童可能出现的表现：
大部分幼儿能够肘膝着地爬行,但部分幼儿控制身体平衡的能力较弱,可能出现上身左右歪斜或前倾;个别幼儿未能拱起腰腹部,仅依靠上肢拖动身体爬行;有的幼儿在爬行时会尝试向上勾脚;少数幼儿能够做到背腹部拱起、脚背贴地,异侧肘膝同步向前爬。

教师的辅导和支持：
提醒幼儿注意拱起背腹部进行爬行;组织幼儿进行分组比赛,通过评比搬运棉球数量来提高幼儿爬行速度;调整游戏玩法,提供杯子装棉球,引导幼儿尝试肘着地向前爬。

注意事项：
提醒幼儿穿着运动服和运动鞋;在幼儿动作不够规范时,鼓励他们放慢速度,仔细体验动作。

第五章　幼儿动作发展的游戏活动指导

2. 中级难度

目标：

使用肘膝着地爬的动作参与"拾豆豆"比赛，培养身体动作的灵敏性和协调性，锻炼平衡能力。

准备：

教师准备软垫、若干棉球，以及两个篮子，将软垫铺设成方形平面，将棉球随意撒在软垫上，幼儿站在软垫一端，篮子放在另一端。

玩法：

幼儿分男女两组，听口令后以肘膝着地爬的方式在软垫上爬行，途中捡起"豆豆"（棉球），放入篮子。游戏结束后，一起数"豆豆"，数量多的组获胜。

儿童可能出现的表现：

幼儿可能只捡拾前方的"豆豆"，忽略旁边的；竞争意识增强，能快速爬行捡拾"豆豆"；大部分幼儿能肘膝着地爬，偶尔有手背支撑爬行的情况。

教师的辅导和支持：

提醒幼儿注意观察左右两边的"豆豆"，使用侧向爬行方法捡拾。

注意事项：

撒"豆豆"时要注意分布疏密，避免过于密集，确保幼儿有足够的爬行空间。

（四）闯西游

1. 初级难度

目标：

学习使用手脚着地向上爬斜坡，增强肩背肌肉力量和手脚协调能力。

准备：

选择一个具有适当坡度的斜坡作为活动场地。

玩法：

指导幼儿在斜坡底部听指令开始，采用手脚着地爬的方式向上攀爬，目标是最先到达斜坡顶部。

儿童可能出现的表现：

能够同步异侧手脚向前爬,保持身体平衡;大部分幼儿能协调手脚向上爬,但在加快速度时上身重心可能不稳;极少数幼儿能够使用后腿蹬直的方式爬,多数采用屈膝手脚爬;个别幼儿可能用脚尖着地,双脚间距过宽。

教师的辅导和支持：

请动作规范的幼儿进行示范,指导其他幼儿放慢速度,尝试后腿蹬直,用前脚掌着地;幼儿一起模仿动物弓步走,强调后腿蹬直的动作。

注意事项：

在幼儿动作不够规范时,鼓励他们慢慢体验,避免以比赛形式促使幼儿快速爬。

2. 中级难度

目标：

指导幼儿自主选择合适的手脚着地爬动作通过"火焰山",抬高腹背部,蹬直膝盖通过不同高度的"火焰",享受挑战成功的乐趣。

准备：

教师准备高低不一的纸质"火焰"和30～50厘米宽的地垫若干。用地垫铺设一条"路",并在其上放置高低不同的"火焰"。

玩法：

指导幼儿挑战不同高度的"火焰",可以选择正向或侧向手脚着地爬的方式通过,过程中不能触碰到"火焰"。

儿童可能出现的表现：

能够自主运用多种手脚着地爬行方式翻越"火焰山"。例如,正向手脚着地爬、侧向手脚着地爬,少数幼儿能仰身爬;侧向爬中,由于四肢力量发展不同,幼儿表现各异,有的能异侧手脚同步移动,有的同侧手脚同步移动,还有的只能逐一移动手脚。

教师的辅导和支持：

提供"火焰山挑战卡",鼓励幼儿挑战不同宽度和高度的"火焰";组织分组比赛,让幼儿自主商讨和制定比赛规则,提高爬行速度。

注意事项：

根据幼儿的实际身高提供不同高度和宽度的"火焰",满足个性化需求;活动中确保女孩头发整洁,避免活动中不便。

第五章　幼儿动作发展的游戏活动指导

（五）蜘蛛搬家

目标：

能仰面朝上、头朝向终点、臀部不着地爬行，发展平衡能力及腹背部力量。

准备：

空旷的草地，幼儿已观察过蜘蛛爬行。

玩法：

在教师的带领下，让幼儿在草地上扮演蜘蛛，做仰身爬行的动作。

儿童可能出现的表现：

能腹部撑起、臀部不着地仰身爬，但速度加快后重心有些不稳；幼儿屁股着地爬；头朝着终点方向爬。

教师的辅导和支持：

让幼儿大胆练习，尽管在草地上被划得皮肤发痒，仍然大胆挑战自己。组织幼儿分享、交流仰身爬行的方法。重点引导幼儿探索怎样让自己的臀部不着地爬行、如何在爬行中保持身体平稳，并开展集体教学活动，梳理仰身爬的经验。

四、翻滚类游戏活动

（一）小刺猬打滚儿

目标：

指导幼儿学习向一个方向连续翻滚，增强腰腹部肌肉力量和肢体协调性。

准备：

教师事先准备若干带有魔术贴的背心和粘粘球，在人工草坪上散布若干粘粘球。

玩法：

在教师的带领下，让幼儿穿上魔术贴背心，在人工草坪上自由翻滚，尝试将粘粘球粘附在背心上。

203

儿童可能出现的表现：

身体蜷缩翻滚；利用腰腿力量或脚蹬来带动身体滚动；在连续翻滚中遇到困难。

教师的辅导和支持：

对于滚动有困难的幼儿，教师可用手扶助其腰背部，帮助其滚动；指导幼儿尝试保持身体挺直进行翻滚。

注意事项：

提醒幼儿在活动中保持适当距离，避免互相拥挤和碰撞；保游戏场地干净整洁，无杂物。

(二)骨碌骨碌滚下来

目标：

指导幼儿在斜坡上尝试侧身翻滚，以提升他们的平衡能力，同时，也能体验在斜坡上翻滚的乐趣。

准备：

教师事先准备若干体操垫，在有斜坡的场地上铺设体操垫，或在室内空旷区域用物体垫高体操垫，形成斜坡。

玩法：

幼儿躺在斜坡上，尝试侧身翻滚至坡底。

儿童可能出现的表现：

大部分幼儿积极参与，少数幼儿可能因害怕而犹豫不前；滚动过程中难以保持身体挺直。

教师的辅导和支持：

对于不敢尝试的幼儿，教师应给予鼓励，或让他们先观察其他幼儿玩耍；邀请成功挑战的幼儿分享经验，展示动作；在体操垫旁边做好安全保护；提醒幼儿在滚动前躺好，等待前面的幼儿滚下后再开始；确保幼儿之间保持距离，避免拥挤和碰撞。

注意事项：

确保体操垫宽度大于幼儿身高，以提供足够空间；游戏场地应保持干净整洁，无杂物。

第五章 幼儿动作发展的游戏活动指导

（三）包一包

1. 初级难度

目标：
通过被动侧身翻滚,增强身体平衡能力和协调性。
准备：
儿童草席、体操垫若干,将两张儿童草席缝合,铺在体操垫上。
玩法：
指导幼儿A躺在草席一端,幼儿B用草席包裹幼儿A,并在包裹过程中推动幼儿A滚动直至草席完全包裹。然后反向推动幼儿A,使其反向翻滚至草席完全展开。
儿童可能出现的表现：
翻滚时身体保持挺直；翻滚时身体未能保持挺直,导致翻滚歪斜；包裹时草席未能放平,导致内部幼儿斜向翻滚。
教师的辅导和支持：
游戏后组织幼儿分享包裹和翻滚的经验,邀请表现好的幼儿分享技巧；提醒身体蜷缩的幼儿保持身体挺直,未能放平草席的幼儿注意草席平整。

2. 中级难度

目标：
主动翻滚,进一步发展身体平衡能力和协调性。
准备：
准备儿童草席、体操垫若干,将儿童草席铺在体操垫上。
玩法：
幼儿躺在草席一端,自主包裹草席并翻滚,直至草席包裹完成,然后向反方向翻滚至草席完全展开。
儿童可能出现的表现：
躺下时身体与草席保持垂直,翻滚过程中包裹平整,翻滚直线；翻滚速度随练习加快。

教师的辅导和支持：

提醒幼儿躺在草席上时保持身体挺直；增加游戏趣味性，可将两张草席缝合，让两名幼儿分别躺在两端，一起翻滚。

（四）我真棒

1. 初级难度

目标：
通过抱或夹玩具直体翻滚，提高身体控制能力。
准备：
准备体操垫、布绒动物玩具若干。在平坦场地上铺设体操垫，垫子长度约2米，起点放置布绒动物玩具，终点放置空篮子。
玩法：
动物搬家：幼儿在起点拿起一个布绒动物玩具，抱在胸前或夹在腿间，从体操垫起点直体侧身翻滚至终点，将玩具放入篮子，然后步行返回起点。
儿童可能出现的表现：
翻滚时两腿伸直，身体控制良好。
教师的辅导和支持：
提醒幼儿翻滚时保持身体挺直；指导身体控制能力好的幼儿尝试不同翻滚姿势，如双手上举或下垂，用腿夹住玩具侧身翻滚。
注意事项：
注意幼儿起身站立时可能出现的晕眩和站立不稳，教师应在终点提供保护。

2. 中级难度

目标：
快速侧滚翻，增强腰腹部肌肉力量和肢体协调性。
准备：
准备体操垫若干，铺在宽敞的场地上，在起点离垫子1米处画一条线。
玩法：
逃脱大灰狼：幼儿A躺在体操垫起点，身体挺直，幼儿B在线后扮演大灰狼。当幼儿B喊"我来了"，幼儿A快速侧身翻滚至终点，幼儿B尝试

第五章　幼儿动作发展的游戏活动指导

追赶。游戏可交换角色进行。

儿童可能出现的表现：

翻滚速度加快，为追求速度可能采取屈腿翻滚。

教师的辅导和支持：

为保持直体翻滚，控制垫子长度，约 1.5 米；引导大灰狼角色观察翻滚幼儿，确保翻滚时身体保持直线。

注意事项：

注意幼儿起身站立时可能出现的晕眩和站立不稳，教师应在终点提供保护。

3. 高级难度

目标：

直体左右来回翻滚，抱或夹玩具，发展身体控制能力和肢体协调性。

准备：

教师事先准备体操垫、布绒动物玩具若干。然后将体操垫铺在宽敞的场地上，长度约 2 米。

玩法：

教师指导幼儿抱或夹布绒动物玩具，从体操垫一端直体翻滚至另一端，再翻滚回来，进行来回翻滚。

儿童可能出现的表现：

能保持直体来回翻滚，但可能需要休息；翻滚时腿部可能未能完全伸直；教师的辅导和支持：

可以让一名幼儿翻滚，另一名幼儿在旁边数数，记录翻滚次数，之后交换角色。

注意事项：

注意幼儿起身站立时可能出现的晕眩和站立不稳，教师应在终点提供保护。

（五）不倒翁

目标：

尝试前后翻滚，增强腰腹部肌肉力量及平衡能力。

准备:

教师事先准备体操垫若干,并将这些体操垫铺在操场上,或者室内宽敞的场地上。

玩法:

指导幼儿抱小腿,胸部贴大腿,前额尽量碰膝盖,团身,以臀或腰为支点进行前后翻滚。

儿童可能出现的表现:

能快速团身前后翻滚;团身几次后可能无法持续抱小腿;团身后启动翻滚困难;无法完成团身动作。

教师的辅导和支持:

对于难以完成团身的幼儿,引导他们尝试其他替代动作,如两手撑地,两腿蜷缩,身体后仰,再两脚踩地。

注意事项:

确保体操垫足够厚,避免幼儿团身时背部接触地面产生疼痛。

第四节　悬垂与支撑类游戏活动

一、悬垂类游戏活动

(一)悬吊游戏

1. 初级难度

目标:

指导幼儿尝试从双脚起跳开始,双手抓握横杠进行直体悬垂,以增强上肢力量和身体协调性。

准备:

准备一架平梯和若干体操垫。将平梯固定在高于幼儿举手后15～20厘米的位置(约140厘米高),在平梯下方铺设体操垫。

第五章　幼儿动作发展的游戏活动指导

玩法：

让幼儿站立于平梯下方,双脚起跳,双臂上举,双手握住横杠,进行直体悬垂,保持一定时间后轻轻跳下。

儿童可能出现的表现：

对于身高不到 1 米的幼儿,跳跃抓握可能较为困难；高于 1 米的幼儿可能需要多次尝试才能成功抓握横杠；部分幼儿能够准确抓握横杠,并在悬垂时保持 3～5 秒；有些幼儿可能在悬垂时屈腿晃动,悬垂时间在 3～6 秒之间；落地时,部分幼儿可能未能屈膝缓冲,导致臀部着地。

教师的辅导和支持：

为身高不足的幼儿提供辅助垫脚平台或不同高度的平梯；引导幼儿在起跳抓握环节多做练习,如增加辅助垫脚平台,帮助幼儿准确抓握；通过跳跃游戏,如"跳青蛙""跳格子",帮助幼儿体验屈膝缓冲的下落动作；结合儿歌,引导幼儿进行悬挂耐力练习,增加游戏趣味性；对于不敢尝试的幼儿,给予帮助和鼓励。

注意事项：

有序开展游戏,不强调悬垂的时长；注意设备和环境的安全性。

2. 中级难度

目标：

在悬垂过程中抓紧吊环,自由旋转,锻炼双手抓握力量及身体平衡性。

准备：

准备若干吊环(高约 120 厘米)。在草坪上悬挂吊环。

玩法：

幼儿自然站立,双手抓握吊环,先自转身体扭转吊环挂绳,随后双脚离地,身体在吊环的带动下自由旋转。

儿童可能出现的表现：

幼儿能够靠转动身体扭转吊环挂绳,自然蜷起双腿随吊环旋转,但悬垂时间较短。

教师的辅导和支持：

对于扭转吊环挂绳不够充分的幼儿,给予一定帮助。

注意事项：

控制幼儿悬垂的时间,避免过长。

3. 高级难度

尝试双手抓握滑索握杠悬垂滑行 3～5 米,并尝试抬腿触碰目标物,锻炼上肢力量及腰腹部力量;尝试从高处跳下,落地时屈膝缓冲,发展身体平衡性和下肢力量。

准备:

准备 3～5 米的滑索、体操垫和目标物。在沙池、草地等软质地面上悬挂滑索,在终点处设置体操垫和具有一定高度的目标物。

玩法:

指导幼儿站在滑索起点,双手紧握握杠,向前滑行至终点,尝试抬腿踢中目标物,滑行停止后跳下并屈膝缓冲。

儿童可能出现的表现:

部分幼儿在滑行全程需要教师辅助和保护,到终点时无法屈腿踢中目标物。

教师的辅导和支持:

引导幼儿进行"悬垂摆动""双脚夹沙包投筐"等游戏,增强腰腹部力量。

注意事项:

确保幼儿愿意尝试滑索悬垂和踢中目标物,注意安全防护。

(二)好玩的悬垂摆动

1. 初级难度

目标:

指导幼儿在直体悬垂状态下尝试摆动身体,增强腰腹部力量和身体协调性。

准备:

教师事先准备一架平梯和若干体操垫,将平梯固定在高于幼儿举手后15～20 厘米的位置(约 140 厘米高),并在平梯下方铺设体操垫。

玩法:

让幼儿扮演小猴子,站在平梯下方,跳起双手紧握横杠,保持直体悬垂,通过腰腹部力量尝试让身体前后左右摆动,模仿荡秋千的动作;当感觉

第五章　幼儿动作发展的游戏活动指导

双手疲惫时,停止摆动,轻轻跳下并屈膝落地。

儿童可能出现的表现:

上杠后立即摆动身体相对容易;上杠后先静止再开始摆动较为困难;摆动悬垂比静止悬垂持续时间更长。

教师的辅导和支持:

引导幼儿控制悬垂摆动的方向,逐步加大摆动幅度;可悬挂不同高度的物品,让幼儿尝试用脚夹取或踢击,提高悬垂摆动的难度。

注意事项:

游戏之前教师应格外注意讲解安全问题,并做好安全防护,确保游戏过程中没有意外的磕碰发生。

2. 中级难度

目标:

在直体悬垂时尝试摆动身体并用脚触碰目标物,提高上肢及腰腹部力量。

准备:

准备一架平梯、若干体操垫和桃子玩具。将平梯固定在高于幼儿举手后15~20厘米的位置,在平梯上悬挂桃子玩具(离地高度50~100厘米),并在平梯下方铺设体操垫。

玩法:

让幼儿扮演小猴子,站在平梯下方,跳起双手紧握横杠,保持直体悬垂,通过腰腹部发力控制身体摆动,尝试用脚触碰不同高度的桃子玩具;当双手感到疲劳时,可以跳下。

儿童可能出现的表现:

能够有目标地触碰较低处的桃子玩具,并在3~7秒后屈膝缓冲落地。

教师的辅导和支持:

组织幼儿讨论悬垂摆动的自我保护方法和注意事项。

提供铃铛、靶心等目标物,增加游戏趣味性。

对于触碰高处目标物有难度的情况,开展"悬垂夹物"游戏,引导幼儿从静止悬垂过渡到摆动悬垂。

注意事项:

强调游戏规则,提醒幼儿排队游戏,落地后及时离开场地;确保游戏过程中的安全防护。

3. 高级难度

目标：

指导幼儿尝试在直体悬垂时用双脚夹物入筐，发展上肢力量、双手抓握力量及腰腹部力量。

准备：

准备一架高度为 140 厘米的单杠、若干体操垫、篮球和筐子。在宽敞平坦的场地上放置单杠，单杠下铺设体操垫，体操垫上放置若干篮球，单杠前摆放若干筐子。

玩法：

让幼儿扮演小猴子，站在单杠下方，跳起双手紧握横杠，保持直体悬垂，双脚从体操垫上夹起篮球，放入前方的筐子内；结束后清点夹起的篮球数量并记录，比较谁夹的篮球多。

儿童可能出现的表现：

上杠悬垂后夹球需要较长时间，成功将球放入筐的次数较少；上杠悬垂后能较容易地夹住球，成功放球入筐的次数较多。

教师的辅导和支持：

提醒幼儿在悬垂夹球过程中，若手臂支撑不住，可将双脚踩在球上休息；组织幼儿讨论游戏中的自我保护方法。

注意事项：

强调游戏规则，提醒幼儿不推不挤，落地前确保球不在脚下，落地后及时离开场地；确保游戏过程中的安全防护。

（三）会悬垂的小螃蟹

1. 初级难度

目标：

尝试在直体悬垂状态下左右移动，以增强身体协调性和上肢力量。

准备：

设置一个单杠，准备羊角球和轮胎若干。游戏应该在宽敞平坦的草地上安放单杠，确保单杠高度适合幼儿。

第五章　幼儿动作发展的游戏活动指导

玩法：

指导幼儿尝试在单杠上进行直体悬垂，并练习左右移动身体。

儿童可能出现的表现：

手臂伸直，身体呈支撑状态，能用前脚掌支撑；在桌子上、柜子上、墙面上尝试高位支撑，但可能双手间距过宽，腰腹未收紧；身体与固定物体的距离可能过近，上肢未形成有效支撑。

教师的辅导和支持：

提供高位支撑动作的示范和指导；引导幼儿通过变换部位、变换支撑物等方式，增加游戏的趣味性和创造性；在单杠下设置不同颜色的线，引导幼儿在不同线上进行悬垂支撑，并进行角色互换。

注意事项：

提醒幼儿用前脚掌支撑，避免小腿抽筋；注意游戏规则，避免推挤，确保安全。

2. 中级难度

目标：

在悬垂的基础上尝试双手交替抓握横杠向前移动，发展上肢力量、腰腹部力量及身体协调性。

准备：

准备平梯一架，体操垫和积木块若干；将平梯固定在适当高度，并在平梯下铺设体操垫，体操垫上均匀摆放积木块。

玩法：

在教师的指导下，让幼儿扮演小猴子，从平梯一端开始，悬垂在横杠上，通过腰腹部发力向前荡起身体，双手交替向前抓握横杠，带动身体向前移动。

儿童可能出现的表现：

幼儿可能会在"小岛"（积木块）上停留，辅助完成悬垂移动；部分幼儿可能不需要"小岛"辅助，直接完成悬垂移动。

教师的辅导和支持：

提醒幼儿在支撑不住时可脚踏积木块上休息，循序渐进地练习悬垂前移；组织幼儿讨论身体摆动与手的前移如何配合，以更好地进行悬垂前移。

注意事项：

在游戏中做好安全防护工作。

3. 高级难度

目标：

尝试在单杠上进行双手双脚混合悬垂和移动，发展四肢力量和身体平衡性、协调性。

准备：

准备高度适中的单杠一架，体操垫若干。选择在平坦场地上安放单杠，并在单杠下方放置体操垫。

玩法：

指导幼儿模仿小树懒，尝试在单杠上进行双手双脚的混合悬垂，并练习向前或向后移动。

儿童可能出现的表现：

幼儿可能需要帮助才能将双脚搭在单杠上进行悬垂；部分幼儿能够独立完成混合悬垂，并尝试向前或向后移动。

教师的辅导和支持：

确保游戏安全，鼓励幼儿大胆尝试；教授幼儿正确的上下杠方法和安全保护技能。

注意事项：

引导幼儿根据自身能力调整悬垂移动的难度与时长；在游戏中做好安全防护工作。

二、支撑类游戏活动

（一）自由探索

1. 初级难度

目标：

尝试在固定物体上进行高位支撑，以增强上肢力量并提升身体协调性。

准备：

选择宽敞的活动室、走廊或户外场地进行活动。利用室内的墙壁、桌椅等可用资源，或室外的大型固定设施。

第五章　幼儿动作发展的游戏活动指导

玩法：

教师指导幼儿自行寻找一个固定物体（如墙壁、橱柜、桌子、栏杆等），尝试双手支撑在这些物体上将身体抬起。

儿童可能出现的表现：

手臂基本伸直，双脚后退，身体保持支撑状态，能用前脚掌着地；能在桌子、柜子、墙面等进行高位支撑，但双手间距可能过宽，腰腹未能收紧；身体与固定物体的距离过近，上肢未能形成有效的支撑力。

教师的辅导和支持：

提供高位支撑动作的示范和指导；引导幼儿通过改变支撑部位、更换支撑物等方式，增加游戏的趣味性和创造性；在距离支撑物一定距离的地面上，画出红、黄、蓝、绿四色线条，起始线距离支撑物 20 厘米，之后每隔 5 厘米画一条线。两名幼儿一起游戏，一名幼儿指定颜色，另一名幼儿迅速站到对应颜色线上进行高位支撑。完成所有颜色后，两名幼儿交换角色。

注意事项：

提醒幼儿使用前脚掌支撑，避免使用全脚掌支撑，以减少小腿抽筋的风险；为了避免支撑时间过长，可以结合其他动作形式的游戏进行。

2. 中级难度

目标：

锻炼单臂支撑的能力，以及发展身体的协调性。

准备：

准备长 3 米、高 30 厘米的平衡凳 2 条。将两条平衡凳平行摆放在宽敞的场地或室内地板上。

玩法：

教师引导幼儿："前几次你们双手撑在桌上、墙上玩撑起自己的游戏，今天我们玩双手撑在平衡凳上移动的游戏，试一试吧！"

儿童可能出现的表现：

高位支撑移动时，身体不能保持平直，屁股会上翘。双手双脚交替移动时四肢不协调。上肢力量不足，不能完成 3 米的支撑移动。幼儿高位支撑时身体是否保持平直、左右移动时手脚是否协调。幼儿能否坚持完成 3 米的支撑移动。

教师的辅导和支持：

与幼儿梳理高位支撑移动的动作要点。在墙面或桌面开展支撑移动游戏,引导幼儿练习双手双脚交替移动。

注意事项:

支撑移动时间不宜过长。

支撑物要牢固。

(二)小猴子玩双杠

1. 初级难度

目标:

练习双手握紧双杠撑起身体的动作,以增强上肢和肩背肌肉的力量;鼓励幼儿参与支撑活动,享受活动带来的乐趣。

准备:

教师事先准备两台不同高度(70厘米和80厘米)的幼儿双杠,长度均为2米。选择一个宽敞平坦的场地进行活动。

玩法:

在教师的指导下,让幼儿根据自己的身高选择合适的双杠,尝试双手紧握双杠,直臂撑起身体,双脚自然下垂。当感觉撑不住时,可以自然跳下。

儿童可能出现的表现:

有的幼儿手臂无法完全伸直,难以撑起身体;有的幼儿虽然能撑起身体,但持续时间较短;部分幼儿能够双手虎口张开抓住双杠;落地时,有的幼儿直接全脚掌着地,没有屈膝缓冲;有的幼儿则能做到前脚掌着地,屈膝缓冲。

教师的辅导和支持:

教师示范正确的双手支撑双杠动作;指导幼儿在下落时动作要轻巧,尽量不发出声音;提醒幼儿边撑边数数,避免憋气,撑不住时及时跳下休息。

注意事项:

避免幼儿憋气;提醒幼儿撑累了可以休息或参与其他游戏。

2. 中级难度

目标:

让幼儿尝试通过支撑前摆腿的动作从双杠的一端移动到另一端,锻炼

第五章 幼儿动作发展的游戏活动指导

上肢和腰腹部肌肉的力量。

准备：

教师事先准备两台不同高度（70厘米和80厘米）的幼儿双杠，长度均为2米。选择一个宽敞平坦的户外场地。

玩法：

在教师的指导下，让幼儿选择合适高度的双杠，在一端双手前伸抓握双杠，直臂支撑起身体，双腿前摆并落地。然后再次双手前伸抓握双杠，直臂撑起身体，双腿前摆并落地，如此反复，直至从双杠的一端移动到另一端。

儿童可能出现的表现：

双手前伸的距离不一，有时太长导致无法撑起身体；有的幼儿两手滑着双杠前行，未能有效支撑起身体；部分幼儿能够轻松支撑起身体，双腿屈起前摆，落地时屈膝缓冲。

教师的辅导和支持：

教师或幼儿示范正确的动作；创设适宜的环境，激发幼儿支撑和双腿前摆的兴趣，适应不同能力幼儿的挑战性玩法；调整活动难度，鼓励幼儿尝试更有挑战性的动作。

注意事项：

控制幼儿的游戏时间，避免过度疲劳。

（三）小兔子上楼梯

目标：

指导幼儿练习支撑跳跃动作，旨在增强上肢、腰腹以及肩背肌肉的力量，并提升身体协调能力。

准备：

准备若干手套，选择楼梯作为活动场地。

玩法：

幼儿佩戴手套，面向楼梯站立。开始时，将双手支撑在较高台阶上，利用双臂的支撑力让双脚跳上一个台阶，随后双手也向上移动一个台阶，继续重复动作逐步向上跳跃。

儿童可能出现的表现：

双手与双脚距离过大，导致无法有效支撑身体，而是单纯依靠腿部力量跳跃;双手与双脚距离过小,使得跳跃时站立不稳。

教师的辅导和支持:

指导幼儿根据台阶的高度调整手和脚之间的距离,避免因距离不当影响支撑和跳跃;提醒幼儿保持与同伴适当的间距,确保活动安全;引导幼儿控制动作速度,待双手支撑稳定后再进行跳跃;引入跳马游戏作为支撑跳跃的补充练习。

注意事项:

提醒幼儿保持头部抬起,视线向前,以维持平衡;强调在跳跃时身体应适度前倾,帮助保持重心稳定;鼓励幼儿根据自身能力进行活动,避免过度挑战,注意安全,避免拥挤。

(四)好玩的球

1. 初级难度

目标:

利用物体辅助进行平板支撑,增强上肢及腰腹部肌肉力量,提升身体平衡能力。

准备:

教师准备若干体操垫,若干海绵球(或波波球),以及1个秒表,另外要确保活动场地宽敞平坦。

玩法:

每位幼儿手持一个海绵球,将其放置在下腹部,然后在体操垫上采取俯卧姿势,前脚掌和双肘弯曲支撑身体,保持身体平直后开始数数(1~20),根据个人能力尽可能长时间保持这一姿势。

儿童可能出现的表现:

初始能保持身体平直,但随着时间延长,可能会出现塌腰或拱背,海绵球逐渐被腹部压扁;上臂未能与地面保持垂直;双手间距窄于肩部;海绵球位置放置不当。

教师的辅导和支持:

当幼儿出现塌腰情况时,提醒其适当休息;提醒幼儿双手打开至与肩同宽,保持肩膀稳定,上臂垂直于地面;引导幼儿进行双手与双肘交替支撑的练习。

第五章 幼儿动作发展的游戏活动指导

注意事项：

提醒幼儿在感到疲劳时及时休息；确保游戏中使用的球质料柔软，适宜放在下腹部。

2. 中级难度

目标：

尝试在平板支撑中进行吹气练习，锻炼肺活量，同时增强上肢和腰腹部力量。

准备：

教师事先准备2根塑料管，1个乒乓球，以及2块体操垫。选择一个宽敞平坦的场地，在体操垫上平行摆放两根塑料管，间隔15～20厘米，中间放置一个乒乓球。

玩法：

两名幼儿分别位于塑料管的两端，游戏开始后，幼儿在平板支撑状态下，通过吹气将乒乓球吹向对方区域，首先吹到对方阵地的幼儿获胜。若游戏过程中腹部或膝盖触地则判为失败。

儿童可能出现的表现：

能够进行吸气和呼气，尝试将乒乓球吹向对方；有的幼儿会深吸一口气后一次性呼出，而有的则在吸气后进行多次快速呼气；部分幼儿可能会身体前倾，辅助吹气。

教师的辅导和支持：

引导幼儿学习有节奏的呼吸方法，避免换气过于频繁；对于能力较弱的幼儿，可以让他们借助海绵球进行平板支撑。

注意事项：

适当控制游戏的次数和时间，提醒幼儿在感到疲劳时及时休息。

（五）送小动物回家

1. 初级难度

目标：

尝试单双手交替平板支撑，以增强上肢力量及腰腹、背部力量。

准备：

选择一个宽敞的活动场地，可以是操场，可以是室内活动间，然后准备大小不同的毛绒小动物若干，蓝色、橙色篮子各1个。

玩法：

教师将幼儿2～4人分为一组，引导他们分工协作，分别站在"飞船"内或外，然后站在"飞船"外的幼儿应齐心协力推动"飞船"前进，不限定线路、方向、起点和终点。

儿童可能出现的表现：

站在"飞船"里面，双手压住边缘，未能使"飞船"移动；未充分发挥手臂力量，而是用身体其他部位发力；手脚配合不协调，不会随"飞船"移动而移动，可能半途放弃或摔倒在地；朝同一方向推动"飞船"，在停滞时尝试拉动。

教师的辅导和支持：

演示推动动作，帮助幼儿理解手的位置及站位；借助高位支撑游戏，让幼儿掌握推动姿势；开展有目标指向性和一定距离的推的游戏；用口令指挥幼儿共同发力。

注意事项：

教师应要求幼儿"飞船"内人数不超过四人，并随时提醒幼儿推动时不嬉闹、不推挤。

2. 中级难度

目标：

练习沿直线推动物体前进，增强上肢力量，提高动作协调性和灵活性。

准备：

教师事先在宽敞的场地上设置好起点和终点，然后准备两个半圆形攀爬架拼成的"飞船"和若干球门。

玩法：

教师将每2～4名幼儿分为一组，站在"飞船"内，从起点出发，然后指导其他幼儿合作，将"飞船"推至对应号数的"太空站"（终点）。

儿童可能出现的表现：

未站在"飞船"正后方，双臂未发力，仅随"飞船"跑动；能站在"飞船"后方，调整步伐，但常推歪或与其他"飞船"碰撞；手脚协调，推动"飞船"朝目标直线前进，尝试用不同方式调整路线。

第五章　幼儿动作发展的游戏活动指导

教师的辅导和支持：

在"飞船"内侧贴标志，规定幼儿人数和手的位置；设置障碍，引导幼儿绕障碍推动"飞船"，如 S 形或 Z 形路线。

注意事项：

引导幼儿注意与同伴保持协调一致，及时调整速度和路线。

3. 高级难度

目标：

指导幼儿尝试变换方向推动物体，增强上肢和抓握力量；与同伴合作推动物体。

准备：

在宽阔场地上设置不同路线，每条路线上放置锥形筒，终点处设置球门。另外，准备"飞船"、锥形筒和球门。

玩法：

2～4 名幼儿为一组，合作推动"飞船"绕锥形筒前进，至对应球门。

儿童可能出现的表现：

不会调整站位，无视路线；无法控制"飞船"速度和方向，常碰倒锥形筒；能小心调整方向，在转弯时用各种方式调整"飞船"，按路线行进。

教师的辅导和支持：

调整线路弧度，提升难度；开展推独轮小推车游戏，设置障碍，引导幼儿绕障碍推动。

注意事项：

引导幼儿合作推动时关注同伴，及时调整手部力量及行进方向、速度。

第五节　推、拉、提、抬类游戏活动

一、推、拉类游戏活动

（一）能干的小猪

目标：
让幼儿学会借助推、拉方式移动物体，提升幼儿的上肢素质和协调能力。
准备：
教师准备好系绳轮胎，保证每个幼儿都有一个，另外准备积木若干。游戏需要在宽敞的空间进行。
玩法：
幼儿可以单独或两人合作，使用系在轮胎上的绳子，通过单手或双手推动或拉动轮胎，将积木运送到指定地点。在运送过程中，要确保积木不会掉落，如果掉落需及时捡起。
儿童可能出现的表现：
面对轮胎，采用倒退走的方式拉动轮胎，同时注意保持轮胎直线行驶，积木若掉落会立即捡起。
背对轮胎，将绳子置于肩膀，双手在胸前握住绳子，身体前倾，双脚用力蹬地，推动轮胎前进，但可能不太关注轮胎和积木的状态，只专注于向前移动。
在拉动轮胎的过程中能够灵活变换拉动方式，并时刻关注轮胎和积木的情况，及时进行调整，确保顺利到达终点。
两人合作时，一个负责推动轮胎，另一个负责拉动，过程中会注意轮胎和积木的状态。但在配合时可能会出现速度不匹配的问题，导致推动的幼儿容易摔倒，尽管如此，最终仍能到达目的地。

第五章 幼儿动作发展的游戏活动指导

教师的辅导和支持：

鼓励幼儿尝试使用拉动的方式移动轮胎，并逐渐增加运送积木的数量，引导幼儿探索如何更有效地放置积木以及如何减少积木在拉动过程中的掉落。教师应引导幼儿学会注意路面，并据此作为调整行进路线的依据，与此同时还应观察合作的小伙伴的情况，要始终保持统一步调，当小伙伴速度变慢时，自己也应该减慢速度，当小伙伴加速时，自己也努力跟上，同样的，如果自己需要加速，也应考虑到小伙伴是否能跟随。

注意事项：

注意幼儿运动安全。

（二）叮当快递

1. 初级难度

目标：

指导幼儿学会使用推或拉的方式将物体运送到指定位置，并保持直线行进，多多练习能够很好地增强幼儿的上肢力量。

准备：

教师事先在宽敞的操场上分别设定起点和终点，距离控制在25米，然后还须准备带轮子的塑料筐，作为"快递车"、若干积木作为"快递"，另外，再准备一个储物筐。

玩法：

幼儿在起点将积木装入"快递车"，然后通过推或拉的方式将"快递车"移动到终点，并将积木取出放入储物筐，随后将空"车"推回起点。游戏持续进行，直至所有积木运送完毕。

儿童可能出现的表现：

上肢力量较弱，推动时显得吃力，且容易偏离路线，需要频繁调整方向，调整时因"快递车"重而相对困难。两人合作推动时，由于用力不均，"快递车"无法沿指定方向行进。

教师的辅导和支持：

引导幼儿讨论在推"快递车"时手应放在何处以便于发力和控制方向。逐渐增加运送积木的重量，提升推拉难度。在路径中设置障碍，锻炼幼儿手的控制能力和协调性。组织2～3名幼儿为一组，将运送的积木换成同伴,增加重量和游戏趣味性。

2. 中级难度

目标:

熟练控制"快递车"的推拉方向,将物体运送至指定位置,锻炼手控制能力和协调性。积极参与推拉游戏,尝试合作。

准备:

准备带轮子的塑料筐("快递车")、积木、若干锥形筒和1个储物筐。在场地上设定起点与终点,距离为30米,中间放置锥形筒作为障碍。

玩法:

幼儿单独或合作,在起点将积木装入"快递车",通过推或拉的方式让"快递车"绕过锥形筒到达终点,将积木放入储物筐后返回起点。游戏持续进行,直至积木运送完毕。多人合作,部分幼儿扮演快递员,部分扮演"宝贝快递"。快递员推或拉"快递车",绕过障碍从起点到终点,宝贝快递在终点下车,快递员随后返回起点。

儿童可能出现的表现:

单人推拉"快递车"时,能够根据障碍物调整方向,但推的方式更为常见。运送"宝贝快递"时,由于重量较大,通常选择推的方式,过程中不断调整手的位置和身体姿势以发力。

教师的辅导和支持:

引导幼儿思考,当"快递车"重量很重的时候,应该如何推拉才更有效。再有,如果路上遇到障碍物该如何有效控制"快递车"。

3. 高级难度

目标:

在一定重量下练习控制推拉方向,向指定方向行进,锻炼手的抓握力量及上肢、腰腹部、腿部力量。合作游戏,体验合作乐趣。

准备:

准备带轮子的塑料筐("快递车")、积木、若干锥形筒。在场地上设定起点与终点,距离为30米,中间放置锥形筒。

玩法:

幼儿自由组合,2～4人为一组,每组一辆"快递车"。协商决定角色,扮演快递员的幼儿坐进"快递车",司机推或拉"车"绕过障碍从起点到终

第五章 幼儿动作发展的游戏活动指导

点,然后返回起点,轮换角色。

儿童可能出现的表现:

一人或两人推"宝贝快递"时,能够调整方向绕过障碍物快速到达终点。推两个"宝贝快递"时,身体前倾并用腿部力量,不断调整角度和方向。

教师的辅导和支持:

讨论重量增加的限制,以及双人推拉重"快递车"时的配合方法。探讨快速、准确推拉"快递车"的方法。

注意事项:

确保游戏安全,推拉重量不得超出幼儿力量范围。提醒幼儿遵守游戏秩序。

(三)神秘探险

1. 初级难度

目标:

使幼儿体验拖拉坐在垫子上的同伴时的发力方式,并增强双手的握力和上下肢的力量。该游戏还可以促进身体协调性的发展,加强同伴间的合作能力,培养幼儿面对挑战时的勇敢和面对困难时的坚韧。

准备:

准备一根约20米长的绳索和若干块垫子,同时教师需提前在光滑的地板上标出起点和终点。

玩法:

幼儿两两配对,一名幼儿坐在起点的垫子上,握住绳索的一端,另一名幼儿握住绳索的另一端,通过拖拉绳索带动垫子和坐在上面的同伴向终点移动。到达终点后,两名幼儿交换角色,按同样的方式返回起点。游戏可以多次重复进行。

儿童可能出现的表现:

拖拉的幼儿可能采取面对、侧对或背对垫子的姿势,坐着的幼儿双手握绳,身体前倾,但垫子移动缓慢或不明显。拖拉的幼儿用力方向和动作较为准确,但坐着的幼儿身体姿势可能不适合,导致移动效率不高。拖拉的幼儿采用正确的用力方向和动作,坐着的幼儿身体后仰,能够调整位置,保持在垫子中间靠前,使得"雪橇"移动更为明显且稳定。

教师的辅导和支持：

组织幼儿分享交流游戏中有效移动"雪橇"的方法。引导幼儿在运用上肢力量拖拉时，注意身体姿势与拖拉方向的协调。鼓励幼儿尝试合作拖拉更重的物体，以增强合作和挑战更高难度的能力。

注意事项：

确保游戏过程中的安全，提醒拖拉的幼儿不要突然放开绳索。

2. 中级难度

目标：

让幼儿尝试协作拖拉多个同伴，以此增强上肢力量和动作协调性。
教会幼儿如何协商，提升团队合作能力，并根据自己的水平适度挑战。

准备：

教师事先准备一根约20米长的绳索和若干块垫子，可以在宽敞的场地或者操场上进行该游戏，并用标志物标明起点和终点。

玩法：

幼儿分组进行游戏。开始时，两名幼儿坐在起点的垫子上，握住绳索的一端，其他四名幼儿共同握住绳索的另一端，通过拖拉绳索带动垫子及坐在上面的两名幼儿向终点移动。成功到达终点后，逐步增加垫子上的幼儿人数至三名、四名、五名、六名，再次尝试到达终点。

儿童可能出现的表现：

拖拉的幼儿排成一列，站在绳子同侧，各自用力拖拉，当垫子上的同伴较少时可以拉动，但当人数增加到四个时，可能无法拉动。拖拉的幼儿站在绳索两侧，身体向后倾斜，双手握绳，但如果发力时间不同步，即使垫子上有四个同伴，也可能无法拉动。拖拉的幼儿站在绳索两侧，双手前后抓握绳索，一齐用力，双脚蹬地，身体后仰，能够迅速拉动垫子上的六名同伴。

教师的辅导和支持：

引导幼儿观察成功小组的动作示范，讨论失败的原因，总结经验。强调拖拉幼儿的身体姿势要向后倾斜，并且要同步发力；坐在垫子上的幼儿应位于中间靠前的位置，双手握绳，身体后仰，与拖拉的幼儿形成有效的抗力。

注意事项：

引导幼儿注意路面情况，及时调整行进路线。提醒合作运送的幼儿在拖拉过程中注意同伴，保持步调一致，避免速度过快导致同伴摔倒。

第五章　幼儿动作发展的游戏活动指导

3. 高级难度

目标：

使幼儿体验躺在垫子上，通过双手拉动绳索来拖动自己过"河"的游戏，以此增强上肢和腰腹部肌肉力量。促进幼儿身体协调性的发展，并鼓励他们勇敢面对挑战，坚持完成游戏。

准备：

（1）准备一条约20米长的绳索和一块垫子。

（2）在光滑的木地板或瓷砖地板上标出两条平行的"河岸线"。

（3）在"河岸线"之间拉起一条绳索，并由两位教师分别控制绳索的两端（或将绳索两端固定）。

玩法：

幼儿躺在垫子上，从起点的"河岸线"开始，紧握绳索，双手交替向头顶方向用力拉动，使自己和垫子向头部方向移动，直至到达终点的"河岸线"。

儿童可能出现的表现：

（1）躺在垫子上，尝试通过脚撑地来移动垫子，而忽略了使用绳索。

（2）难以控制用力方向，导致垫子左右摆动。

（3）能够通过双手交替拉绳来带动身体前移，但持续时间较短，需要中途休息。

（4）能够持续交替拉绳，成功带动身体前移，顺利到达终点。

教师的辅导和支持：

教师应提前为力量较弱的幼儿提供滑板，让他们躺在滑板上练习拉绳动作，待手臂力量增强且掌握技巧后再换回垫子。同时，还应提供不同长度的绳索，让幼儿根据自己的能力选择合适的绳索。如果幼儿难以启动，可以请教师或同伴帮忙轻轻推动，然后顺着力量拉绳移动。另外，还可以邀请成功过"河"的幼儿分享他们的经验和技巧，如如何有效地交替拉绳。

二、抬、举类游戏活动

（一）蚂蚁运面包

目标：
练习团队协作，共同抬起垫子并移动，以此增强上肢力量。培养团队间的默契，确保垫子稳定并朝相同方向移动。

准备：
在宽敞的场地准备若干大垫子。

玩法：
将幼儿分成每组四人或六人，模仿蚂蚁搬运食物的场景，共同将垫子举过头顶，保持垫子平稳，并将其运送到预定地点。教师可以用类似这样的引导语激发幼儿的兴趣："小蚂蚁们发现了一片大面包，我们该如何同心协力，平稳地把它搬回家呢？"

儿童可能出现的表现：
幼儿在抬垫子时是否能根据队友的身高调整自己的位置，保持垫子的平衡。幼儿是否能与队友协调一致地向目的地移动，并在行进中保持垫子的稳定。

教师的辅导和支持：
引导幼儿分享游戏经验，讨论影响移动的因素，如人数、站位、速度和团队协作等。

教导幼儿如何通过口令来统一步伐，保持移动速度的一致性。

鼓励幼儿尝试调整垫子搬运的高度，从高举到托举，练习不同着力点、速度和团队协作。

随着游戏的进行，可以逐渐增加游戏难度，如要求幼儿搬运物体，从稳定的积木到容易滚动的球，逐步提升挑战。

注意事项：
确保游戏场地宽敞且地面平坦，活动前要进行上肢热身。
提醒幼儿在游戏中注意同伴，保持步调一致，确保安全。

第五章 幼儿动作发展的游戏活动指导

（二）抢救伤病员

目标：

教师指导幼儿练习抬着物体快速行走的能力，同时协调上肢、腿部和肩部的协同能力。

准备：

教师事先准备若干玩偶，以及用纸板做的"担架"，并在宽敞的场地上画出相距 100 米的两个圆，直径在 2 米左右，分别代表"战场"和"医院"。

玩法：

教师将幼儿两人一组进行分组，扮演战地医生和护士，快速从"战场"上抢救伤病员，两人配合把玩偶放在"担架"上一起抬起送往"医院"进行救治，途中注意不能让伤病员掉下来，并且运送得越快越好。

通过这样的活动，幼儿不仅能锻炼到身体的力量和协调性，还能在游戏中学习如何面对和克服困难，锻炼幼儿的配合协调能力和抬、举的能力。

儿童可能出现的表现：

可能会忽视与同伴的配合，自顾跑起来，或者两人的方向和速度不一，导致运输过程中遇到困难；由于抬"担架"的姿势不好，导致"伤病员"屡次掉下来。

教师的辅助和支持：

纠正儿童的用力方式，引导他们要有与同伴配合的意识，可以播放一些有节奏的音乐，引导幼儿匀速跑动；不时提醒幼儿在跑动的同时，双手抬、举的动作要标准，不能将"伤病员"掉在地上造成再次"伤害"。

第六节 幼儿精细动作类游戏活动

在幼儿的早期发育阶段，进行精细动作的训练十分重要，这将影响他们未来的感统发育以及完成高难度动作的能力。因此，本节将选择一些重要的幼儿精细动作技能游戏，包括插、穿、夹、抠、扣、挂、摸、拧、敲、摇、舀、塞等，供幼儿园教师和家长带领幼儿进行精细动作的练习。

一、插、扣、挂类动作游戏

（一）插花

目标：
培养幼儿学习"插"的动作。

准备：
为了完成这项手工制作活动,我们需要准备以下材料:一个方形的硬纸盒,一些粗细各异的吸管,以及红、黄、蓝等多种颜色的无纺布和毛根。在活动开始前,教师需提前将无纺布剪裁并缝制成花朵,并使用订书钉将这些花朵固定在粗细不一的吸管上。同时,将毛根粘贴在硬纸盒上,作为花朵的茎部,以便在后续的制作过程中,幼儿可以方便地将花朵插入纸盒中,形成一幅生动的手工花卉作品。

玩法：
（1）我们为幼儿准备了由粗吸管精心制作的花朵,鼓励幼儿发挥创意,随心所欲地插花,享受创作的乐趣。

（2）为了让幼儿更好地感知粗细的概念,我们提供了粗细各异的吸管制作的花朵。在插花的过程中,幼儿可以亲身感受并理解粗细的区别。

（3）我们引导幼儿认识并欣赏各种颜色的花朵,同时鼓励幼儿尝试根据毛根的颜色,将对应颜色的花朵插入花篮或花瓶中,培养他们的色彩搭配能力。

（4）我们尊重并支持幼儿充满创意的玩法,如将粗细不同的花朵相互对插,玩起有趣的"打电话"游戏。这样的活动既锻炼了幼儿的动手能力,又促进了他们的想象力和创造力。

儿童可能出现的表现：
刚开始游戏的时候,幼儿可能要好几次才能对准插孔,还有的幼儿不能将"花"插入对应颜色的孔内。

教师的辅助和支持：
教师应耐心鼓励幼儿找到正确的孔,将所有的花都插好。

第五章　幼儿动作发展的游戏活动指导

（二）小猪运水果

目标：
锻炼幼儿能自如地将吸管插入孔洞。
准备：
准备材料包括塑料瓶、粗吸管、细吸管、小棒以及多种颜色的纸张。教师巧妙地利用这些材料，将塑料瓶装扮成可爱的"小猪"形象。随后，将粗吸管巧妙地插在"小猪"的背上，为其增添了一抹生动与活泼。此外，还在细吸管上插上了精美的水果图片，使得整个作品更加可爱有趣。
玩法：
（1）请尝试将细吸管制作的"水果"巧妙地插入粗吸管中。
（2）待幼儿熟练掌握此操作后，你可以考虑在塑料瓶上钻出比细吸管略大的小孔，鼓励幼儿挑战自己，将细吸管准确地插入这些小孔中。
（3）教师还可以进一步引导幼儿对水果进行简单的分类与摆放，如在一次操作中只插入苹果等特定水果。
（4）成人可以灵活运用生活中的日常物品，协助幼儿进行插放动作的练习。例如，鼓励他们将笔插入笔筒中，或将筷子准确地放入筷筒里。
儿童可能出现的表现：
幼儿在进行分类时可能会出现混乱的情况，或者在游戏途中就忘记了目标，开始摆弄"小猪"。
教师的辅助和支持：
教师应一直鼓励和引导幼儿耐心地完成游戏，并适时地给出赞美和肯定。

（三）美丽的小鱼

目标：
让幼儿在练习插的动作的同时，发挥他们的想象力和创造力。
准备：
准备材料：纸盒、即时贴、海绵纸和塑料片。首先，利用海绵纸剪出可爱的小鱼形状。接着，将这些剪好的小鱼精心粘贴在已经装饰过的纸盒上。随后，在小鱼的身体上巧妙地切割出长条形的插口，并在这些插口上粘贴

231

上不同颜色的标记,我们选择了三种鲜艳的颜色。最后,利用塑料片剪出带有柄部的鱼鳞,并确保剪出三种不同的形状和颜色,以增加视觉效果和趣味性。

玩法:

(1)激发幼儿的创造力,让他们为小鱼装饰上绚丽多彩的鳞片。成人可以与幼儿一同参与,轮流为小鱼插上鳞片,或者让幼儿自由发挥,随心所欲地插上鳞片。

(2)在整个活动过程中,成人可以用诸如"红红的""圆圆的"等描述性词汇来引导幼儿,帮助他们加深对色彩和形状的感知与理解。

(3)当幼儿展现出别具一格的创意或独特的玩法时,成人应给予积极的评价和鼓励,以激发他们的创造力和想象力。

(四)巧虎一家

目标:

引导幼儿练习插和扣的动作。

准备:

使用卡纸和食物图片等素材,教师可以巧妙地制作出互动式的"巧虎一家"教具。首先,用卡纸绘制出可爱的"巧虎一家"形象,使其栩栩如生。接着,将食物图片剪裁成棒棒糖的形状,并进行塑封处理,使其既美观又耐用。最后,在"巧虎一家"的餐盘上精心设计出缺口,方便插入剪裁好的卡片,从而增强教具的互动性和趣味性。通过这样的教具制作,教师可以为幼儿营造一个充满乐趣的学习环境,激发他们对学习的热情和兴趣。

玩法:

(1)允许幼儿自由地将食物图片插入和拔出,体验操作的乐趣。

(2)激发幼儿的兴趣,鼓励他们牢牢捏住图片,将其放入"巧虎一家"的餐盘中,并分享他们所选择的食物。

(3)当幼儿对此游戏逐渐熟悉后,可以引导他们尝试对"食物"进行初级的分类,以发展他们的观察与分类能力。

(4)此外,教师或者家长还可以根据幼儿的喜好,选择其他动物或卡通人物来开展类似的游戏,以丰富游戏的多样性和趣味性。

第五章　幼儿动作发展的游戏活动指导

（五）圣诞树

目标：
让幼儿练习挂的动作。
准备：
为了制作一棵充满创意的圣诞树，我们需要准备一些材料：报纸、彩珠、毛根、软泥、圆瓶盖以及棉花。首先，将报纸卷成筒状，作为圣诞树的树干。接着，使用毛根缠绕在树干上，形成树枝的形状。然后，我们将这棵圣诞树放置在圆瓶盖中，用软泥固定好，确保它稳固不倒。最后，用棉花点缀在树枝上，增添节日的氛围。这样，一棵别致又有趣的圣诞树就完成了！
玩法：
（1）激发幼儿的兴趣，引导他们使用彩色珠子、花片来装饰圣诞树，感受创造的乐趣。
（2）针对不同水平的幼儿，提供不同大小的圆孔彩珠，帮助他们逐步提升手眼协调能力和操作难度。
（3）提供可悬挂的小饰品，鼓励幼儿尝试挂上这些饰品，让他们在体验多种玩法的同时，锻炼手部精细动作和审美能力。

二、穿、套、挂类动作游戏

（一）小花园

目标：
教会幼儿穿的动作。
准备：
教师可以利用花片、连环扣、透明塑料盒（用于放置光盘）、大塑料饮料瓶以及彩色即时贴等材料，进行创意手工制作。首先，在塑料盒的底部粘贴上红色、黄色或蓝色的即时贴，为其增添色彩。接着，将大塑料瓶的颈部截断，然后沿着瓶壁自上往下剪出长条状，务必保证边缘光滑，确保学生的安全。最后，用彩色即时贴对剪下的长条进行装饰，打造出独一无二的装饰条或创意玩具。这样的教学活动既能培养学生的动手能力，又能激发他们的创造力和想象力。

玩法：

（1）请幼儿自由发挥，把花片或连环扣套在光盘盒的塑料圆柱棒上，打造出独一无二的花朵。

（2）鼓励幼儿将连环扣套在已经准备好的塑料瓶子长条上，创作出充满生机的小树。

（3）引导幼儿根据光盘盒或塑料瓶上的彩色即时贴提示，选择相应颜色的大花片或连环扣进行套装。

（4）此外，幼儿还可以尝试使用扣的方式来进行游戏，如将连环扣紧密地扣在塑料长条上，体验不同的玩法。

（二）漂亮的门帘

目标：

让幼儿练习穿的动作。

准备：

教师巧妙地利用纸盒、绳子和毛绒玩偶等材料，为幼儿打造了一个趣味盎然的"小动物的家"。她精心地在纸盒上部打出了多个洞口，并巧妙地利用连环扣将绳子固定在洞口处。为了让这个"家"更加温馨，教师还在纸盒内放置了幼儿喜爱的小动物。

此外，考虑到幼儿在穿珠时可能会遇到珠子滑落的问题，教师特地在绳子的末端绑上了毛根，这样既增加了活动的趣味性，又有效地避免了珠子掉落的情况。整个活动不仅锻炼了幼儿的动手能力，还让他们在快乐中感受到了小动物们的温馨家园。

玩法：

（1）鼓励幼儿按自己的意愿将珠子穿在绳子上，变成门帘。

（2）也可引导幼儿按颜色分类穿珠。

（3）还可以加入连环扣或其他材料，让幼儿尝试扣、挂、夹等多种玩法。

（三）五彩手链

目标：

继续练习穿的动作。

第五章 幼儿动作发展的游戏活动指导

准备：

教师可以利用彩色卡纸、粗吸管、细吸管、粗毛根、细毛根或彩色的粗橡皮筋等材料，开展创意手工活动。首先，将彩色卡纸剪裁成各种有趣的形状，并在每个卡纸中间精心打上一个洞。接着，将粗吸管和细吸管剪成合适的小段，以便幼儿能够轻松操作。通过这些材料，幼儿可以发挥想象力，创造出独一无二的手工作品，既锻炼了动手能力，又培养了创造力。

玩法：

（1）鼓励幼儿根据自己的喜好，自由选择喜欢的彩纸或是粗吸管，然后将它们巧妙地穿在毛根上，创作出一条独一无二的手链。

（2）当幼儿逐渐掌握穿手链的技巧后，我们可以适时增加细吸管，并鼓励他们尝试间隔地穿入吸管与纸片，为手链增添更多层次和变化。

（3）为了进一步丰富手链的样式，我们可以引入粗橡皮筋，并鼓励幼儿将吸管与纸片巧妙地穿在橡皮筋上，打造出一条别出心裁的手链作品。

（4）家长们也可以发挥创意，利用家中的日常物品，如纽扣、木珠等，与幼儿一起进行穿手链、项链的游戏，共同享受亲子互动的乐趣。

（四）可爱的豪猪

目标：

练习套的动作。

准备：

教师准备了装纯净水的塑料桶、毛根、粗吸管、细吸管、珠子、即时贴以及奶粉勺等材料，巧妙地利用这些物品制作了一个可爱的豪猪手工艺品。首先，教师在塑料桶上精心钻出几个洞，然后将毛根和吸管巧妙地插入其中，使其固定在桶身上。接下来，利用即时贴和奶粉勺，教师为豪猪制作了一双炯炯有神的眼睛和稳固有力的脚。整个制作过程既锻炼了学生的动手能力，又增添了课堂的趣味性。

玩法：

（1）激发幼儿的兴趣，让他们自由地将珠子套在"豪猪"身上的毛根和吸管上，尽情探索与玩耍。

（2）指导幼儿将珠子套在颜色相匹配的毛根和吸管上，培养他们的颜色辨别能力和手眼协调能力。

（3）家长或教师可以尝试使用花片等不同材料替代珠子，让幼儿体验不同的套玩方式，丰富他们的游戏体验。

（五）运果果

目标：
练习穿的动作。

准备：
利用彩色卡纸、薯片桶或饮料瓶、毛线以及细吸管等材料。教师和幼儿可以一同参与，用卡纸精心剪裁出可爱的小刺猬形状。完成剪裁后，为了确保小刺猬的耐用性和美观度，我们可以使用塑封技术对其进行处理。塑封完毕后，在小刺猬的边缘打孔，并巧妙地将其粘贴在薯片桶或装有水的细吸管上。为了增添趣味性和装饰效果，我们还可以在小刺猬的身上穿上毛线，并将其牢固地固定在细吸管上。这样，一个独特而富有创意的手工艺品就制作完成了。

玩法提示：
（1）鼓励幼儿将挂有"水果"的细吸管穿过小刺猬身上的小孔后拉出吸管，把"水果"挂在小刺猬身上。
（2）引导幼儿选择自己喜欢的"水果"挂在小刺猬身上。
（3）鼓励幼儿探索多种玩法，如将同种水果穿在同一孔中，将大小不同的"水果"挂在不同的刺猬身上等。
（4）也可以将水果图片贴在夹子上，让幼儿将"水果"夹在刺猬背上。

第六章　幼儿动作障碍与矫正训练

　　幼儿动作障碍是影响幼儿正常成长的一个比较典型的发育问题,但是大多数是可以通过矫正训练获得改善,只要能够及早发展并给予足够的重视,在教师的科学指导下,经过一段时间的训练,大多数幼儿都可以获得良好的发展,从而和其他小朋友一起健康快乐的成长。本章将选择一些常见且有效的针对幼儿动作障碍的矫正训练方法进行详细分析。

第一节　认识幼儿动作障碍

一、动作障碍的含义

动作障碍是指人们在运动过程中受到某种影响,导致动作受限或无法完成的状况。动作障碍可以是全身性的,也可以是局部性的,如右脚麻痹导致走路受阻,或者某些肌肉或细胞群体中的发育异常、癫痫等。

二、引起儿童动作障碍与动作迟缓的因素

随着研究的不断深化,学者们已经意识到动作障碍的成因是多元化的。不仅脑部结构的损伤和功能的紊乱可能导致动作障碍,环境和心理因素同样在其发展中扮演着关键角色。

(一)神经生理因素

脑的不同程度损伤可能引起动作障碍。小脑、脑干、基底神经节等脑区的损伤是动作协调问题、运动执行障碍和肌张力不足的主要根源。小脑在运动控制中扮演着基础角色,其功能障碍常常是动作障碍的重要生理因素。在动作障碍中,与小脑相关的症状包括震颤、肌肉群协调性差异、手眼协调障碍等,这些都是轻度小脑共济失调的表现。脑室和基底神经节上方的整合中心问题也可能导致某些运动执行障碍。基底神经节受损或受压可导致运动程序形成和执行异常。研究显示,与基底神经节相邻的脑室异常在动作障碍儿童中较为常见。超过39%的动作障碍儿童存在其他脑部异常,而多动症状也经常与动作障碍共现。

(二)环境因素

研究动作障碍的成因时,必须考虑儿童成长的环境背景。孕期环境是

第六章 幼儿动作障碍与矫正训练

关键因素之一。孕妇的紧张情绪、缺乏适当运动、吸烟、饮酒、饮用浓茶或咖啡等都可能对胎儿造成不良影响,影响胎儿大脑的正常发育。分娩过程中的问题,如产程过长或早产,也可能影响新生儿的神经发育。此外,儿童成长的家庭和社会环境也至关重要。缺乏丰富的社会刺激可能影响儿童动作的发展。过于严厉或权威性的家庭环境可能导致儿童因恐惧、焦虑而动作笨拙,这可能阻碍他们动作能力的正常发展。

(三)心理因素

儿童因动作笨拙遭受同伴的嘲笑或排斥,可能会损害他们的自尊心和自信心,影响自我形象和社会性发展。这可能导致儿童对同伴或环境产生消极反应,形成恶性循环,加剧动作障碍。在某些情况下,动作障碍可能是心理障碍的一个表现。

三、儿童动作障碍与动作迟缓的表现

儿童动作障碍的表现形式多种多样,常见的症状主要有以下五种:

(一)肌肉张力不足与过度

肌肉张力异常是婴幼儿动作障碍的一个普遍症状。与正常婴幼儿相比,他们的肌肉在静止状态下的张力要么过高,要么过低。这两种肌肉张力问题可以发生在身体的任何部位,并且可能对完成多种任务造成影响。目前的研究初步表明,肌肉张力障碍可能源于中枢神经系统的功能障碍。

1. 肌肉张力不足

这描述的是肌肉在静止状态下的张力显著低于正常值的情况。当检查幼儿的手臂时,可以明显觉察到其肌肉张力不足。幼儿可能会显得懒散,没有活力。肌肉张力不足有时还会伴有异常的姿势和体重增加等症状。这种张力不足可能属于渐进性或良性两种类型。渐进性张力不足的特点是症状逐渐加重,例如面部、眼睑和四肢的肌肉张力持续降低。在 0～3 岁的儿童中,这些问题可能与正常的成长发育差异相混淆,往往直到 3 岁以后才被诊断出来。这种张力不足常常是一些严重疾病的症状,如肌肉萎

缩和各种进行性共济失调等。

另外一种良性的张力不足则是从出生开始就存在,但不会随时间恶化。这种类型的张力不足原因不明,且相关研究较少。普遍认为,这可能是由于中枢神经系统中控制肌肉张力的机制出现了故障。

2. 肌肉张力过度

这描述的是肌肉张力异常增高,超出正常范围,这通常是轻度或中度痉挛性脑瘫的信号。这些儿童在努力获取和练习运动技能的过程中,常常会感受到负面情绪,而这种情绪的紧张可能进一步导致肌肉更加紧张。

肌肉张力过高对儿童的影响表现在多个方面。总体而言,这些儿童在执行多种动作时会遇到障碍,动作无法流畅完成。例如,当一个肌肉张力过高的儿童尝试抓取物品时,他的屈肌和伸肌无法有效协调,导致在尝试伸直手臂的过程中手臂突然弯曲。在进行书写或绘画活动时,他们也可能面临挑战,难以控制线条的长度和停止点,常常导致动作失控。因此,这类儿童在写字或画画时会感到紧张,他们可能会在动作开始的同时尝试停止。在参与投掷球类等运动时,他们同样会遇到困难,难以准确地在短距离内将球传给队友,有时甚至可能不小心击中他人,造成冲突。在尝试减轻投球力度时,他们可能只能通过减小手臂的运动幅度来实现,而不是像其他人那样保持运动幅度,降低运动速度,以一种放松和温和的方式进行投掷。

(二)动作的计划性失调

动作的计划性是指人体将若干离散的动作整合成复杂的行为是在具体的命令指引下进行的。动作依照一定的顺序,实施命令,完成计划。但是,在这一过程中也可能伴随一些动作障碍,如"失用症"和"运用障碍",这两种障碍是指无法完成一套顺序正确、协调性良好的动作,这也就意味着个体的动作计划能力受到损害。导致上述现象的原因可能包括结构性异常、外周肌肉缺陷、表层神经损害或肌无力。

常见的动作运用行为障碍可表现在以下四个方面:

1. 观念失用

患儿在制订行动计划和理解指导者要求上存在困难。尽管一旦他们

第六章　幼儿动作障碍与矫正训练

制订了动作计划,该计划通常是恰当的,但规划过程可能耗时较长,有时甚至导致行动无法执行。例如,患儿的身体反应可能异常缓慢。此外,观念性失用在语言上的表现是幼儿在言语交流中反应迟钝,需要更多时间来组织语言。

2. 肢体失用

患儿能够按顺序规划动作,但动作执行中的某些部分会出现错误。例如,一个5岁患儿在吃饭时能够尝试使用勺子,却可能经常将勺子拿反。

3. 口头失用

这可以分为两种情况:一种是患儿发音困难,因为他们不能以正确顺序操作舌头、嘴唇等发音器官,也难以有效控制呼吸;另一种是患儿难以理解口头的发音指令,但如果通过视觉示范,他们的动作表现会有显著提升。

4. 构建性失用

患儿在操作和组合物体时遇到困难,难以将它们组成一个整体。这个问题可以在幼儿模仿搭积木时被发现。此外,构建性失用还表现为生活自理上的挑战,如"系鞋带"或"穿衣"对这些患儿来说非常困难。一些研究者认为,构建性失用实际上是一种空间处理障碍,而不仅是动作执行的问题。

(三)动作的控制性与协调性失调

1. 动作的控制性失调

动作的控制性失调通常表现为"动联症"。动联症是指,当身体运动时,那些不参与任务的身体部位也处于活动紧张状况的现象。比如,当幼儿的右手在做某种动作时,他的左手也会出现连结性动作;或者,当幼儿手部做某项动作时,其面部同时表现出瞪眼、咧嘴等紧张用力的反应。

动作联合现象出现在婴幼儿到12个月左右时期,都是正常的。比如,幼儿在学习迈步时,其手臂和肩膀也会出现明显的紧张现象,或者上伸手臂,或者肩膀不由自主地前倾,而且小手举过头顶,这些都是正常的现象。如果发育正常,在3~4岁的时候,幼儿的手臂就会像成人一样,交叉式地自由摆动了。但是在 8 岁之前，正常的儿童在实施各种动作的过程中，也会出现一些多余动作，随着儿童神经运动系统的成熟、精确，动作的连接现象呈现下降趋势。

2. 动作的协调性失调

动作的协调性失调通常是指患儿无法将一个个动作顺畅地整合成一个较复杂的复合行动。导致这一显现的原因有多种，具体如下：

（1）力量的传递问题

动作障碍表现为患儿在力量传递过程中遇到困难，无法顺畅地将力量从身体的一个部位传递到另一个部位。以投掷动作为例，正常个体需要将力量从腿部和躯干传递至肩部，再至手臂和手部。然而，患有动作障碍的患儿在执行投掷时动作显得零散，他们的上半身动作启动迟缓，导致无法有效将力量自下而上传递，造成大量力量的损失。在任何需要整合身体各部位动作以产生爆发力的任务中，患儿都会遇到类似的挑战。例如，在进行向上或向前跳跃时，尽管他们的手臂已经开始向上或向前伸展，但他们的腿部似乎还未完全伸展。无论是垂直跳跃还是水平跳跃，患儿的腿部动作往往在手臂动作发生之后才会跟上。

（2）节律动作的整合问题

动作障碍的儿童在执行具有节奏性的动作时经常面临挑战，如跳绳或双脚交替跳跃等活动。即便是对于那些对大多数幼儿来说非常简单的动作，对动作障碍儿童而言也可能是极其困难的。

以爬楼梯为例，大多数儿童在大约 7 岁左右能够迅速评估楼梯的高度和宽度，并迅速制订出一套合适的动作方案，然后顺利地完成上下楼的动作。相比之下，动作障碍儿童在这一过程中会遇到重重困难，他们可能需要不断地注视自己的脚，否则可能会摔倒或步履蹒跚。

这类动作问题有时被误诊为视觉问题，认为是由于儿童的深度知觉能力不足。然而，对于许多动作障碍儿童来说，爬楼梯的问题实际上源于动作系统，而非知觉问题。

同样的问题也出现在骑自行车上。这部分是因为儿童无法自动地保持节奏性动作，另一方面，当自行车的脚踏板交替上下运动时，如果个体无法随着节奏性动作有效地转移身体重心，他们往往难以保持平衡，从而容易发生危险。

第六章　幼儿动作障碍与矫正训练

（四）动作的持久性失调

1. 动作固着

患有动作固着的儿童一旦开始某个动作，往往会不断地重复，难以顺利转换到其他动作或活动中。比如，他们可能在弹簧床上持续不断地跳，或者一遍又一遍地拍打皮球，这些动作虽然简单，但患儿却沉浸其中。这类儿童在日常生活中经常会有这种重复性动作的表现。

有些动作固着的儿童可能会将这种持续且有节奏的活动作为应对策略，用以减轻与他人交往时产生的不愉快社会压力。在临床治疗中，我们发现一些动作协调有障碍的儿童通过固着于某个动作来获得一种安全感，帮助他们避免面对感到威胁的情景。

这表明，儿童在重复自己能够控制的动作时，能够感受到暂时的安全感；而如果停止这种动作，转而去尝试他们可能不太熟练的活动，可能会让他们感到焦虑。因此，动作固着的行为常常与其他不愉快的行为相伴随。如果一个动作障碍的儿童经常出现动作固着，那么对他们进行情绪健康方面的评估是非常必要的。

2. 动作非持久性

动作非持久性患儿面临的问题在于，他们无法在一定时间内持续监控动觉输入的信息，并组织与身体姿势和状态相关的感觉信息。由于来自姿势维持的动觉信息迅速消失，患儿难以维持任何静止的姿势。换句话说，动作非持久性揭示了患儿在感觉系统方面存在的问题。

（五）动作的稳定性失调

低幅度震颤和动作不稳定性是某些动作障碍婴幼儿的特征。虽然正常人也会有一定程度不易被察觉的震颤，如手指每秒约 10 次的微颤，但动作障碍儿童的震颤远超正常范围。这些儿童的动作虽具有完整性，如能画出三角形，但线条质量会显现手和胳膊的颤抖。书写的字迹虽然可辨，但笔画中会带有震动和快速抖动的痕迹。

震颤型患儿的主要问题是小脑功能异常，这影响精细和计划性运动，而非智商。小脑功能异常可能导致轻度、规律性震颤,个体在维持平衡或步行时可能出现摇摆不稳。这些儿童在进行交替性循环动作时可能遇到困难,如快速交替伸展和放下手臂。小脑功能失调还会影响眼动,这对于游戏和运动中的跟踪和信息提取至关重要,因而可能导致阅读和运动中的眼动缺乏准确性。患儿可能难以完成精细距离的动作或执行有节奏、流畅的动作。

这些症状可能是由轻度或中度脑瘫引起,或与一些轻度的发展性问题有关,如出生时低体重。

第二节 幼儿动作障碍的诊断

一、儿童动作障碍诊断的原则

儿童动作障碍的成因和症状表现多样,比较复杂,因此在进行诊断时应格外谨慎。以下是诊断过程中应注意的几个原则:

(一)客观性原则

在识别动作障碍和动作迟缓的过程中,信息来源至关重要。教师和家长构成了评估的主要依据。教师根据其职业操守、知识背景及工作特点,能够提供较为精确的评估信息,特别是在涉及学习相关的动作技能方面,他们能给出更加客观和有效的反馈。然而,如果教师和家长在未采用科学诊断手段之前,已经对被评估者产生了某种错误的直觉判断,这将对科学诊断的准确性造成干扰。因此,为了确保诊断的客观性,评估者需要摒弃任何主观偏见,保持中立和公正的态度。

(二)科学性原则

在对动作障碍进行诊断时,专家必须持有严谨的科学态度,确保所使用的测试具备可接受的可靠性、有效性,并且已经过标准化处理。鉴于个

第六章 幼儿动作障碍与矫正训练

体在能力、兴趣和学习方式上的显著差异,以及动作技能和技能学习的具体性,如果诊断所依赖的样本量较小,则应对测试结果持保留和谨慎的态度。

(三)整体性原则

整体性原则要求在诊断动作障碍和动作迟缓时采用系统化的方法,全面收集关于被诊断个体的各类信息。这意味着要在评估运动技能、神经生理学和心理功能测试结果的基础上,进行综合考量,从而做出全面的诊断决策。

(四)教育性原则

针对我国当前的具体状况,当务之急是制定和实施一套补偿教育方案。从治疗的角度来看,早期诊断至关重要,因为随着幼儿年龄的增长,矫正的难度将会逐渐增加。在进行动作障碍和动作迟缓的诊断时,应着重从教育和促进儿童发展的角度出发,避免简单地用诊断结果对儿童进行分类或贴标签。诊断本身并非最终目标,关键在于通过诊断结果为儿童提供定制化的教育和促进训练,以支持他们的成长和发展。

二、儿童动作障碍诊断测验

(一)佛罗斯特(Frostig)运动技能测验

佛罗斯特(Frostig)运动技能测试自1972年问世,目的是为6~12岁儿童的感觉—动作发展提供评估工具。该测试基于感知—动作能力高度分化的理念,旨在测量协调、敏捷、柔韧、力量和平衡等运动技能。测试由12个子测试组成,包括串珠、移除障碍、豆袋投掷、坐姿前屈、立定跳远、穿梭、仰卧起坐、正坐、走平衡木、单脚站立和上肢举重。经过广泛的测试应用,研究者识别出五个主要因素:平衡、手眼协调、力量、视觉引导的运动和灵活性。利用这些因素,可以将个人的总分制成表格,以评估个体在各方面动作技能的发展水平。

（二）Hamm-Marburg 动作协调性测验

Hamm-Marburg 测试用于评估 5～14 岁儿童的整体身体协调能力。在随后的版本中，Schilling 对测试进行了精减，将原先的六项测试减少到了四项：①后向平衡测试；②单脚跳测试；③斜前跳测试；④侧向转换平台测试。由于该测试与年龄高度相关而与智力关系不大，并且动作障碍和动作迟缓的儿童在测试中的得分与正常儿童存在显著差异，因此，Hamm-Marburg 测试被用作诊断婴幼儿动作障碍和动作迟缓的工具。

（三）Gibson 螺旋迷宫测验

Gibson 螺旋迷宫测试是一种评估速度和准确性的心理运动测试，由美国生态心理学家吉布森（Gibson）在 1964 年设计。这是一种纸质测试，操作简单，目的在于探究标准化心理运动表现与人格偏差特征之间的联系。测试由一张印有直径 23 厘米螺旋路径的卡片组成，路径的一半宽度处标有"O"，作为沿路径的障碍。测试要求参与者从中心开始尽快沿着路径走出，同时避免触碰到任何障碍。

评分时考虑以下指标：画出路径线所需的时间；触碰边线的错误次数。吉布森最初通过将儿童的测试分数与教师对其在校表现的评价相比较，建立了测试的有效性指标。吉布森根据测试结果提出，"好幼儿"在速度和准确性方面表现较好，而"淘气幼儿"虽然在速度上得分高，但在粗心大意上得分也较高。当前版本的测试缺乏充分的标准化数据和关于信度、效度的指标。

（四）南加州感觉统合测验

从 1962 年至 1966 年，美国南加州大学临床心理学博士吉恩·爱尔丝（Jean Ayres）设计了南加州感觉整合测试（Southern California Sensory Integration Tests），一套包含四项测试的工具，用以评估儿童的具体感知问题。该测试包括：

（1）空间感知测试（AST）：旨在评估儿童的感知速度和空间想象力。
（2）南加州动作精确性测试（SCMAT）：创造了一种测量细微动作辨别

和手眼协调的客观工具。

（3）南加州触觉和动觉测试（SCKT）：包含六项子测试，用以评估由儿童身体器官引发的感知失调。

（4）南加州图形—背景感知测试（SCFG）：旨在评估个体从复杂背景中识别图形的能力。

测试的标准样本采集自洛杉矶市区不同社会经济地位家庭的儿童，统计分析表明这些测试具有良好的可靠性和有效性。这套测试具有清晰的指导语言，易于执行，施测时间短，便于评分。尽管存在一些对测试信度和评分方法的批评，这套测试仍然是教师诊断儿童感知问题的有效工具之一。

第三节　幼儿动作障碍矫正训练方法

一、感觉统合训练

感觉统合是幼儿早期发育中一个重要的发展阶段。比如，当个体从外界接收到各种感官信息后，会通过中枢神经的综合处理后，做出适应性的反应。儿童心理学家皮亚杰的认知发展理论认为，个体与环境在交互作用的过程中产生了适应性动作，促进了儿童智力的发展。然而，有一部分动作障碍患儿存在感觉统合失调的现象，因此，他们特别需要适合其神经系统特点的特殊环境。

（一）触觉刺激

感觉统合理论指出，触觉学习是人类大脑学习方式与其他哺乳动物不同的关键因素。从出生开始，人脑就接收不同程度的触觉刺激，并且具备精细的辨识和记忆能力。触觉刺激可以通过使用干毛巾、丝绸、天鹅绒衣物等不同材质摩擦儿童的皮肤来实现。在进行触觉刺激时，应考虑到儿童的反应，并根据其舒适度进行调整。刺激可以按顺序施加在手、背部、脸部、脚等不同身体部位。具体来说，手背和手臂由于最常接触外部环境，对触觉刺激的防御性较低，能够保持正常的触觉功能；而胸腹、脸部和脚底等部位则对触觉刺激更为敏感。刺激的具体部位的选择应基于儿童的个体反应。

（二）前庭刺激

前庭感觉是一种复杂的感官系统，它负责综合判断头部的位置和身体的动态变化，对人的头部、眼睛、四肢以及整个身体的协调动作至关重要。这种前庭系统的协调功能也被称作前庭平衡，如果前庭平衡功能出现问题，将导致个体身体控制能力下降。前庭刺激与触觉刺激在促进其他感觉统合方面发挥着重要作用，因此它们在感觉统合训练中被优先考虑和应用。

（三）本体感受刺激

肌肉收缩，尤其是对抗阻力时的收缩，对于增强本体感觉信息输入到中枢神经系统至关重要。地心引力对人体产生最大的阻力，因此，相关的活动可以设计为让儿童在滑行板上进行俯卧或仰卧，此时头部的重量会导致颈部肌肉产生显著的收缩。

运动觉，即感知关节运动或位置的感觉，是运动过程中产生感觉反馈的关键来源。关节中的本体感受器不像其他本体感受器那样敏感，因此需要通过挤压或牵引关节来提供额外的运动刺激。例如，在脚踝或手腕处增加重量，如铅锤，可以产生牵引效应，增加肌肉收缩的阻力，从而促进本体感受信息向中枢神经系统的传递。

二、动作矫正训练

在临床工作中，对于那些具有动作障碍的患儿须进行对应的矫正训练，以帮助他们顺利掌握相应的技能，不会妨碍正常的生活和学习活动。以下是几种较为常见的矫正方法：

（一）基本动作训练

婴幼儿的动作发展主要分为两个领域：首先是身体动作的发展，也被称作大肌肉动作，涵盖了诸如抬头、翻身、坐立、爬行、行走、跑步、穿越障

第六章　幼儿动作障碍与矫正训练

碍、攀登以及投掷等技能；其次是手部动作的发展，也称为精细动作，包括触摸、抓握、主动取物、对指捏合以及使用工具（如笔、勺子、筷子）等技能。因此，动作矫正训练可以从这两个方面着手进行。

（二）紧张—放松训练

紧张—放松训练的主要原理是引导患儿通过想象，或者有节律的运动，来缓解紧张的肌肉组织。常用的方法有很多，方式很多，一般是引导患儿在肌肉紧张发生后，运用想象或者节律运动，使肌肉逐渐舒展，通过简单的练习，帮助患儿放松。

（三）节奏和节拍意识训练

既然节律运动有助于缓解患儿的肌肉紧张，那么播放古典音乐特别是莫扎特的乐曲，也会起到同样的效果。常用的方法是，当患儿在游戏或进食期间，或者在午睡时、晚上就寝时，都可以音量适中地播放音乐，但注意持续时间不要过长。期间，就可以观察到患儿的面部表情以及身体语言的微妙变化。

（四）弹跳训练

专家的研究发现，对患儿进行弹跳训练时应考虑他们的年龄和运动技能发展水平：

（1）对于大约10个月大的患儿，当他们开始尝试站立时，成人可以扶着患儿站起来，并用手支撑其腋下，这样患儿会借助力量尝试用双脚跳跃。

（2）当患儿长到1岁半后，可以在床或光滑的地板上放置坐垫，让患儿从坐垫上跳下。

（3）到了2岁，随着运动能力的显著提升，患儿可以参与"兔跳游戏"，即成人先做双脚跳的动作示范，患儿跟随模仿向前跳；或者成人拉着患儿的手，帮助他们向上跳，这种活动被称为"拉手跳"。

（4）到了3岁左右，患儿应该能够独立完成各种弹跳活动，活动的种类也可以更加多样化，如跳绳、跳舞、踢毽子、跳橡皮筋、跳水等。成人可以根据患儿的兴趣，鼓励他们选择一项或几项活动进行交叉训练，每次练习大

· 249 ·

约 10 分钟即可。

（五）针对特定游戏技能的训练

（1）"手指认知游戏"。此游戏旨在提升患儿的手部和手指能力。让患儿坐在成人的大腿上，成人将手指放在患儿的手心中。患儿可能会本能地抓住成人的手指，这是新生儿的一种自然反射。每当患儿成功抓住时，成人应给予正面的鼓励，如："这是我聪明的幼儿！"或"你做得很好！"此游戏还能促进患儿的视觉追踪技能。大脑研究显示，通过目标导向的活动来训练大脑，有助于提升患儿的手眼协调能力。

（2）"声音调控游戏"。婴儿听到高音调声音时心率加快，这通常表示他们感到安全和愉悦。而当声音降低时，婴儿会感到更加舒适和放松。成人可以先用高音调唱一首歌，然后用低音调重复唱同一首歌，观察患儿对这两种声音的反应。大脑研究表明，胎儿在子宫内就能区分不同人的声音。

（六）水环境中的动作训练

水中动作训练与陆地训练不同，它侧重于患儿在水环境中对抗水的自然力量（如浮力、阻力和多方向的水压等）来执行特定动作，以此实现动作训练的目的。这种训练为患儿提供了一个独特的环境，若能妥善利用，将极大拓宽动作治疗的可能性，有助于提升患儿的身体感知、适应力和其他动作技能，最终通过促进患儿动作技能的持续改进来促进其身心健康的成长。

参考文献

[1] 赵焕彬,周喆啸.幼儿功能性动作教学理论与实践[M].北京：人民体育出版社,2018.

[2] 贾静怡,陈玉娟,李立,等.幼儿园体育活动设计与实践 基于幼儿动作发展规律[M].青岛：中国海洋大学出版社,2023.

[3] 张雨辉.功能性体育游戏对幼儿运动技能影响研究[D].河北科技师范学院,2023.

[4] 高云.粗大动作发展对3-6岁幼儿身体素质的影响研究[D].河南大学,2021.

[5] 唐敏.0～3岁婴幼儿动作发展与教育[M].上海：复旦大学出版社,2011.

[6] 李思敏.幼儿动作学习与游戏指导[M].福州：福建人民出版社,2022.

[7] 代娅丽,胡红梅.婴幼儿动作发展与训练[M].重庆：西南师范大学出版社,2021.

[8] 万湘桂,李攀,宋泊文.0～3岁婴幼儿动作发展与教育[M].长沙：湖南师范大学出版社,2021.

[9] 吴海云,全胜.幼儿这样运动幼儿大肌肉动作发展游戏[M].福州：福建人民出版社,2021.

[10] 王新.幼儿大动作发展规律及足弓发育特征研究[M].沈阳：辽宁科学技术出版社,2019.

[11] 李阳.幼儿基本动作的发展干预研究[M].重庆：重庆大学出版社,2021.

[12] 庄弼,周毅,杨宁.幼儿体育活动"三维动作"内容体系[M].广州：广东教育出版社,2022.

[13][美]玛丽·林恩·哈夫纳.运动的乐趣幼儿大肌肉动作发展活动

计划 [M]. 罗丽, 谷长伟, 译. 北京: 教育科学出版社, 2023.

[14] 贾富池, 陈玉娟, 李立, 等. 动作发展视域下幼儿体育教学改革与发展 [M]. 天津: 天津科学技术出版社, 2023.

[15] 宁科. 幼儿大肌肉动作发展特征及教学指导策略研究 [M]. 北京: 北京体育大学出版社, 2018.

[16][美]菲里斯·卫卡特. 动作教学幼儿核心的动作经验 [M]. 林翠湄, 译. 南京: 南京师范大学出版社, 2006.

[17] 周喆啸. 3～6 岁幼儿身体功能性动作体系的构建与实证 [M]. 杭州: 浙江大学出版社, 2021.

[18] 殷馥薇. 基于游戏化的幼儿园体育课程研究 [M]. 长春: 吉林出版集团股份有限公司, 2022.

[19] 宗珣. 幼儿园体育活动设计与指导 [M]. 合肥: 安徽大学出版社, 2017.

[20] 汪超. 幼儿园体育活动设计与指导（第 2 版）[M]. 上海: 复旦大学出版社, 2018.

[21] 王哼. 幼儿园体育游戏 50 例 [M]. 福州: 福建教育出版社, 2016.

[22] 郑艾明, 张孟军, 米伟娟. 幼儿园体育活动的理论与方法 [M]. 北京: 北京邮电大学出版社, 2016.

[23] 方学虹, 朱海鸣. 幼儿园体育游戏活动设计 [M]. 成都: 四川大学出版社, 2014.

[24] 池海. 幼儿园体育课程 4-5 岁 [M]. 长沙: 湖南美术出版社, 2012.

[25] 陶宏. 幼儿体育教学活动实践手册 [M]. 上海: 华东师范大学出版社, 2017.

[26] 李斐, 颜崇淮, 沈晓明. 早期精细动作技能发育促进脑认知发展的研究进展 [J]. 中华医学杂志, 2005, 85（30）: 2157-2159.

[27] 耿达, 张兴利, 施建农. 儿童早期精细动作技能与认知发展的关系 [J]. 心理科学进展, 2015, 23（02）: 261-267.

[28] 吴升扣, 姜桂萍, 龚睿, 等. 3～6 岁幼儿本体感觉能力和粗大动作发展水平的特征及相关性研究 [J]. 体育学刊, 2016, 23（01）: 131-135.

[29] 宁科, 沈信生, 米青, 等. 学前儿童基本动作技能与感知运动能力的关系研究 [J]. 山东体育学院学报, 2017, 33（06）: 63-68.

[30] 李蓓蕾, 林磊, 董奇, 等. 儿童精细动作能力的发展及与其学业成绩的关系 [J]. 心理学报, 2002, 34（05）: 494-499.

[31] 郑永廷. 论思想政治教育的内涵、外延与规范 [J]. 教学与研究, 2014（11）: 53-59.

[32] 杨春元, 赵来安, 范佳音, 等. 身体运动、身体练习、身体活动: 基于精神的身体动作的逻辑演绎 [J]. 成都体育学院学报, 2017, 43（06）: 45-51.

[33] 马瑞, 蔺梦科, 宋珩, 等. 动作技能发展对学前儿童行为自我调节能力的影响 [J], 体育科学, 2019, 39（11）: 40-47.

[34] 宁科, 沈信生, 邵晓军. 学前儿童大肌肉动作发展水平年龄和性别特征研究 [J]. 中国儿童保健杂志, 2016, 24（12）: 1322-1325.

[35] 李蓓蕾, 林磊, 董奇, 等. 儿童筷子使用技能特性的发展及其与学业成绩的关系 [J]. 心理科学学报, 2003, 26（01）: 87-89.

[36] 张晓辉. 学前教育应严禁"超、灌、刻":《3—6岁儿童学习与发展指南》的理念启示 [J]. 学前教育研究, 2013（12）: 51-53.

[37] 郭元祥, 杨洋, 张越. 论游戏课程化的游戏观: 游戏的课程本质、边界与层次 [J]. 教育理论与实践, 2020, 40（04）: 60-64.

[38] 洪琼. 中西语言中的游戏概念比较 [J]. 宁夏社会科学, 2009（02）: 152-156.

[39] 于素梅. 动作技能学习"窗口期"及理论建构: 基于一体化体育课程建设的核心理论 [J]. 体育学刊, 2019, 26（03）: 8-13.

[40] 马红霞. 在我国应用大肌肉动作发展测验（TGMD-2）的信效度分析 [D]. 山东师范大学, 2006.

[41] 抑义娟.《特殊儿童运动能力评估量表》的编制 [D]. 华东师范大学, 2012.

[42] 高学雷.《3～6岁儿童粗大动作运动能力测量量表》的研究 [D]. 沈阳体育学院, 2014.

[43] 贾晓彤. 3-10岁儿童单脚跳动作发展特征研究 [D]. 山东师范大学, 2013.

[44] 张超超. 3-10岁儿童前滑步动作发展特征研究 [D]. 山东师范大学, 2014.

[45] 苏亚斌. 北京市3-6岁幼儿粗大动作发展现状研究 [D]. 首都体育学院, 2018.

[46] 刘伦宏. 6-17岁智力障碍幼儿协调性动作发育熟练度的研究 [D]. 北京体育大学, 2016.

[47] 韩杰. 基于动作发展理论下的幼儿园户外体育活动干预研究 [D]. 北京体育大学, 2018.

[48] 石少锋. 幼儿园户外区域体育活动的设计与实施 [D]. 北京体育大学, 2017.

[49] 王利红. 幼儿体质与健康促进家园共建模式的构建及其实证研究 [D]. 北京体育大学, 2016.

[50] 周喆啸. 3-6 岁幼儿身体功能性动作体系的构建与实证研究 [D]. 河北师范大学, 2017.

[51] 许慧敏. 动作技能发展视角下幼儿体育游戏实施效果的实证研究 [D]. 北京体育大学, 2017.

[52] 李绪琼. 4-6 岁幼儿跑、跳、投动作发展特征与干预效果研究 [D]. 南京师范大学, 2019.

[53] 李红露. 球类游戏活动对 4-5 岁幼儿控制性动作发展影响的实验研究 [D]. 首都体育学院, 2016.

[54] 肖欢. 篮球操对 8-9 岁儿童大肌肉群动作发展能力影响的实验研究 [D]. 西安体育学院, 2019.

[55] 张莹. 幼儿期体能练习方法研究 [D]. 北京：北京体育大学, 2016.

[56] 黄意蓉. 幼儿体育活动强度评价量表的设计与应用 [D]. 北京体育大学, 2016.

[57] 姚天聪.《幼儿体育活动强度自评量表》的设计与应用 [D]. 北京体育大学, 2016.

[58] 李静, 刁玉翠. 3～10 岁儿童基本动作技能发展比较研究 [J]. 中国体育科技, 2013（49）: 129-132.

[59] 李静, 刁玉翠, 孙梦梦, 等. 3～5 岁幼儿基本动作技能与体能的关系研究 [J]. 中国体育科技, 2019, 55（06）: 52-58.

[60] 李亚梦, 孙李, 姜稳, 等. 3～5 岁幼儿大肌肉动作发展与体适能水平的相关性 [J]. 中国学校卫生, 2019, 40（08）: 1194-1199.

[61] 李阳. 幼儿基本动作的发展干预研究 [D]. 北京体育大学, 2020.

[62] 刘涛. 粗大动作练习对学龄前儿童身体素质发展的实验研究 [D]. 北京体育大学, 2017.

[63] 宁科, 沈信生, 邵晓军. 3～6 岁幼儿移动性动作发展与感知身体能力关系的实证研究 [J]. 北京体育大学学报, 2016, 39（12）: 74-81.

[64] 任园春, 赵琳琳, 王芳, 等. 不同大肌肉动作发展水平儿童体质、行

为及认知功能特点[J].北京体育大学学报,2013,36（03）:79-84.

[65] 苏亚斌.北京市3-6岁幼儿粗大动作发展现状研究[D].首都体育学院,2018.

[66] 孙启成,刘金富,朱小烽.动作发展视域下幼儿足球促进粗大动作发展水平研究[J].浙江体育科学,2020,42（03）:57-63.

[67] 唐怡.幼儿教师体育活动中对幼儿基本动作指导的研究[D].四川师范大学,2017.

[68] 王军朝.动作发展视角下3-6岁幼儿体育教学模式的研究[D].吉林体育学院,2017.

[69] 王雪芹,杨涛,陈士强,等.多元体育活动模块促进4～5岁幼儿粗大动作发展的实证研究[J].西安体育学院学报,2020（04）:480-487.

[70] 吴升扣,姜桂萍,龚容,等.3～6岁幼儿本体感觉能力和粗大动作发展水平的特征及相关性研究[J].体育学刊,2016,23（01）:131-135.

[71] 吴升扣,张首文,邢新菊.动作发展视角下幼儿体育与健康领域学习目标的国际比较研究[J].成都体育学院学报,2014,40（05）:75-80.

[72] 吴升扣,姜桂萍,张首文,等.3～6岁幼儿静态平衡能力特征及粗大动作发展水平研究[J].中国运动医学杂志,2014,33（07）:651-657.

[73] 李俐,王唯.2-3岁幼儿精细动作游戏资源库[M].南京:南京师范大学出版社,2010.